ブッダの福祉思想

「仏教的」社会福祉の源流を求めて

朴 光駿

法藏館

序　文

　この本はブッダの教えと生涯を社会福祉学者の目で考察したものである。現代の社会福祉の原理を約2500年前の歴史的人物であったブッダの教えと生き方から発見し，その教えの社会福祉実践への適用可能性を試みることが本書の内容である。この研究を通じて得られた結論は，ブッダの教えを正しく理解し，それを社会福祉の原理として解釈していくことは，社会福祉学の成熟と発展，社会福祉実践活動の効果を高めることにつながるという確信である。というのは，厖大な仏教経典は，ブッダが覚りを開いた後，入滅するまでの45年間，民衆が抱えていたさまざまな問題に対して適切な解決策を提示した事例集のようなものであり，そこに示されている物事に対する仏教的見方は，さまざまな福祉問題の原因と対処方法を正確に理解する目を，われわれに提供すると思われるからである。

　社会福祉は社会科学の一分野であり，それゆえ本書は，ブッダの教えを社会科学的観点から解釈している。しかし，その解釈は，仏教学からみた見解と異なるかもしれない。そのため，ここではまずブッダの教えに対する本書の立場を明らかにし，ブッダの教えを社会科学的に解釈することの意義について触れておきたい。

　本題，「ブッダの」福祉思想という意味は，「仏教の」福祉思想とは異なるものであるのか。

　仏教とはブッダの教えのことである。歴史的ブッダの教えは，最初口伝されたが，その後文字として記録され，仏教経典が誕生した。初期仏教においては人間ブッダの教えが重視されたが，ブッダ入滅後500年ほどの時期に生まれた大乗仏教においては，ブッダが超人として描かれ，信仰の対象になる傾向があった。インド仏教の経典といっても，初期仏教経典と大乗仏教経典は物事の見方や世界観において対照的であるが，その二つの経典は同じ時期に一緒に中

国に伝わった。それぞれの経典の歴史的な形成過程については無知であった中国では，事実とは異なる判断基準に基づいて，経典の軽重・深浅を恣意的に判断し，大乗仏教経典がより重要であるという立場を確立したが，それが韓国や日本に伝わるようになった。こうした事情によって，中国・韓国・日本の主流をなす仏教には，ブッダが超人として描かれている傾向がある。

　したがって，「ブッダの」福祉思想というものも，「仏教の」福祉思想と同じものとは限らない。その両者に違いがあるのであれば，ブッダの教えの方を優先するというのが本書の立場である。それには，科学と絶対者は両立し難いからという理由もあるが，筆者はブッダを歴史的ブッダとしてみることが，ブッダを最も正しく理解することであると確信しているからである。ブッダの教えには如何なる誇張を加える必要もなく，もし，ブッダを超人として描くならば，それゆえにその偉大さを損ねてしまうといっても決して過言ではないと思う。

　しかし，こうした立場は人間ブッダの教えだけが本当の仏教であるということを主張するものではない。仏教はブッダの教えをその根本としたものであるが，それを受け入れた国において，自分の風土に合った新しい観点からそれを解釈し直しながら蓄積してきた教えの総体であることを認めるべきであろう。筆者は，人間ブッダと信仰の対象として崇められているブッダとの関係は，ハサミに喩えて説明できると思う。ハサミには二つの刃があり，離れられないように腰が留められているが，その両刃は常に反対の方向に動く。しかし対立しているような両刃は，もし，その間に入ってくるものがあればそれを切ってしまいながら前進していく。その両者は，その間に何かが入ってくることを許さず，誰よりも親密な間柄であることを見せつけているように思われるのである。

　しかし，社会科学としての社会福祉の観点からブッダの思想を解釈していくことには，人間ブッダと超人ブッダの双方を認めることをできなくする現実がある。社会福祉思想と関わる経典内容に限ってみても，仏教経典に相矛盾する内容が多くあり，どうしても仏教経典を取捨選択的に活用することが避けられなくなるからである。第3章の「仏教経典選別論」においては経典を選別的に活用するための基準を提示しているが，初期仏教経典をより重視するという本書の立場は，その基準を根拠にしている。

次に，ブッダの教えを社会福祉の観点から論議・解釈することにはどのような意義があるのかについてである。

　まず，この論議は今の東アジア社会が抱えているさまざまな福祉問題の歴史文化的背景の理解と，その解決策の模索に重要な示唆を与える。仏教は東アジアのメジャーな宗教として，社会全般に影響を及ぼしてきて久しいが，現在は，東アジア文化そのものが問われている。たとえば，日中韓の自殺率は世界でも最も高い水準にあり，高齢者の自殺もその例外ではない。家族と同居する高齢者の割合は比較的高いが，それが高齢者の幸せを意味するのでなくなっており，親から独立していない大規模の若者層は，中高年の安定した老後生活の新しいリスクとして台頭している。こうした社会文化はどのような経路で定着したのか。それを明らかにすることは社会科学の喫緊の課題であり，その解明には儒教とともに，仏教とその影響などを総合的にみなければならない。ただ，仏教という範囲に限ってみても，こうした現象に対しては，次のような三つの問いが可能であろう：(1)それはブッダの教えそのものと関わる現象なのか，(2)ブッダの教えとはかけ離れた東アジア仏教的な教えと関わるものなのか，(3)ブッダの教えや東アジア仏教の教えとは無縁の現象であるが，それらの教えが近年崩壊することによって現れた新しい現象であるのか。

　これらの問いを，自殺増加問題だけを例にしてよりストレートな形にまとめてみると，以下の三つになるのであろう：(1)ブッダは自殺を認めていたのか，(2)東アジア仏教は自殺を容認する社会文化を育ててきたのか，(3)ブッダの教えや東アジア仏教の教えは自殺を容認していないが，近年，何かの理由でその教えの影響力がなくなったことによって自殺が増加したのか。このような問いに真正面から答えるためには，ブッダの教えを仏教学や社会福祉学のみならず，さまざまな学問分野から解明していく努力が必要になる。本書は，こうした問いに答えるための，社会福祉の観点からの試論である。

　さらに重要なこととして指摘しておきたい点は，ブッダの教えを社会福祉の観点から論議することそれ自体が，ブッダの教えを正しく理解すること，実践することの意味を持つという側面である。筆者は，ブッダが教えを説いた本当の意図は，その教えを聞いた人々をして何かを気づかせること，そしてその気

づかされたことについて，意見を交わし合う場を作らせることにあったと考えている。ブッダの法を語る者は法師と呼ばれるが，法師とは，自分が聞いたブッダの教えをただそのまま他人に伝える者を意味するのではなく，ブッダの教えから自分なりに汲み取った意味を，自分の言葉で他人に語る者であるとみるべきであろう。

　ブッダは「自分の言葉で語ること」を強調したが，自分の言葉とは，特定の言語を意味することだけではなかろう。それはブッダの教えについて聞き手なりに理解したことを，自分の表現方法で語ることの大切さを強調したことでもあると見受けられる。仏教経典の漢訳に尽力した鳩摩羅什は，それを「解説」と訳したという。つまり，ブッダの教えを解説することは，ブッダの教えを聞いた人々が，その教えから自分なりに気づいたことについて語り合う場を作ることでもあり，それこそブッダの教えを実践に移すことに他ならない。そう考えると，本書を出版することは，ブッダの教えと社会福祉との接点について論議する場を作ることであり，それこそブッダが衆生に法を説いた意図でもあると思う。

　教えを聞くことに留まることなく，それについて敢えて語ってみること，それには，その教えを実践していくという約束の意味があると考えられる。同じく，ブッダの教えを語り合う場というのは，その実践を約束する誓いの場である。ブッダが一身のより安楽な生活への誘惑を振り切って，衆生の幸せのために如何なる苦難をも冒した背景には，結局，ブッダ自らが発した言葉の約束を，自ら守ろうとした思いがあったのであろう。

　語り合うこと，すなわち対話とは，ある物事や現象について互いに異なる意見を持った人々の間に，語り合う回数が多ければ多いほどその物事や現象の本質に近づけるようにする効能を持つ。対話こそ，われわれの考え方を絶え間なく変えるようにするものである。本書がブッダの教えを語り合う機会を広める契機になることを，切に願っている次第である。

　ところで，そもそも社会福祉と仏教には，意義ある接点が存在するのか。本書は，社会科学としての社会福祉とブッダの教えには接点が多々あるという前

提に立っている。また，物事に対するブッダ的見方はきわめて社会科学的な見方であり，それは正しい人間観の普及や差別なき社会の形成の基本条件とみているが，その根拠は何か。何よりもブッダが発見した縁起法が，その根拠になる。

　縁起の第一の意味は，すべての物事は偶然に起こるのではなく，そこにはかならず，それを引き起こす原因があるということである。この言葉は平凡なように聞こえるが，実は物々しい言葉であり，この考え方こそ，ブッダの思想と社会科学的考え方との両立を可能にするのである。というのは，社会科学の存立根拠は「法則性の仮定」にあるからである。社会現象は偶然に，あるいは無規則に生じるのではなく，そこにはかならず，ある種の法則性があるという仮定がなければ社会科学は成立しえないのである。社会現象が偶然に起こるとか絶対者の意志によって起こるといった考え方は，社会科学と両立しない。

　縁起法の持つもう一つの意味は，すべての物事は独立して存在しているのではなく，相互依存的に存在するということである。縁起の原理からみると，人間が他人の援助を受けずに生きることはそもそも可能なことではない。われわれは垂直的には過去や未来の生と関わっており，水平的には他の命と共生していることは動かない真実である。

　仏教と社会福祉の接点を発見しようとする努力，仏教的社会福祉とは何かを解明しようとする努力は，今まで多くの研究者によってなされてきた。すでに1960年代に日本仏教社会福祉学会も発足している。が，仏教的社会福祉に，一般的な社会福祉，あるいは，たとえばキリスト教的社会福祉とは異なる独自のアイデンティティがあるのか，あればどこにあるのか，といった基本的問題もいまだ解明されているとはいえない。仏教社会福祉の意味は何か，それをどう定義すればよいのかという問題については少なからぬ論議が行われてきた。しかし，もし仏教社会福祉のアイデンティティが確立されていないとしたら，その原因は，仏教的人間観・世界観から社会福祉の原理を発見しようとした研究モデルが乏しいことにあるはずであり，決して仏教社会福祉の概念定義が明確になされていないことにあるのではない。

　ブッダの人間観は正しい人間観であり，平等の人間観である。それは，社会

的コストを減らし，社会統合をもたらすので，福祉社会の条件ともいえるものである。他の命の幸せが大きくなると自分の幸せも大きくなり，自分が幸せになるためには他人の幸せを増やさなければならないという自覚は，まさに縁起の法の自覚に他ならないが，これこそ「仏教的」社会福祉の基本精神の一例になるのであろう。本書の論議を契機に，社会福祉学から仏教思想を解明することや，逆に現代社会の福祉問題を仏教学から解明しようとする試みが，より活発に行われることを期待している。

　本書は3部8章からなっており，付録として関連写真と解説が設けられている。
　第Ⅰ部は，社会福祉学者の立場からブッダの生涯とその教えを検討する。生老病死の苦に悩まされる人間の救済という宗教的動機のみでブッダの出家をみるのではなく，人間の苦痛をもたらすのは，人間の持つ無限の可能性を抑制する社会慣行や理不尽な社会制度であるという自覚にブッダ出家の重要な動機があったことを明らかにする。出家動機の社会科学的解明は，ブッダの法の本質理解に欠かせないことである。また，ブッダの思想の中で，社会福祉からみて最も重要な思想である人間平等思想とその実践については詳しく考察している。
　「社会科学で読む仏教経典とその活用」と題する第3章は，本書の論理理解にきわめて重要な部分である。仏教経典はその内容が膨大であるうえ，時には相矛盾する内容も含まれているので，その選別的活用が不可避になるが，ここでその選別の基準を提示しているからである。本書には冒頭からさまざまな仏教経典を引用しているので，社会福祉分野の読者の場合は，まず，第3章を読むこともよい方法であろう。
　第Ⅱ部ではブッダの思想と「仏教的」社会福祉を論議するが，ブッダの思想と社会福祉の接点を明確にしている。その論議のために，社会福祉の基本的原理について最小限度の範囲で紹介している。社会福祉は社会科学の一分野であることから，物事や世界に対する社会科学的見方を明確にし，それと仏教の世界観がいかに調和的であるのかを明らかにする。ただ，その社会科学的見方というものも，あくまでも筆者の価値・立場からみた見解に過ぎないものであり，

社会科学者の間にはその価値・立場によって，全く異なる見解がありうることを断っておきたい。

　また，ブッダの教えに基づいた社会福祉，「仏教的」社会福祉のアイデンティティをめぐる今までの論議を検討し，学問としての仏教福祉，福祉実践方法としての仏教福祉の一モデルを提示する。

　第Ⅲ部は，ブッダの思想に基づいた社会福祉実践とは何かを，障害者福祉と高齢者ターミナルケアという二つの福祉分野に限定し，解明を試みている。そしてその前提として，ブッダの障害者観，死・自殺観を論議している。仏教的福祉実践を確立していくためには，ブッダの教えと科学的福祉実践が融合された仏教福祉実践指針が必要になるが，筆者自らが作成した実践指針のいくつかを提示する。そうした指針作成の積み重ねによって，仏教的社会福祉のアイデンティティが確保できることを期待している。

　また，児童福祉，女性福祉，地域福祉，ボランティア活動，福祉マンパワーの養成などの分野においても，仏教的児童観，仏教的女性観，仏教的コミュニティ観等，仏教思想の上に立った福祉実践モデルの提示が，これからの研究課題になるのであろう。

　付録の写真は，2012年2月，筆者がインドやネパールのブッダ遺跡の調査に出かけた際に自らが撮ったものである。その中から，人間ブッダやインド的風土の理解に役立つようなものを，いくつかの項目に分類して掲載し，社会福祉学者の目からの解説を加えたものである。紙面の制約もあり，写真も解説も最小限度に留めているが，読者には本書の理解の参考になればと願っている。

目　次

序　文／i

■第Ⅰ部　人間ブッダの実践的思想と仏教経典 ── 3

第1章　ブッダの生涯とその教え：社会福祉的観点　5

1．ブッダという歴史的存在 …………………………………………… 5
　　　論議の出発点は「人間ブッダ」／ブッダが「ブッダ」と呼ばれる
　　　ゆえん／人間ブッダ

2．ブッダの生涯 ……………………………………………………………… 8
　（1）出生と時代的背景　8
　　　ブッダの時代／時代的背景
　（2）出　家　11
　　　出家動機の神話的説明／出家の背景：合理的解釈と創作／社会科
　　　学的想像力でみたブッダの出家背景／出家の意味
　（3）修行と覚り　16
　　　出家後の修行／覚りの条件について
　（4）覚りの実践と入滅　19
　　　法の伝播／サンガの形成と戒律／晩年と入滅／ブッダ最後の言葉

3．ブッダの法（ダルマ） ……………………………………………… 24
　（1）法とは　24
　　　ブッダが発見した真理／ブッダの法における人間と社会
　（2）法の究極的目標　27
　　　ニルヴァーナ（涅槃）／現世での幸せな生き方

4．ブッダの教えの思想的特徴 ……………………………………… 30
　（1）人間発達に対する信念：仏性　30
　　　誰もが潜在的ブッダである／社会福祉的意味：発達保障の思想的

　　　　　基盤
　（2）物事の相互依存性：縁起　33
　　　　　縁起とは何か／相互依存的関係の存在／社会福祉的意味Ⅰ：真の原因の追求／社会福祉的意味Ⅱ：社会改革の思想的根拠
　（3）問題解決のための合理的論理：四聖諦　39
　　　　　四つの聖なる真理とその実現方法／社会福祉的意味：問題解決の論理的過程
　（4）問題解決の重視：対機説法　41
　　　　　ブッダの説法／聞き手によって異なる意味の教え／コンテキストの理解の重要性／社会福祉的意味：問題解決重視のアプローチ

第2章　ブッダの人間平等観とその実践　47

1．仏教の人間観と理想社会観……………………………………47
　（1）仏教の人間観　47
　　　　　苦の存在／涅槃に至る条件を整えた存在／求道の義務を背負った存在
　（2）仏教の理想的社会像：協和的社会　50
　　　　　ブッダの理想社会／理想社会の実験

2．ブッダの人間平等主義……………………………………………53
　（1）人間平等を否定するバラモン的秩序　53
　　　　　カースト制度／バラモンとは／バラモン的社会秩序
　（2）身分差別を否定したブッダ　57
　　　　　出生による身分差別の否定／正しい行為という普遍的基準／身分差別の起源に関するブッダの説明／王族の名称の起源／バラモンの名称の起源／庶民の名称の起源／隷民の名称の起源
　（3）平等社会の実践：サンガ　62
　　　　　サンガの運営原理：人間平等／ブッダサンガの開放性／サンガでの平等実践

3．仏教の人間平等主義をめぐる論議…………………………………66

（1）　仏教の平等主義に関する論議　66

　　　仏教は革命的思想／仏教の平等主義とインドの反平等文化／仏教
　　　は貴族宗教，現実逃避的であったのか

　（2）　仏教限界論の批判的検討　70

　　　ブーグレの誤解／赤沼智善の実証的研究／支配階級出身者のサン
　　　ガ入団をどう説明するのか

４．平等主義の徹底した実践……………………………………………74

　　　平等と平和の実践／「四方の集い」の理念

第3章　社会科学で読む仏教経典とその活用　79

1．仏教の経典……………………………………………………………79

　（1）　仏教の発展と経典　79

　　　経典の意味と分類／「結集」と経典の形成／経典の発展

　（2）　仏教経典の分類と言語　83

　　　経典の六分類／パーリ語経典の三蔵

2．仏教の伝播と経典翻訳……………………………………………85

　　　仏典の伝播と翻訳／経典内容改変の問題／言葉の漢訳に関わる問
　　　題

3．仏教経典選別論……………………………………………………89

　（1）　仏教経典の選別活用はなぜ必要なのか　89

　　　経典選別の必要性／経典選別の不可避性

　（2）　四つの経典選別論　92

　　　教判論：教えの軽重と深浅／経典による経典選別論：「了義経」
　　　論議／人間ブッダのことばか否か：中村の論議／合理的，論理的
　　　内容なのか否か：アンベードカルの論議

4．仏教経典の選択的活用……………………………………………98

　　　「福祉思想と関連した」経典内容の選択／「より重要な」経典内
　　　容の選択／相矛盾する経典内容の取捨選択／人間ブッダの教えを
　　　重視した選択

5．ブッダの教えと現代仏教……………………………………… 103
　　ブッダの説法は選択的説法／ブッダの教えか現代仏教か

■第Ⅱ部　ブッダの教えと社会科学・社会福祉── 107

第4章　仏教の世界観と社会科学　109

1．知識とその種類……………………………………………… 109
　　　　知識とは／常識／科学／哲学
2．社会科学の特性と哲学……………………………………… 112
　（1）社会科学的知識はなぜ必要なのか　112
　　　　隣接学問との対話能力／社会的偏見の克服／社会科学における学際的アプローチ
　（2）社会科学の特性　115
　　　　歴史科学／常識的説明に挑戦する学問／立場と論争の科学
　（3）社会科学における哲学　118
　　　　社会科学と価値の問題／哲学的立場とブッダの教え／哲学における二つの対立する立場／社会科学における哲学的態度
3．仏教の世界観………………………………………………… 123
　（1）仏教に対する二つの関心　123
　　　　福祉資源の供給者としての仏教，認識方法としての仏教／仏教の科学的世界観
　（2）仏教的世界観　125
　　　　唯物論的認識／「一切唯心造」の世界観／仏教的世界観の実践的意味
　（3）社会現象の生成・発展に関する仏教の考え方　129
　　　　諸行無常という弁証法的考え方／物事の全体性に関する認識／形而上学的問題に対する沈黙の教え
　（4）現実社会を諦念すること　133
　　　　諦念と寛容性／諦念の智慧／初期仏教の寛容性について

4．現代の社会問題と仏教……………………………………………… 137
　　　社会構造的問題と仏教／儒教的世界観，バラモン的世界観の克服

第5章 「ブッダの福祉思想」論議の基礎　141

1．ブッダの思想と社会福祉との接点………………………………… 141
　　　ブッダの福祉思想とは／第一の接点：正しい人間観／第二の接点：社会サービスの領域／接点を論議するための基礎知識
2．社会福祉の概念と理念……………………………………………… 144
　（1）社会福祉の概念　144
　　　社会福祉とは／概念構成の三つの要素／制度としての社会福祉と関連領域
　（2）宗教的福祉への関心の高まり　147
　　　福祉国家から福祉社会へ／国家福祉から福祉レジームへ／生活の質への関心の高まり
　（3）社会福祉の理念　150
　　　人間らしい生活が保障される社会／理想的福祉社会の実現
3．社会福祉サービスの供給構造と公私の関係……………………… 153
　（1）社会福祉供給の原理　153
　　　ニーズに対する資源割当／社会的ニーズと社会福祉資源
　（2）社会福祉サービスの供給主体　154
　　　公的部門／民間非営利部門／非公式部門／民間営利部門
4．民間社会福祉………………………………………………………… 159
　（1）民間社会福祉の概念　159
　　　民間社会福祉とは／民間社会福祉と慈善事業／民間性のスペクトル
　（2）社会福祉における公私協力　162
　　　民間社会福祉と関わる福祉領域／直接サービスとしての社会福祉サービス

5．宗教社会福祉 …………………………………………………… 164
（1） 宗教社会福祉の概念　164

宗教社会福祉の特徴と争点／宗教的慈善と宗教社会福祉の区分／
宗教社会福祉とは

（2） 宗教社会福祉実践における倫理的葛藤　167

社会福祉の動機をめぐる葛藤／民間機関の自律性と公的な統制／
提供されるサービスの質に関する問題

第6章　「仏教的」社会福祉の論議　171

1．社会福祉に対する宗教の見方 ………………………………… 171

宗教の立場からみた社会福祉／二つの分類基準／社会福祉に対す
る仏教の四つの立場／福祉問題に対する仏教界の意思表明

2．社会福祉の観点からみた仏教の人間理解 …………………… 176
（1） 人間らしい生活が求められる存在　176

尊い存在という意味／二つの条件に対するブッダの考え方

（2） 無数の関係網の中の存在　179

縁起の存在／共生の存在

（3） 社会的環境の影響を受けやすい存在　181

善智識の重要性／環境の影響における大きな個人差

（4） 固有の生活歴を持つ存在　183

機根の意味：固有の文化的背景を持つ存在／現在の状態に対する
理解が必要とされる存在／固有の言葉を持っている存在

3．仏教社会福祉の概念をめぐる論議 …………………………… 187

二つの通俗的見解／解明されていない仏教社会福祉の概念／仏教
社会福祉の概念論議／仏教社会福祉の概念論議の意義／仏教と社
会福祉の関連性に関する具体的論議

4．仏教社会福祉の理念 …………………………………………… 194
（1） 人間による慈悲の実践　194

慈悲と四無量心／人間に対する人間の行為／生命の尊重と平等の

　　　　　精神／慈悲の科学的実践
　（２）　共生社会の実現：利他的実践と菩薩道　198
　　　　　大乗仏教の核心思想／布施と利他主義／ホモ・ネガンスの理想型
５．仏教社会福祉の概念定義と研究モデル………………………………………201
　（１）　仏教社会福祉の概念定義　201
　　　　　仏教社会福祉のアイデンティティ／筆者の概念定義／仏教社会福祉の学問的・実践的領域
　（２）　仏教社会福祉の例示　204
　　　　　「自立」の仏的概念定義

■第Ⅲ部　ブッダ的社会福祉実践の分野────────207

第７章　ブッダの輪廻業報観と仏教的障害者観　209

１．仏教の障害者観に関する誤解……………………………………………209
　（１）　誤解とその根源　209
　　　　　誤った障害者観／誤解の根源
　（２）　インドの輪廻業報説　211
　　　　　輪廻説の始まり／業とアートマン
２．業に対するブッダの考え方………………………………………………214
　（１）　ブッダ以前の業論　214
　　　　　ブッダの拒否した業論／六師外道の極端な考え方
　（２）　業と業報　216
　　　　　業とは／善因楽果悪因苦果の解釈
　（３）　ブッダの業論の特徴　218
　　　　　自己責任論としての業／現在中心の業論／障害の原因の説明／業報とブッダの現実的苦悩
３．ブッダの輪廻観………………………………………………………………223
　（１）　ブッダの輪廻観をめぐる学問的論議　223
　　　　　ブッダは輪廻を認めたのか／心理的問題としての輪廻／ブッダの

輪廻観を明らかにする研究方法
　（2）輪廻に対するブッダの考え方　226
　　　経典における輪廻のコンテクスト／再生あるものと再生なきもの／主体なき輪廻再生

4．社会福祉的障害者観への示唆……………………………………229
　（1）社会福祉的障害者観とは　229
　　　業報的障害者観の克服／社会福祉的障害者観
　（2）現在の境遇の受容　231
　　　受容の大切さ／アングリマーラの教え
　（3）現在中心の考え方　233
　　　文化資本のたとえ／文化資本の例からみた現在中心の思考
　（4）障害の原因の問いに対するブッダの答え　234
　　　ブッダの答え

5．最もブッダ的な障害者観…………………………………………236
　　　代理苦理論と障害に対する見方／最も仏教的な障害者観／代理苦理論の障害者観への適用問題

第8章　ブッダの死観と仏教的ターミナルケア　241

1．文化的観点からみた東アジアの高齢者問題……………………241
　（1）問題の提起　241
　　　文化的観点からの問題提起／東アジアの高い高齢者自殺率／高齢者自殺の原因論
2．高齢者扶養に関する仏教の教え…………………………………244
　（1）普遍的文化としての親孝行　244
　　　家族重視は普遍的文化／「仏教にも親孝行の教えがある」という論議
　（2）仏教における親孝行の教え　246
　　　父母恩の重視／父母を智慧の世界に導くこと
　（3）儒教の孝との比較　248

孝の社会的役割／孝行の範囲

3．ブッダの死観と死を迎えた態度……………………………… 250

（1）ブッダの老人観　250

身体的老化と精神／より成熟した人間

（2）ブッダの晩年　252

最晩年のブッダ／死を超越した者の平和

（3）自殺に対するブッダの態度　254

寿命放棄の論議について／自殺に対するブッダの態度／ヴァッカリの死／求められる解明

（4）ブッダの臨終と臨終前の態度　258

感謝を伝える／周りの人への思いやり／平和な臨終

4．仏教的ターミナルケアとは何か……………………………… 260

（1）ケアとスピリチュアリティ　260

スピリチュアリティについて／ケアにおけるスピリチュアリティ／近代性とスピリチュアリティ

（2）ターミナルケアと仏教　263

ターミナルケアの二つの要素／ビハーラ運動

（3）仏教的ターミナルケアとは何か　265

「仏教的」ターミナルケアの模索／仏教ターミナルケアの実践指針Ⅰ：介護者の態度／仏教ターミナルケアの実践指針Ⅱ：介護者と臨終者の協力関係／仏教ターミナルケアの実践指針Ⅲ：臨終者の視野の確保に努めること

付　録：写真と解説／271

参考文献／285

あとがきと謝辞／295

索　引／299

写真撮影＝朴　光駿

ブッダの福祉思想

「仏教的」社会福祉の源流を求めて

第I部

人間ブッダの実践的思想と仏教経典

ブッダ正覚の地に建つマハーボディー寺院の南壁面にある仏像の一つ。ブッダの教えが今まで伝わっているのは,それを守ろうとする人々の凄まじい努力があったからである。イスラームの破壊からこの寺院を守るために,仏教徒たちはこの巨大な寺院全体を土で覆いかぶせて隠したという。

第1章　ブッダの生涯とその教え：社会福祉的観点

1．ブッダという歴史的存在

論議の出発点は「人間ブッダ」

　ブッダは歴史的人物である[1]。ブッダは架空の人物ではなく、歴史上実在した人物である。ブッダは神ではなく、その生涯は合理的に説明できる人間ブッダである。

　こうした認識こそ、ブッダの福祉思想を論議するための前提であり、またその出発点である。

　仏教はブッダの教えのことである。ブッダは約2500年前にインド北部（現在のネパール）で生まれ、80歳の生涯にわたり人間解放の道を示した。人間として生まれたブッダは、人間の身体と精神をもって人間の限界に挑戦し、人間の最も理想的境地に到達した。そして、すべての衆生もその理想的境地に到達できるように助ける努力を、入滅するまで続けた。ブッダの偉大さは、その教えの中身だけではなく、その教えを自ら徹底的に実践したことにある。

　本書はブッダの教えの中から、社会福祉学という学問、そして社会福祉と呼ばれている専門的実践活動の原理の発見を模索する。この冒頭で、ブッダが歴史的人物であると殊更に強調する理由は、もしブッダを超人と想定するならば、その教えと現実社会の科学的援助活動である社会福祉との融合が難しくなるからである。人間の悩みや社会問題は宗教的奇跡によって解決できるという信念、あるいはそうした奇跡を期待する態度と、社会科学は両立しがたい。

---

(1) ブッダの姓はゴータマ、名前はシッダールタで、釈迦族の王子として生まれた。サンスクリット語とパーリ語で「buddha」と表記されるが、漢字音訳は仏陀である。その名称については、釈迦牟尼（釈迦族出身の聖者という意味）、釈尊、世尊、如来とも呼ばれる。「如来十号」はブッダの呼称が十もあるとの意味である。本書では統一して、ブッダという言葉を使うことにする。ただ、覚りを開く前のブッダについては「ゴータマ」と表記する。

本書の関心は，現代社会の公式的社会制度である社会福祉の原理を，約2500年前の歴史的人物であったブッダの教えと実践的生涯から発見することにある。したがって，本書においては仏教の多様な側面の中でも，人間ブッダの思想と行為，人間の苦痛を解決するために行った実践的教えが主に検討されることになる。

　筆者は，仏教を人間ブッダの教えとしてとらえることが，仏教思想を最も正確に理解する方法であると確信する。しかし現実をみると，ブッダが超越的存在として受け入れられている場合も少なくない。たとえば，ブッダは生まれてすぐ自ら歩き，「天上天下唯我独尊」と唱えたという説話がある。第3章で述べるように，仏教経典は長い年月を経て作成・追加されてきたものであり，比較的後代のものには，ブッダが超人として登場する傾向がある。信仰の次元での話であれば，それはむしろ自然なことであろう。重要なのは経典の教えの本質を読み取ることであり，その教えの説明手段が事実か否かにこだわらないことである。したがって，本書において人間ブッダが主に検討されるといっても，信仰の対象として崇め慕われているブッダの存在意義を認めないものではない。

　絶対者と科学は両立しない。もし，ブッダが問題解決を求めて訪ねてきた無数の人々に対して，宗教的奇跡をもって問題解決をしていたならば，社会科学者にとって，ブッダが魅力的存在になるはずがない。しかし，ブッダは衆生が抱えていた問題や苦痛に心から共鳴し，当該者の状況や能力に見合った，合理的で現実的な解決策を提示していた。だからこそ，社会福祉とブッダの教えに接点ができるのである。

ブッダが「ブッダ」と呼ばれるゆえん

　「ブッダ」は一般に仏教の開祖を意味するが，もともとは特定の個人を意味するものではなく，「覚りを開いた者」を指す普通名詞である。

　しかしブッダの偉大さは，単に覚りを開いたことにあるのではない。ブッダが尊敬される理由は，覚りを開いた者であると同時に，「衆生を覚らせた者」であるからである。パーリ経典『小部』「大義釈」の次の一句をみよう。

四聖諦を自ら覚り，他の衆生を覚らせた。それゆえブッダである。

　同じくブッダは智慧を備えた者，善を行った者，心を清めた者として讃えられるが，それはブッダがそうした境地の者であったことだけを讃えているわけではない。「衆生をして智慧を持たせ，善を行わせ，心を清めるようにした」から，ブッダなのである。覚りに満足し，自分だけが覚りの世界に安住していたとしたら，今日尊敬されるブッダはなかったはずである。衆生が正しい生き方を営めるように導こうとした心，それがブッダの慈悲である。ブッダは智慧の持ち主であり，慈悲の実践者であったのである。

人間ブッダ
　初期仏教においては，人間の生存とは身体と心の結合によるものであるとされた。身体や物質は，いかなるものであれ「四大」と呼ばれる「地・水・火・風」の要素から成るとされ，その四つの要素はそれぞれ，次のような働きをするとされていた。

　　地は硬い性質のもので，物を形づける作用をする。
　　水は湿りの性質のもので，物を受けてとる作用をする。
　　火は温かい性質のもので，物を成熟させる作用をする。
　　風は動く性質のもので，物を成長させる作用をする。

　以上の四大の合成体である身体に「心」が加えられ，衆生ないし有情の存在が成り立つと考えられた。人間は心を備えた身体であり，言い換えれば「有識の身体」（櫻部建，2002）と理解された。
　仏教ではすべての生き物は，「五蘊」と呼ばれる「色・受・想・行・識」が一時的に結合することによって成立するとみなされる。いわゆる「五蘊仮和合」の思想である。身体を構成する「色」に，四つの精神的要素である「受（感覚作用）・想（知覚作用）・行（意志作用）・識（意識作用）」が一時的に和合したものが生き物である。

ブッダの身体もその例外ではなかった。極端な断食によって形骸同然の仏像が伝えられている。食べ物をとらないとやせほそる身体であった。ブッダは覚りの直前，ある農村の女性が作った乳米粥を食し，体力を回復した。ブッダは生涯最後の旅路で腐った料理をとり，激烈な苦痛を覚えた。老いることによって肉体が衰えていくことも例外ではなかった。ブッダは80歳になったとき，自分の身体を「腐敗した身体」と表現している。しかし，ブッダの精神世界は入滅時まで決して衰えることはなかった。人間の身体を保持しながら，その限界の中で，常に最善の修行を求めていた。

最後の旅に出たとき，ブッダは「世上は美しいものである」と述懐している。熾烈な生涯で一貫し，やり残したことのない人間の完全な平和をうかがえる場面である。ブッダ最後の旅の目的地は明示されておらず，予期できない入滅で旅程が完成できなかったが，旅路の彼方にはブッダ誕生の地がある。生まれ故郷に思いを馳せる，人格完成者の人間的姿が感じられる。

2．ブッダの生涯

(1) 出生と時代的背景

ブッダの時代

哲学者ヤスパース（Karl Jaspers）は紀元前8世紀から紀元前3世紀の時期を，「軸の時代」（Axial Era）と名づけた。世界の思想界における重要な時期であったからである。ブッダ誕生の地インドだけでなく，ギリシャや中国など，世界の主要文明圏の哲学者，思想家たちがこの時期，世界観・宇宙観を説いていた。ギリシャでは最初の哲学者と呼ばれるターレスをはじめ，ソクラテス，プラトン，アリストテレスに至るまで偉大な哲学者たちが哲学の花を咲かせた。中国では孔子，孟子，老子などの大学者が登場した。インドでもウパニシャッドの思想家たちが活動し，サーンキヤ哲学やミーマーンサー哲学，仏教，ジャイナ教が生成された（李ゼスク，1996：訳者解説）。仏教はインドの産物であり，仏教思想には他のインド思想と多くの類似点が発見できる。

仏教の開祖ブッダも確かにこの時期の人物であるが、いつ誕生し、いつ入滅したのかについては定説がない。日本ではブッダの生涯は紀元前566年から486年頃までという見方も、その約100年後の紀元前466年から383年頃までという意見もある。スリランカ等の南方仏教においては、紀元前624年から544年とみている。韓国仏教の代表的宗派である曹渓宗では、南方仏教圏の意見を受け入れていて、ブッダの入滅を仏教の始まりとしている。

「仏教はブッダの死によって始まった」という指摘は、仏教がブッダの死後、仏弟子たちや仏教徒たちによって「つくられた」（並川孝儀、2005：11）側面があることを示唆している。仏教がブッダの教えであるということからすれば、ブッダの誕生時期、あるいはブッダが覚りを開いた時期を、仏教の始まりとみるのが自然なことかも知れない。しかし、ブッダの死を仏教の出発点とみることは、ブッダの教えを伝える仏教経典が、ブッダの死後初めて作られ、伝えられてきた歴史的経緯を暗示している。

一方、ブッダ誕生については、その年月さえ明らかになっていない。はるか昔の出来事であり、また多くの研究者が指摘しているように、歴史的事実を時代別に正確に記録することに対する関心が薄い、インドの社会風土にもその原因があると思われる。

時代的背景

ブッダ誕生の時代背景を、社会・経済・政治的状況と宗教的状況とに分けてみよう。

紀元前1500年からインドに入ってきたインドアーリア人は、インドの支配層として定着した。彼らによって口伝されたとされるヴェーダはヒンドゥー教の根本聖典になり、土着信仰と融合し変容した。アーリア人は四姓階級を中心とした社会秩序を確立し、それぞれの階級にはそれぞれ異なる義務が課せられていた。祭事儀礼がきわめて重視され、祭事を司る階級であるバラモンの地位は絶対的であった。バラモンは、「祭事儀礼を正しく行うことだけがよい環生を保障する」（クロンベ／今枝由郎訳、2003）という主張を繰り広げ、それはインド人に広く浸透した。

ブッダ誕生前後における社会変化に関連して注目すべきは，政治的覇者としての国王の出現と経済的実力者である資産家の出現である。強大な君主国家が出現し，小さい部族国家を制覇していく時期であったのである。当時のインド地域は統一されておらず，独立国家としては強大なコーサラ国とマガダ国があり，その二国に隷属されていた十余りの部族国家から成っていた。

　ブッダは，コーサラ国に隷属されていた釈迦族の王子として生まれた。母親のマーヤー夫人が出産のため実家に向かう途中，ルンビニー園（現在のネパール）のある無憂樹の下で生まれたとされる。道端で生まれたことになる。後日，釈迦族はこのコーサラ国によって滅亡させられることになる。

　釈迦族の地域は，主に米作農業を行っていた。ブッダ最初の瞑想のきっかけも，農事儀式と関わっている。農業国であったゆえ農事儀式が強調され，それだけバラモンの影響力も大きい社会であったと推測される。

　また，この時期は都市が形成され商工業が発達する時期でもあった。商業の発達で商人という新しい社会階級が出現し，彼らは自分の影響力を徐々に強めていたが，その階級の人々の間には，より合理的な宗教への要求が強かった。当時の支配的宗教であったバラモン教によると，社会階級は出生とともに決定され，生きている内にはそれを変えることはできないとされた。完全な閉鎖社会（closed society）であったのである。こうした教理は，新興商人階級の目からみると運命決定論的であり，現実社会において自分たちが営む経済活動の価値，そしてそれに相応しい社会的認定の可能性を否定する，不合理の教理とみなされたのであろう。紀元前5～6世紀頃のインドは，そうした理不尽な社会の慣習的通念を打破し，すべての者に開かれた開放社会（open society）への要求が噴出した時期であった。その結果，宗教的多様性が現れるようになったが，その宗教改革運動を支持したのが商人階級であった。

　そうした動きは，身分からの人間解放を目指すものであった。新しい社会勢力は，自分の社会的地位が宗教的教理によっても認められ，自らの努力や行動によって人生を開拓し，社会を変えていくことの正当性を付与する宗教を求めていたのである。

（2） 出　家

出家動機の神話的説明

　ブッダは生まれてすぐ母親の死という不幸にあったが，王子として裕福な少年時代を送ったと思われる。16歳のとき，ヤショーダラーと結婚し，ラーフラという名の息子にも恵まれた。

　ところが，29歳のときにゴータマは出家を決行する。自分の意思によるもので，周りの反対を振り切っての出家であり，名誉と安楽な生活を見捨てた形の出家である。ゴータマは何を求めて出家したのか。

　当時のインド社会において，出家は一つの慣習のようなものであった。その形成時期や教理において，仏教と類似点の多いジャイナ教の開祖マハーヴィーラも出家した人物である。前述したように，この時期は新しい宗教運動の時期であったが，それはバラモン教の権威に挑戦するものであり，そうした動きの主導者は出家した人々であった。彼らは努力する者を意味する沙門と呼ばれていたが，定住することなく遊行しながら，主に托鉢で生活していた。彼らは当時のインド社会の思想的矛盾を明らかにし，自分なりの解決方法を社会に提示しようとしていた。

　ブッダの出家動機については，主に幼年時代の瞑想の経験と四門出遊の説話が伝えられている。前者は，農耕祭のときに掘り起こされた土の中から出てきた虫を小鳥がやって来てついばみ，くちばしにくわえて飛び去って行ったが，次の瞬間，猛禽が舞い降りて，そのかぎ爪で小鳥を捕えて飛び去って行く光景を少年ゴータマが目撃し，弱肉強食の世界に対する懐疑の念を深く抱くことになったという説話である。後者はゴータマが，王城の東・西・南の門を出て，それぞれ老者，病者，死者の苦痛を目撃し，最後に北門を出て，出家して修行をしていた沙門に出会い，その清浄たる姿に魅せられ「私も沙門になろう」と

（2）　ジャイナ教は主に不殺生の戒律を厳格に守り，苦行と禁欲主義を実践する宗教であり，仏教と同年代に始まり2500年の歴史を持っている。インド社会に大きな影響力を及ぼしてきており，今も相当数の信者を持っているという。この宗教の最高境地の者はジャイナ（Jina：勝者の意味という）と呼ばれ，その教えがジャイナ教と呼ばれている。出家主義の宗教であるという点以外にも，人間観などにおいて仏教と類似している点が多いといわれている。

決心するに至ったという説話である。初期経典である四つの『ニカーヤ』(漢訳『阿含経典』)には四門出遊の内容は登場していないというので、この内容は後代の人々によって作られたものといわれている。しかし、老・病・死という人間の根本問題が出家の背景にあったのは確かである。

「世の中に老・病・死という三つの苦痛がなかったらブッダはこの世に出現しなかったであろう」(『長阿含経』14巻)と伝えられている。すべての生命体が殺伐とした緊張の世界の中で生きていること、生まれてきた者に老・病・死は避けられない苦痛であるということ、これがブッダの出家動機とされてきた。

出家の背景：合理的解釈と創作

ゴータマの出家に関する以上の二つの伝説は、あくまでも宗教的問題に焦点を当てた説明である。つまり、出家の動機をゴータマの内面的宗教的悩みに求めたものである。しかし、ブッダをすべての人間に人間らしい生活が保障される社会の実現を目指した社会改革者として位置づけようとすると、当時のインド社会のさまざまな矛盾の中から、出家の動機を探ることが求められる。

二つの巨大国に板挟みされ、時々刻々滅亡に近づいていく小国の王子としての悩みや懐疑を、出家の背景として言及するより合理的な説明もある。

農耕祭でゴータマが目撃した衝撃的出来事は、「弱肉強食の光景」ではなく、「社会的不平等の現実」であったという見方がそれである。あるブッダ伝記(法輪, 1990：111〜113)によると、ゴータマが目撃したのは、「国王に税金を納めるために、死ぬまで休まず働かされる労働者の姿」であり、それが出家の動機とされている。当時は国王の収奪から逃れようと出家をする人々があったことが仏典でも登場していることを考慮すると、国王の過酷な搾取は日常的なものであったかも知れない。労働者の苦しみの上に王族としての自分の安楽な生活が成り立っているという矛盾的現実にゴータマが目覚め、すべての人間が幸せになる方法はないのかという問題に悩まされるようになったという解釈である。一方では炎天下で裸同然の姿で汗水流す下層民があり、もう一方ではその実りで安楽に暮らす支配階層があるという現実、人が人を搾り取っている現実社会への疑念をゴータマが抱いたとすれば、それは社会改革者としてのブッ

ダ誕生の背景として注目すべきである。

釈迦族内部の社会的葛藤を，ブッダ出家の背景としてあげている伝記もある。アンベードカルは釈迦族の内紛を出家の直接的要因としてとらえ，その状況を次のように具体的に述べている（アンベードカル／山際素男訳，2004：32～37の要約）。

> ある時，釈迦族は川の水利権をめぐって隣国と激しく対立し，戦争寸前の状況にあった。釈迦族は民主的原理によって運営される集会すなわちサンガを持っていたが，その水利権問題解決のために召集されたサンガにおいて，戦争を主張するグループに対してゴータマが戦争反対を主張し，それによってゴータマは厳しい立場に追い込まれ，そうした状況の解決策が出家であった。

ところが，アンベードカルの説明については，その記述が仏教経典の内容に基づいたものではないという批判がなされている[3]。ゴータマ・ブッダを社会的政治的存在としてみることの重要性は認めなければならないが，その根拠たる内容が創作だとすれば，それは論外とせざるを得ない。経典内容を「解釈すること」と「内容を創作すること」とは，別次元の話である。

社会科学的想像力でみたブッダの出家背景

ブッダ出家の社会的意義を明らかにするためには，出家伝説を社会科学的に解釈することが求められる。ただし，その根拠はあくまでも仏典の内容でなければならない。仏典の内容から当時の状況を論理的に推論することが求められるということである。

まず注目したい経典内容は，「衰亡を来さないための七つの法」の説法である[4]。ブッダ最後の旅における最初の訪問先はヴァッジ国であるが，そこでブッダは，決して衰亡を来さざる七つの法を説いた。それは，「民主的で協力的社

---

(3) この著作の翻訳者である山際素男（訳者後記：400～401）も，ゴータマの出家に関するアンベードカルの記述は創作であり，「文学的説明」のようなものであると認めていて，いくつかの記述内容にはそうした傾向が見られる。ただ，これはこの著作全体が文学的説明であると意味するものではない。この著作は，ブッダの思想を理解するためには一読に値するものである。

会，差別のない社会など七つの特性をもつ国は，繁栄が期待され，決して衰亡はない」というものであり，ブッダはヴァッジ国がまさにそのような国であることを強調した。

この時期にはすでに，ブッダの祖国の釈迦族はコーサラ国によって滅亡させられていた。ブッダの旅の目的地は生まれ故郷であったと推測されているが，ブッダが最初の訪問国をヴァッジ国とし，そこで七つの社会原理が活かされているヴァッジ国を讃えたということを，どう解釈すればよいのか。ブッダには，自分の祖国が繁栄をもたらす七つの社会原理に欠けていたがゆえに衰亡したという思いがあり，その事実を悔しがっていたという解釈も可能ではないか。だとすると，釈迦族は葛藤の多い社会であり，そのような状況がブッダ出家と何らかの形で関わっているという見方も成立するであろう。

このような解釈はあくまでも仏典の内容に基づいた推測である。仏教経典を社会科学の目で読むということは，仏典の内容を社会科学的想像力をもって解釈していくことを意味するに他ならない。

また，ゴータマが王城を出て「死を目撃したこと」の意味についても，社会科学的解釈が必要である。すべての生き物に死は避けられないということは誰もが知っていることであり，ゴータマが死そのものを目撃して衝撃を受けたというのは，多少説得力に欠けた説明のようにみえる。ゴータマが衝撃を受けたのは，「死」そのものよりは，「死に方」に対してではなかったかと思う。ゴータマが目撃したのは下層階級の死に方であった。道端に捨てられ，誰に世話をされることもなく，苦痛の中で死んでいく悲惨な死であり，家の中で家族に見守られて安らかに死を迎えるような姿ではなかったのである。四門出遊の伝説を描いた仏画を見ても，筆者が見てきた範囲内でいうと，それは道端での悲惨な死に方である。この点に注目すれば，ゴータマの問題意識には悲惨な人々の生涯があったとみることも可能であり，それは，人間平等を唱える社会改革者としてのブッダの姿を裏づける出来事であったともいえよう。

（4）「七つの法」の内容は『大パリニッバーナ経』第1章2を参照すること。その意味については，本書第2章第1節（仏教の人間観と理想社会観）において詳説する。

出家の意味

初期経典には，出家に臨むブッダの決議が次のように描かれている（櫻部建，2002：46 から再引用）。

> 在家の暮らしは狭苦しく塵にまみれているが，出家の暮らしは広々と自由である。家庭に在っては，まったく完全で清浄な，螺鈿(らでん)のように光り輝く浄らかな道を修めることは困難である。さあ，髪と鬚を剃り，黄褐色に染めた衣をつけ，家を出て家なき生活に入ろう。こういう思いが私に起こった。私はやがて，まだ若く髪は漆黒で幸福と血気に満ち人生の春にある身ながら，不同意な父母が泣き悲しんだにも拘わらず，家を出て家なき生活に入った。

「家なき生活」，すなわち出家が覚りの条件のように説かれている。家での生活であれば覚りを目指す修行にさまざまな支障が出るかも知れないので，出家をしてからの修行が効果的な方法であるといえよう。しかし，初期経典は在家者も出家者と同じようにニルヴァーナ（涅槃）に至ると説いている。出家だけが覚りの条件とはいえず，ニルヴァーナに至ることに在家・出家の区分がないということである。

出家とは人間の外見的変化，剃髪をするとか袈裟を着るといった変化を意味するものではない。また，単に修行の場所を家から寺院などへと変えることを意味するものでもない。出家は，人生の目的に関する根本的転換を意味するものである。それゆえ仏教経典は，出家の特別な意味を認めている。仏教の開祖であるブッダが出家を通して覚りを開いたことの意義は，決して軽んじられてはならないと思われる。

結婚して家族を持っている者が覚りを求めて出家するという行為については，正しい理解が求められる。過去，儒教圏の国々において，出家は家族（とくに親）に対する無責任の行為であると非難された。しかし，出家は家族関係の永遠の断絶を意味するものではない。ブッダも覚りを得た後，祖国に戻り，父王や養母，夫人と再会している。また，祖国の釈迦族を武力侵攻するコーサラ国に出向き，出兵をやめるように説得し，祖国を救ったこともある。出家は現代

社会にみられる「長期間の留学のようなもの」(中村元,1958：52) とみてよいであろう。

(3) 修行と覚り

出家後の修行

ゴータマ・ブッダは29歳で出家し，沙門になった。覚りを開いてブッダになったのは35歳のことであるので，その間の6年間が修行の時期になる。

出家以来，ブッダの修行にはいつもさまざまな誘惑がつきまとっていた。欲望の神，マーラと呼ばれる悪魔が常に登場し修行を妨げる。時には政治への誘惑もあり，強大国であるマガダ国の国王からは国家統治の要請を受けたこともあった。覚りへの修行を妨げるさまざまな誘惑が，仏典には悪魔として描かれている。

最初にゴータマは禅定家の下で禅定に尽力した。しかし，その修行が人間の苦痛の解決という自分の問題意識の解消には至らないことに気づき，苦行という新しい修行方法を求めた。当時，沙門たちの間には一つの修行方法として，人間として耐えられないほどの苦行を行う者が少なくなかった。ゴータマも苦行を重ね，身体は極端に衰弱した。しかし，ゴータマは苦行という修行方法も自分の問題意識の解決へと導くものではないと認識するようになった。ゴータマは，最終的に「中道の方法」を求めた。出家前，王宮での快楽的生活を捨てたように，苦行の方法をも捨てることの必要性に気づいたのである。

中道の道とは，快楽主義でも苦行主義でもない正しい修行のことである。単に「両極端の方法を適当にミックスした方法」，あるいは「極端な形ではない苦行」を意味するのではなく，苦行だけが覚りを得るための唯一の方法である

---

(5)「親族の樹のかげは他のものに勝る」。ブッダのこの言葉が祖国を武力侵攻から2回も救った。コーサラ国のビドダバが軍隊を率いて釈迦族の首都に進撃したときに，ブッダはそれに立ち向かって，一本の枯れた樹の下に端正に座っていた。ビドダバが「葉の茂った大木も多くあるのに，どうして枯れた木の下に座っているのか」と問うたが，それに対するブッダの答えが上記の言葉である。その言葉を聴いて，ビドダバは軍隊を撤収した。こうしたことが2回あった(『増一阿含経』26)。

という執着心を捨てることを意味する。つまり，中道は覚りを目指す修行方法であるのみならず，覚りへと導く一つの認識方法でもあったのである。ブッダは次のように述懐している。

> 比丘たち，出家した者は二つの極端に近づいてはならない。二つとは何か。第一にさまざまな対象に向かって愛欲快楽を求めるということ……，第二にはみずから肉体的な疲労消耗を追い求めるということ，これは苦しく，尊い道を求める者のすることではなく，真の目的にかなわない。如来はこれらの両極端を避けた中道をはっきりとさとった。これは人の目を開き，理解を生じさせ，心の静けさ・優れた知恵・正しいさとり・涅槃のために役だつものである
> （『相応部経典』56.11）。

　経典は覚りへと導かない二つの方法，つまり宮中での快楽も苦行の様子も多少誇張している。中道の方法とは覚りへと導く正しい修行方法のことであり，それ以外の方法は経典で快楽主義か苦行主義と表現されている。だとすると，快楽主義とは贅沢を尽くす生活態度に限らず，真理を求めない生活態度全般を指すものであり[6]，苦行とは身体を苦しめる修行方法に限らず，覚りを目指した修行方法の中で，覚りへと導かれることのない修行方法全般のことを意味すると解釈することができる。

　ゴータマは断食をやめた。村の女性スジャーターが作った乳米粥をとり，体力も回復した。そして，ネーランジャラー河で身体を清め，大きな菩提樹の下で最後の禅定に入った。やがて12月8日，覚りが開かれた。ブッダが誕生したのである[7]。

---

(6) 紀元前8世紀から著されたとされるインドの宗教哲学書である，ウパニシャッドの一つである『シュペタシュバタラ・ウパニシャッド』（第1章4節）には，現実に満足し，正しい生活を主体的に追い求めず，時間や運命に頼ることを「怠慢」といい，涅槃への障害物とみている。正しい生活の必要性を感じない生活態度が怠慢である。この怠慢という概念が仏典では多少誇張され，「快楽」として表現されているのではないかと思われる。本書において，ウパニシャッドは，李ゼスク訳『ウパニシャッド』Ⅰ・Ⅱ（1996, ハンギル社）を主に参考にした。

覚りの条件について

　覚りはどのような条件の下で開かれるものなのか。果たして思惟や瞑想だけによって覚りが得られるのか。ブッダの生涯に関する書籍をみると，ほぼ共通して，覚りを得る過程を出家後の苦行と瞑想などの修行方法をもって説明している。しかしそれについては，社会科学的な立場からの説明が必要である。

　覚りの瞬間をみると，ブッダが瞑想によって覚りを開いたことには異論の余地がない。しかし，その事実をもって「瞑想だけで覚りが開かれた」と解釈することには疑問がある。人生とは何か，命とは何か，死とは何か等々の哲学的疑問について，ひたすら悩み続けた一人の人間が，瞑想を通じて覚りを開いたというのは論理的飛躍であり，覚りに対する大衆の誤解を招きかねないものである。

　瞑想を通して覚りを得るには，一定の条件があるはずである。その条件とは何か。それは，ブッダが出家以前に蓄積していた多方面にわたる学問的知識であると思われる。その知識とはまず，当時のインド社会の宗教書，ウパニシャッドの文献，バラモンの論理，そして哲学的問題に対して自分なりの解答を社会に提示していた論客たちの主張や論理等に関する知識のことである。また，ブッダの説法にはインド以外の多数の国が説法の素材として用いられることもあるが，その点からは，ブッダが国際的情勢に関する知識も備えていたことがうかがえる。そうした深められた知識があったからこそ，覚りを開くことができたのであろう。

　こうした主張の根拠には，何よりもブッダの説法内容と説法方式がある。ブッダの初期説法を分析してみると，自分の法（ダルマ）がバラモンのそれとどのような違いがあり，他の思想家の主張とどう異なるのかという観点が常に盛り込まれている。つまり，ブッダは自分の思想を比較思想的観点から説いて

（7）覚者を意味するブッダの名称について，初期経典『阿含経』には，人々によってブッダと呼ばれたからブッダとなったわけではなく，覚りを開いた後，ブッダみずからブッダと名乗って，仏陀と呼ばれるようになったという内容がある。しかし，その経典内容は後代の人々によって作られたものであるとの見解もある。筆者には後者の説明が合理的解釈にみえる。というのは，ブッダは自分以前にすでに覚りを開いた先人たちがいたこと，つまりブッダが多数存在していたと認識していたからである。

いたのである。それは比較思想的知識をその要件とする。したがって，比較思想的説法方式そのものが，ブッダの知識水準の高さの証拠になる。ブッダは法を説く際に，自分以外の思想に積極的に言及した。自分とは異なる多くの教説がなされている事実を認め，その事実をそのまま受け入れた上，それを素材にして，自分の思想が他の諸教説とどのように異なっているのかを明確に示す方式の説法を行った。

　ブッダの思想体系の中には，当時のインド社会の主流的思想をそのまま受け入れたものもあれば，修正して受け入れたものもあり，またそれから完全に脱却したものもある。どうしてそれが可能なのか。それはブッダが出家する前に，すでにインドのさまざまな宗教的・思想的教義を渉猟していなければ不可能なことである。そうした学問的知識をベースにし，しかしそれだけでは解明できない根本的問題を解き明かすために，自分が蓄積してきた学問的知識や哲学的知識を総動員した結果として，最後の瞑想による覚りが開かれたのである。

（4）　覚りの実践と入滅

法の伝播

　ブッダによって発見され，伝播された真理がダルマ，すなわち法である。ダルマの本質については次節で論議することにし，ここではブッダのダルマがどのように伝播されたのかについてみてみたい。

　沙門ゴータマは，覚りを開いたことによってブッダになった。すべての苦悩と束縛から解放された自由の身になったのである。しかし，ブッダがその境地に満足し，彼岸の世界に留まっていたならば，今日尊敬されるブッダは存在しない。ブッダの偉大さは，彼岸の世界から衆生の世界に再び戻り，すべての衆生も自分が発見したダルマを発見できるように助けることを生涯実践したことにある。この姿は，バラモンが自分たちの真理をごく少数の者に限って伝える門外不出の秘密主義的慣習とは極端に対比される。開放的宗教というのが仏教の本質であったとの評価は，ブッダが自分だけの覚りに安住することなく，万人の覚りを目指していたことから得られたのである。

ブッダの説法は法の輪をまわすことに譬えられ，その輪は決して逆戻りしないとされていた。最初の説法——初転法輪——以降，ブッダは入滅するまでの45年間，休むことなく法を説いた。説法は厖大な量になる。パーリ語経典『テーラガーター』(8)は，ブッダの後半生を随行したアーナンダの次のような言葉を伝えている。

> わたしは，ブッダから八万二千（の教え）を受けました。また修行者たちから二千（の教え）を受けました。こういうわけで八万四千の教えが行われているのです（『テーラガーター』1024）。

ブッダの説法方法は多様である。ある場合はきわめて体系的に法を説き，ある場合は歌の形式である偈頌で縮約して法を説いた。特定のテーマについては「答えない答え」で対応することもあった。しかし，ブッダの説法方式の大半は「対機説法」の形式をとっている。これは質問に答える形式の説法のことである。そうした形式であれば，当然ながら質問をする相手を考慮した説法を行わなければならない。人の素質や能力のことを機根あるいは根機というが(9)，その機根に応じて説法を行うことが対機説法である。それは病者に薬を与えるごときという意味で，応病与薬とも呼ばれる。ブッダは聞き手の理解を助けるために多くの身近な比喩を導入している。

ブッダの法の伝播は，ブッダ自らの説法のみならず，その弟子たちによっても行われた。ブッダは弟子たちに衆生の利益と幸福，よりよい生活のためにダルマを積極的に伝播するように督励した。

サンガの形成と戒律

ブッダの教えが広がるにつれて，その教えを求める人々が増加し，サンガが

---

(8) 本書において『テーラガーター』は，中村元訳『仏弟子の告白：テーラガーター』（岩波書店，1982）を参照している。
(9) 機根は「器」とも表現されている。人が器を持って水汲み場に行って，器の大小によって異なる量の水を取ってくることに喩えられている。出家者は上器，在家信者は中器，外道等に従うものは劣器と呼ばれる。

形成された。サンスクリット語でサンガは和合，共同体，組合などを意味するという。現在は一般に仏教教団全体を意味している。

サンガは宗教共同体であり，平等共同体であった。サンガ内でブッダは救済者ではなく，ブッダと修行者との関係は師匠と弟子，引導する者と引導される者の関係であった。したがって修行者は，ブッダの提示した道を自ら歩くことによって自ら救済するとされた。

サンガの加入時には一定の資格が要求されたが，身分による入門制限はなかった。サンガではすべての構成員の平等が保障されていたが，入団時期（いわゆる法臘）や年齢による区分はあった。西欧の仏教学者の中には，ブッダサンガの加入者の大半が貴族の子女であったという批判的主張を提起する場合もあるが（たとえば，オルデンベルク／木村泰賢・景山哲雄訳, 1928；ブーグレ／藪中静雄訳, 1943），ブッダサンガがすべての身分の者に開かれていたことは実証されている事実である[10]。

最初のサンガは，比丘のみによって構成された。しかし，ブッダの養母による出家の請願をブッダが受け入れ，比丘尼サンガも成立した。サンガは清浄であったが，サンガの秩序を乱す者が発生し，それに対応する形で戒律が制定されるようになった。戒律は構成員の非行があるたびに，その予防のために必要な戒律を作るという形式をとっていた。それを随犯随制という。

サンガは徐々に大規模に発展していくが，その過程で注目すべきは，ブッダの門下に集団的に入門する事例が多かったということである。一門の指導者であった者が，自分の弟子たちを率いてブッダサンガに集団的に入門したのである。それは当時の出家修行者が持っていた問題意識を，ブッダのダルマが解明したことの証であろう。

サンガの発展には在家信者の布施も大きな役割を果たしていたが，その一つは，修行者たちが安居期間中の滞在場所やビハーラ（vihara，精舎）を寄贈することであった。支援者の中には国王も含まれていたが，マガダ国の国王はブッダに竹林園を寄贈した。その立地条件については次の経典で確認することができる。

---

(10) この点については，第2章第3節で詳しく検討している。

王は心の中で考えた。世尊の住したもう処はいずこがよいであろうか。町から遠からず，往来に便利であって，すべての法を求める人々が行きやすいということも必要である。しかも，昼は雑沓(ざっとう)なく夜は噪音(そうおん)なく，閑居して静思するにふさわしいところでなければならぬ。
　かように考えているうちに，王は，竹林園がその条件を満たすものであることに思いいたり，言った。わたしは，世尊を上首とする比丘衆に，竹林園を寄進申したい。願わくは受納したまえ（『南伝律蔵大品』一）。

　ブッダサンガを支援する在家信者の主体は商業資本家たちであったが，その代表格の一人がスダッタという名の長者である。彼は祇園精舎を布施した。祇園精舎はサンガの重要な活動拠点になった。そこには病棟などの福祉施設もあったと伝えられている。

晩年と入滅

　ブッダは80歳で入滅した。覚りを開いた後45年間という長い年月がある。この期間中，ブッダは遊行しながら説法を通じてダルマを伝播した。前田惠学（2003a：10）が指摘しているように，ブッダの思想を理解するために欠かせないのは，ブッダの生活法を理解することである。デイヴィーズのブッダ伝記には，ブッダの一日が次のように伝えられている（デイヴィーズ／赤沼智善訳，1911：345～346）。

　　午前5時に起きる。もし，その土地に滞留するのであったら，鉢を手にして行乞に出かける時のくるまで居る。また，もし他所へ赴くべき時ならば，その間に八里や十里くらいは歩く。
　　釈尊は屢々朝の食事（一日中の主要たる食事）[11]に他の家から招待を受ける。然らざる時は，鉢を手にし，家から家へ行乞しつつ進む。この行乞は午前中に終わ

---

(11) ブッダが一日一食の生活法を守っていたことは多数の経典で確認できる。一日一食の生活を受け入れようとしなかったバッダリに対して，その重要性を強調したブッダの説法は，『跋陀和利経』（『中部経典』第65経）に伝えられている。また，ブッダは児童の出家を禁止した理由として，児童には一日一食の生活が耐えがたいという点をあげていた。

る。招待された時には，食事が終わった後，宗教の根本教理を語り，敬意を表す。

日の盛りには休憩をするか，黙想をし，午後になると，遍歴中であればその旅を続け，滞在の時であれば，木の下で弟子たちを接見する。隣の村から花を持ってくる村人もいる。俗人または他の教団の出家者がきて，説法を聞き，または論議をすることもある。余りの者は木の下の草の上に座り，それを聞く。日が暮れて人々が解散すれば，釈尊は沐浴をする。その後，夜が更けるまで弟子たちと談話をする。

ブッダ最後の言葉

80歳になってブッダは旅に出る。ブッダ最後の旅の目的地は，自分の誕生地であったと推測されている。すでに自分の祖国は滅びた後のことである。旅の途中にブッダは，自分は三か月後入滅すると予告した。弟子のアーナンダに次のように述べている。

わたしはもう老い朽ち，齢をかさね老衰し，人生の旅路を通り過ぎ，老齢に達した。わが齢は80となった。譬えば古ぼけた車が革紐の助けによってやっと動いて行くように，恐らくわたしの身体も革紐の助けによってもっているのだ（『大パリニッバーナ経』第2章25）。

すでにブッダの多くの教えに恵まれていた弟子にとっても，ブッダが入滅すれば何をもって依り所にすればよいのか戸惑う者もあった。ブッダは，「自分自身を島にし，法を島にするように」と述べた。島とは大河の中洲のことであり，いかなる水にも流れていかないものである。島は灯りとも訳され，これは「自灯明法灯明」の教えとも呼ばれている。

旅の途中，ブッダはチュンダという人に食事に招待されたが，その料理（キノコの料理という説も，豚肉が入っている料理との説もある）を食し，病気になる。それがブッダ最後の食事になった。ブッダはその後も旅を続け，ヒラニヤヴァティー河を渡りとうとうクシナガラの沙羅双樹の下で入滅する。

さあ，修行僧たちよ。お前たちに告げよう，「もろもろの事象は過ぎ去るものである。怠ることなく修行を完成なさい」と（『大パリニッバーナ経』第6章7）。

これが，ブッダ最後の言葉である。

葬儀に関しては，出家者は関与しないこととのブッダの遺志に従い，ブッダの身体は在家信者によって荼毘に付された。遺骨は八分（舎利八分）され，それを求める部族に配分された。そしてその遺骨を保管するための塔が各地に建立された。これが仏塔（ストゥーパ）の嚆矢であり，仏塔は信仰の対象になり，ブッダダルマのシンボルになった。

3．ブッダの法（ダルマ）

（1）　法とは

ブッダが発見した真理

ブッダの教えは法，すなわちダルマと呼ばれる。説法とはブッダがダルマを語ることである。すべての存在は，時間的に空間的に相互依存しているという縁起思想はブッダの代表的法である。しかし，法はブッダが創り出したものではなく，ブッダによって「発見された真理」である。もし，ブッダが発見できなかったとしても，物事の相互依存性という原理は，ブッダ生前においても世界の原理として存在していたはずである。

地動説はコペルニクスが初めて主張したものである。しかし，地球が動く実体であるということは，コペルニクスが生まれる前にもすでに真理であり，彼がそれを発見できなかったとしても，地球が動くものであるとの事実に変わりはない。コペルニクスはその真理を初めて発見したのである。ブッダが縁起の法を発見したということは，以上のように喩えることができる。ブッダは，「過去の正覚者たちが歩んできた古い道，その道を発見した」（『上応部経典』12）と説いている。

ブッダは自ら発見した法を自ら実践し，説いたからこそブッダであり，法そ

のものがブッダである。ブッダの本質はその身体にあるのではなく，その法にある。法身という言葉は，ブッダが法を肉身としていることを意味する。ブッダは次のように説いている。

> バッカリよ，私のこの腐った肉体をみて何の役に立つのか。法をみる者が私をみるものである（『上応部経典』87）[12]。

ブッダは入滅直前に，ブッダ入滅後サンガの未来を念ずるアーナンダ等の弟子たちに，自分の死後は，弟子たちに説いた教えと，自分が制した戒律とが，弟子たちの師になると言っている。しかし同時にブッダは，法とは執着の対象になってはならないということも強調している。筏に乗って川を渡った人が，その筏を捨てていくのと同じように，覚りを得た後は法そのものに執着してはならないとしている。法は覚りへと導く手段であり，法そのものにこだわることはないということである。

仏教は「特定の教義ではない」（中村元，1958：114）といわれている。それはブッダが法の全体図を体系的に説明するよりは，説法の対象が誰なのか，そしてその解決が求められる問題が何かを考慮して，それに見合った説法をしたからである。また，ブッダはすべての現象や問題について説明をしようとしたわけではない。説明しても問題解決に役立たないと判断した形而上学的問題に対しては，沈黙をもって答えた。すべての物事を無理に説明しようとしなかったことは，人間ブッダの思想を理解することにおいて重要な側面である。

ブッダの法における人間と社会

人間の苦痛の根源はまず，人間内部にあるという自覚を持たせることがブッダ説法の重要な目的である。物事は自分の思うままに動くものではないという

---

(12) 重病を患っていたブッダの弟子バッカリは，病床でブッダにお会いすることを願望した。ブッダは自ら出向いてバッカリに会っているが，バッカリは次のように言った。「世尊よ，私は世尊にお会いしたくて，お訪ねしようと決めていました。しかし，世尊をお訪ねできるほどの体力が私には残っていませんでした」（『上応部経典』，23.87）。上記のブッダの言葉は，このバッカリの言葉に対する返答である。

ことを覚ること，悩みをもたらす貪欲や憎しみ，愚かさ等を克服すること，自分のものではないものを自分のものとみる執着心から自由になることが，覚りへの道であると説かれた。

　最も古い仏教経典の一つである『スッタニパータ』には，人間にとってこよなき幸福とは何かという質問に対するブッダの答えが次のように示されている（『スッタニパータ』第2章259〜268）。

　　――諸々の愚者に親しまないで，諸々の賢者に親しみ，尊敬すべき人々を尊敬すること。
　　――適当な場所に住み，あらかじめ功徳を積んでいて，みずからは正しい誓願を起こしていること。
　　――父母につかえること，妻子を愛し護ること，仕事に秩序あり混乱せぬこと。
　　――修養と清らかな行いと，聖なる真理を見ること，安らぎ（ニルヴァーナ）を体得すること。
　　――世俗のことがらに触れても，その人の心が動揺せず，憂いなく，汚れを離れ，安穏であること。

　人間の幸せは正しい生活によって確保できるという考え方であり，人間の変化が問題解決につながるという考え方である。しかしもう一方で，ブッダは人間にだけでなく，人間が生活している社会に対しても強い関心を示していた。社会の変化も人間の幸せに欠かせない条件であることを認識していたのである。
　ブッダの根本思想である縁起思想によると，人間は社会と隔離された存在ではない。人間を社会的存在としてとらえ，人間を取り巻くさまざまな条件との関わりを持つ存在として人間を見ているのである。したがって，人間の行動の変化が社会に変化をもたらすとされる。ブッダの教えが拡散されていく過程は，当時，インド社会の支配勢力であったバラモンの思想，バラモン的社会文化との絶え間なき闘争過程であった。仏教が革命の宗教と呼ばれるのは，仏教が人間内面の問題のみならず，社会に対しても深い関心を寄せていた事実を反映しているのである。

仏教が人間を社会的存在としてとらえているということは，本書において重要な意味を持つ。というのは，社会福祉は人間が社会の中で直面するさまざまな問題に対して，人間の変化と社会の変化という二つの手段を通じて問題解決を目指す社会制度であるからである。もしブッダが，人間的問題のすべては人間内部の変化だけによって解決できるとみていたのであれば，仏教と社会福祉の接点は狭まってしまう。

(2) 法の究極的目標

ニルヴァーナ（涅槃）

　ブッダの法の究極的目標は，涅槃ないし解脱である。涅槃とは苦痛と束縛から解放された最高の境地であり，覚りがすなわち涅槃である。サンスクリット語のニルヴァーナは，火が燃え尽きて消えるとの意味であるという。煩悩が完全になくなった状態を指す。束縛から解放された状態は完全な平和の境地であり，涅槃寂静と呼ばれる。涅槃寂静とともに，諸行無常（万物は変化する），諸法無我（すべての法に本来の形はない）という三つの教えを一般に三法印という。印とはいつでもどこでも変わることのない印章のようなもの，つまり，仏教の核心的教理である。

　涅槃という用語はブッダ以前にもインドの思想界で使われていたが，ブッダの涅槃の意味はそれ以前のものとは異なるものであった。バラモン教における涅槃とは霊魂の救済を意味していたが，ブッダは霊魂の実体を認めなかった。

　ブッダの涅槃思想については誤解も少なくない。バラモン教の影響下にあった当時のインド社会において，涅槃は輪廻転生から抜け出すという意味があったので，涅槃とは輪廻転生から逃れること，すなわち死を意味する言葉として使われていた。火が消えるという意味に縛られ，「涅槃は死と同義語であり，人間的感情すべての消滅を意味する」と解釈する傾向があったようである。しかし，ブッダの涅槃の意味はそうではない。火が燃えている間が生であり，火が消えた状態が死であるとみるわけではない。燃える対象は渇愛の欲望のことであり，そうした渇愛の欲望を抑えて正しい生活を営むこと，それがニル

ヴァーナの真意である。だからこそ，生きているうちにニルヴァーナに到達することが修行の目標になっていたのである。[13]

たとえ一瞬であろうとも，生きているうちに覚りの世界に到達することの価値は至大である。覚りの世界に到達することは「不死の道をみる」とも表現されるが，『ダンマパダ』は，「100年を生きた者でも不死の道をみていなかったなら，不死の道をみた人の一日の生にも届かない」と説いている。

初期仏教においては「不死」という言葉の言及が多くみられるが，「解脱もしくは涅槃の境地はたびたび不死の境地と表現され，それは死を超越すること」（藤田宏達，1988：51～52）を意味していた。不死が涅槃に他ならないのである。

ブッダの涅槃思想からは，仏教の科学的世界観を読み取ることができる。ブッダの涅槃思想は死後の霊魂の救済ではなく，現世での人間の幸せこそが涅槃であるという教えである。涅槃は死んだ後，善業の結果として与えられる天国のようなものではなく，人間が生きているうちに到達できる境地であり，主体的に修行することで得られる人間の境地である。赤沼智善（1937，1981復刻版：136）は涅槃の本質を次のように的確に述べている。

> 涅槃は仏教徒の究極の理想である。それは永久に実現されることのない空想ではなく，現に釈尊によって実証され，また体験せられた，説き示された理想である。仏弟子は釈尊の教えの如く歩み，その道を踏んでその理想の境地に入ったのである。

現世での幸せな生き方

現世での幸せな生き方が涅槃を意味するのであれば，幸せな生き方とはどのようなものなのか。それは具体的には，八正道と呼ばれる正しい生活を営むこ

---

(13) たとえば，『スッタニパータ』（1120）には学生ピンギヤのブッダへの次のような質問がある。「わたしは年をとったし，力もなく，容貌も衰えています。目もはっきりしませんし，耳もよく聞こえません。わたしが迷ったまま途中で死ぬことのないようにしてください。どうしたら，この世において生と老衰とを捨て去ることができるか，そのことわりを説いてください」。死によってではなく，この世においてニルヴァーナに到達したいとの意志が読み取れるのである。

とである。正しい生活は，一方では過去の業の苦痛からの脱出を可能にし，もう一方では将来，如何なる苦痛の発生の予防をも可能にするからである。

修行の究極的目標が煩悩を断ち切って正しい生活を営むこと，つまり涅槃に到達することであるというとき，その煩悩とは誰の煩悩なのか。それは修行者一身の煩悩を意味するのではなく，衆生の煩悩であり，したがってブッダの教えの目標は一身の涅槃ではなく，すべての衆生の涅槃となる。衆生の涅槃のために，涅槃の世界から再び衆生の世界に戻ってきたのである。

要するに，出家の目的はニルヴァーナの境地である。『ミリンダ王の問い』[14]には，この問題意識が明白に説かれている。

> ミリンダ王：尊者ナーガセーナよ，あなたが出家したのは何のためですか？また，あなたがたの最上の目的は何ですか。
> ナーガセーナ：大王よ，願わくはこの苦は滅せられ，他の苦は生ぜざらんことをというこの目的のために，われわれは出家したのです。実にわれわれの最上の目的は，生存に執すること無き完全な涅槃であります。
> ミリンダ王：尊者ナーガセーナよ，しかしかれすべてがこの目的のために出家するのですか？
> ナーガセーナ：大王よ，実際はそうではありません。或る人々はこの目的のために出家しますが，或る人々は王におびやかされて出家し，或る人々は盗賊におびやかされて出家し，或る人々は負債に苦しめられて出家し，或る人々は生活のために出家します。しかしながら正しく出家する人々は，この目的のために出家するのです。

---

(14) この経典は初期経典の一つであり，紀元前2世紀頃，インドの比丘ナーガセーナ（Nagasena）と当時インド北部とパキスタン地域を支配していたギリシャ王メナンドロス（ミリンダ王）との対談を記録したものである。ミリンダ王が質問をし，ナーガセーナが答える形式になっている。この経典に表れているナーガセーナの思想は，ブッダの思想，初期仏教の真髄と思われる。仏教学者デイヴィーズはこの経典を，「教義に関する論争書としては，当時いかなる国で発刊された書籍に比べても最上位のものであり，インド散文の傑作である」と評価している。筆者としても，仏教経典や書籍の中でもこの経典を最も優れたものの一つと評価したい。漢訳は『那先比丘経』である。この経典は，仏教の無我説と縁起説を説きながら「明確に霊魂を否定した経典」（伊藤隆寿，2006：29）である。本書では，中村元・早島鏡正訳（1963）『ミリンダ王の問い』（全3巻）を参考にした。

ミリンダ王：尊者よ，それではあなたはこの目的のために出家なさったのですか？
ナーガセーナ：実はわたしは幼年にして出家しました。だから，まさにこの目的のために自分が出家したのだとは知りません。しかしながら，わたしはこのように思いました。「これらの沙門・釈子の徒は賢者である。かれらはわたしを修学せしめてくれるであろう」と。それでわたしは，かれらに修学せしめられて，「出家するのは実にこの目的のためである」と知り，かつ見たのです（『ミリンダ王の問い』第1編第1章）。

4．ブッダの教えの思想的特徴

（1） 人間発達に対する信念：仏性

誰もが潜在的ブッダである

仏教は人間の本性，潜在能力に対する無限の信念を持つ宗教である。ブッダは，正しい道に沿って正しく修行すれば，誰もがブッダになれると説いた。

ブッダの時代を支配していたバラモン教の教説によると，身分とは出生によって決められ，それは生きている間には決して変えることのできない運命的なものであった。しかし，ブッダは如何なる身分の者であれ，正しい行為さえ積み重ねていけば，その行為によってブッダになれることを次のように説く[15]（『スッタニパータ』第3章650〜654）。

生まれによって＜バラモン＞となるのではない。生まれによって＜バラモンならざる者＞となるのではない。行為によって＜バラモン＞となるのである。行為によって＜バラモンならざる者＞となるのである。
行為によって農夫・職人・商人・傭人になり，行為によって盗賊・武士・司祭者・王となる。

---

[15] 行為（業）の意味については，本書第7章で詳しく検討する。

ところが，誰もがブッダになる可能性を秘めているにもかかわらず，大半の人々には覚りが得られない理由は何か。

それは，何かがその潜在的可能性を抑制するからである。個人の次元からみると，人間の無明が人間能力の抑制要因になる。また，社会的側面からみると，歪曲された社会的・宗教的慣習が人間の自由な考え方や正しい行為を妨げる要因になる。したがって覚者になるためには，個人の次元では人間の無明に智慧の光を照らすことが，社会的次元では理不尽な運命的世界観と社会的慣習の改革が必要である。

バラモン教の支配する社会の中で，バラモンの教義を真正面から否定するブッダに対して，バラモンを中心とした支配階級の迫害はなかったのであろうか。支配階級の世界観に反する教説が出されたときに，それを社会秩序に挑戦するものとみなし，迫害を加える例は洋の東西を問わず多々ある。中世カトリック社会で地動説を主張したガリレオの宗教裁判は有名である。地球以外にも生命体が存在する可能性があるという自分の信念を曲げることなく，火刑に処されたブルーノの事例もある。

また，儒教的社会秩序が支配していた東洋社会においても，社会秩序への挑戦には厳しい迫害が待ち受けていた。かつて，中国では陳勝が「王侯将相，なんぞ種あらんや」（王侯将相寧有種乎）と主張し，乱を起こした。これは人間の身分が生まれによって決定される社会原理を否定したものである。しかし，こうした考え方は支配層の容赦なき抑圧の対象になった。

では，インドの状況はどうだったのか。

ブッダはバラモン的社会秩序に挑戦する教義を繰り広げていたが，それに対するバラモン教からの迫害はなかった。当時のインドではいかなる宗教的迫害もなかったという。仏教の消滅は，形式的には1203年，イスラームの攻撃によって仏教寺院が徹底的に破壊され，3,000人の僧侶が虐殺されたことによるとされている。

社会福祉的意味：発達保障の思想的基盤

覚りへの道を阻む諸要因を取り除けば，人間本来の能力が発揮され，覚りへ

の道が切り開かれるという考え方は，現代社会福祉の重要な思想的根拠の一つである「発達保障の思想」と同類のものである。洋の東西を問わず，発達保障の思想的根拠として最も説得力のあるものが，ブッダのこの教えではないかと思う。

発達保障は障害者の生存権保障の根拠たる思想である。それは，いかなる重症の障害があっても，適切な学びの機会や刺激の機会が提供されれば必ず発達する存在であるがゆえに，すべての人間に発達の機会が保障されなければならないという思想である。

発達あるいは発展という概念はきわめて抽象的な概念であるが，その本質は発達の反対概念を検討することでより明確になる。英語で，発達する（develop）という言葉の反対概念は「封印する」（envelop）ことである。何かを封筒のようなものに入れて，中身が出てこないように封鎖することを意味する。だとすると，発達（development）とはその封筒（envelope）のようなものを解き放し，その中に閉じ込められていたものが出られるようにすることである。それは本来，秘められていた発展力が自然に発揮されていく過程であり，その力は外部的援助によって得られるものではないという考え方である。

誰もが潜在的ブッダであるという教えには，社会福祉の観点からみてきわめて重要な二つの認識が反映されている。一つは，人間を理性的存在とみているということである。欲望まみれで生きている衆生ではあるが，それでも，人間とは自分の道を自ら発見しようとする理性的存在とみなされているのである。

もう一つの認識は，圧制下にある人間に対する無限の愛情である。圧制からの人間解放，それは仏教的慈悲の本質である。自ら覚者になる可能性を封鎖する理不尽な社会的・宗教的慣習と無明等を取り除こうとする心，それがブッダの慈悲である。

最近，国際社会福祉の領域においても「内発的発展」に対する関心が高まっている[16]。それは，いかなる貧困国の場合でも，自ら発展していく力を持っているという仮定から出発する。だからこそ，その社会の発展は外部からの直接的援助よりは，その社会の人間への抑圧的要素を除去することに焦点が置かれなければならないとされる（朴光駿，2007a）。したがって内発的発展論は，きわ

めてブッダ的考え方であるといえよう。

　ブッダ時代において人間の発展力を抑制する要因は，何よりもバラモン教の運命的世界観であった。それによって多くの人々は人間らしい生活を営むことができず，自分が，かけがえのない存在であり，差別的扱いをされてはならない存在であるとの自覚が芽生えなくなっていた。ブッダの教えとは，世の中で最も大事な存在は自分自身であること，ほかでもなく自分に仕えることの大切さを気づかせるものであった。

　現代社会において，人間の人間らしい生活を妨げるものは，何よりも人間差別である。差別からの人間解放がブッダの慈悲の本質である。また，それは衆生に直接的援助を与えることではなく，衆生本来の潜在的能力が発揮できるように支援することにあった。ブッダの教えが内発的発展の思想的根拠になるというゆえんが，ここにある。

（2）　物事の相互依存性：縁起

縁起とは何か

　縁起は，仏教の最も根本的教理となるものの一つである。すべての物事は何らかの原因によって起こるというのが，縁起の第一の意味である。それは，物事は偶然に起こることでもなければ，その物事が起こると宿命的に決まっているものでもないという見方である。物事は何かを縁にして起こるということである。縁は「ある物事を起こす原因ないし条件」である。縁起の原理は次のように説かれている。

　　これあるときかれあり（此有故彼有）
　　これ起こるがゆえにかれ起こる（此起故彼起）

---

(16)　1960年代以降，国連を中心とした国際社会開発事業は，開発途上国に対する「外部からの直接的援助」が当該国の社会発展の原動力になるという考え方に基づいていた。しかし，外部からの直接援助は国民意識の側面には納得できる変化をもたらすことができなかったという反省から，いわゆる内発的発展（endogenous development, endogenous process of development），代案的発展（alternative development）が強調されるようになった。

これなきときかれなく（此無故彼無）
これ滅するがゆえにかれ滅する（此滅故彼滅）

　この教えによると，人間の苦痛にも必ずある原因があり，その原因がなくなれば苦痛も消滅するのである。『スッタニパータ』は縁起と関連して次のように説いている。

　　争闘と争論と悲しみと憂いとものおしみと慢心と傲慢と悪口は，どこから現れてきたのか。
　　それは愛し好むものにもとづいて起こる。
　　愛し好むもの，および世の中にはびこる貪りは，欲望にもとづいて起こる。
　　＜快＞＜不快＞と称するものに依って，欲望が起こる。
　　快と不快とは感官による接触にもとづいて起こる。
　　感官による接触は何にもとづいて起こるのか。
　　名称と形態とに依って感官による接触が起こる。諸々の所有欲は欲求を縁として起こる。欲求がないときには，＜わがもの＞という我執も存在しない。形態が消滅したときには＜感官による接触＞は，はたらかない（『スッタニパータ』第4章862～873の抜粋要約）。

　縁起説とは物事の相互依存関係を説明する原理であるが，以上の内容をみると，複雑な論理構造から成っていて，きわめて緻密で難解な教理であり，それを覚ることはきわめて難しいゆえに人間の苦痛がなくならないのであるとされている。しかも，仏教の発展につれて，縁起の理論もさらに精緻化したと思われる。ここでは，縁起が社会科学にどのような示唆を与えているのかを中心にみてみたい。

相互依存的関係の存在
　縁起法とは，すべての存在は独立して存在するのではなく，相互依存的関係の中で存在するという考え方である。それゆえ，経典は縁起を「相依性」とも

表現している。⁽¹⁷⁾

　このような考え方は，万物が唯一の究極的原因——たとえば創造主たる神——に由来するという考え方と対立する。また，すべての物事にはその論理的発生原因がなく，偶然に発生するという考え方とも対比される。前者が決定論的見解だとすれば，後者は無縁無因論的説明である。しかし，仏教はその両者を拒否する。仏教はすべての物事や現象には，関連性と因果的論理性があるとみる。

　「ブッダは縁起法を通じて何を解決したのか」（東国大学教材編集委員会，1997：81）という問いは重要な問題提起である。ブッダが解決しようとしたのは人間の苦痛であった。苦痛はある原因によって生まれるので，その原因を除去すれば苦痛がなくなるという原理が縁起法であったのである。

　ところが，すべてのものが関連し合っているというとき，「すべてのもの」とは何を意味するのか。一切のものが何らかの原因によって生成するというときの「一切のもの」とは，宇宙万物あるいは森羅万象のような抽象的存在一般を意味するのではない。自然界の総体を指すものでもない。端的にいうと，人間事に関わる一切のもの，人間の生存に関わる一切のものという意味である（森章司，2001）。現実世界で生きていく人間として，愛・喜・執着・憂慮・悩みの感情とその対象になるものを網羅し，指すのである。

　また，苦痛の原因とされる欲望というものも，人間のすべての欲望を意味するのではなく，渇愛という激烈な根源的欲望を意味する。ブッダは，人間の欲望に火がついていると説いたことがある。その欲望とは具体的には，三毒と呼ばれている貪り，怒り，無知という三つの煩悩の心のことである。したがって，食欲とか睡眠欲など人間の生存に必要な基本的欲求は煩悩の原因たる欲望ではなく，また人間の苦痛の原因とみなされることもない。⁽¹⁸⁾

---

(17) この点については，批判的見解もある。たとえば，三枝充悳（2000：183〜187）によると，初期仏教においては，「これ（A）あるときかれ（B）あり」，あるいは「これ（A）起こるがゆえにかれ（B）起こる」という教えは，つねに「AとBとの具体的関係」を説いているものであるという。つまり，これには「物事の一般にまで拡幅された依存関係」という意味は含まれていなかったという。パーリ語経典のこの部分を「相依性」と訳したのは明確に誤りであり，「此に縁ること」の意味で「此縁性」ないし「支縁起」という訳が正しいという。ここでは，この見解を尊重しつつも，縁起の意味を社会科学的観点から「すべての存在の相互依存性」と解釈する。この場合の「すべての存在」の意味については後述するが，こう解釈してもブッダの教えの本質を損ねることはないと思う。

すべての生き物は生存に必要な基本的欲求を持っており，その点についてはブッダといえども例外ではなかった。『大パリニッバーナ経』（第4章16）の次の内容は，ブッダが最後の旅で病気になったときに，基本的欲求を持つ人間ブッダであったことを示している。

> 尊師は道から退いて，一本の樹の根もとに近づかれた。近づいてから，若きアーナンダに言った。「さあ，アーナンダよ。お前はわたしのために外衣を四つ折りにして敷いてくれ。わたしは疲れた。わたしは座りたい」。
> ……座ってから，尊師は，若きアーナンダに言った。「さあ，アーナンダよ。わたしに水を持って来てくれ。わたしは，のどが渇いている。わたしは飲みたいのだ」。

社会福祉的意味Ⅰ：真の原因の追求

縁起説の社会福祉的意味については，その複雑な論理構造に関心を傾けるよりは，それを一つの「認識方法」としてとらえることが大切であると思われる。それは，「真の原因を追究し，その原因を除去することによって問題解決を図る」という正しいアプローチの前提になる。経典は次のように説く。

> 火が燃えているというときの火は，草や薪を取り込むことに縁って燃えている。火が消えたとしたら，火はどこへ行ったのか。草や薪が尽き，燃えるものがなくなって，消えたのである（『中部経典』第72経，『火ヴァッチャ経』）。

現代の社会福祉において，特定の社会問題の解決のために莫大な公的資源が投入された場合でも，問題解決に失敗し，政策目標が達成できないまま財政的負担だけが残ってしまう場合が少なくない。1960年代のアメリカの，「貧困戦争」（War on Poverty）プログラムのケースがそうであった。学校中退の経歴を

---

(18) 注意すべきは，人間の基本的欲求のことは認められるとはいえども，それについても節制することが求められるという点である。欲求の充足はあくまでも必要最小限の充足を意味するものである。たとえば，食欲なども耽溺すれば煩悩を引き起こす欲望になる。

持つ失業青少年を対象とした長期間の職業訓練などに莫大な予算を投入したが，失業訓練を終えた青少年でも実際に雇用されることがほとんどなかった。社会も企業も退学の前歴があるとの理由で，そしてそのほとんどが黒人であるとの理由で，彼らを受け入れようとしなかったからである。そもそも当時の青少年失業問題の真の原因は，黒人差別にあった。職業訓練というものは，いわば個人の変化（技術の習得）を目指すものであり，対象青少年たちは職業訓練を終え，自ら変化したはずであった。しかし，社会の変化が伴わなかったゆえに，問題解決にはつながらなかったのである。

真の原因を追求しない福祉政策は公的資源をむだに費やすだけで，その政策が対象とする社会問題の解決をもたらす可能性が低いということのもう一つの事例は，東アジアにおける少子高齢化への取り組みからも発見できる。

現在，日本を含む東アジアでは少子化問題を解決するためにさまざまな公的支援が行われている。この地域は南ヨーロッパ地域とともに，世界の中でも出生率が最も低い地域になっている。出生率の回復を図るためには，出生率低下の真の原因を突き止めなければならない。その本質的原因は「女性差別的社会文化」であろう。家事，育児，家族の介護等の負担が女性に集中し，それと経済活動への参加は両立できないことが，極端に低い出生率の真の原因である。

しかし，現実をみると出産奨励金などの支援に公的な資源が投入されている。出生率の引き上げという政策目標は，その真の原因を除去したときに達成されるはずである。形式的原因に執着すると，政策目標を達成することはできず，莫大な財政負担だけを次の世代に負わせる結果になる可能性が高い。まず，「少子化はどこからきたのか」という本質的問いをし，その真の原因に迫ること，それこそ，縁起が社会福祉に与える重要な示唆である。

社会福祉的意味Ⅱ：社会改革の思想的根拠

縁起の教えは「因果論」として受け止められることもあるが，しかし，縁起を因果とみる場合には注意を要する。ブッダの業論については第7章で詳しく検討することになるが，その意味は「良き行為は楽をもたらし，悪き行為は苦痛をもたらす」（善因楽果悪因苦果）ということである。しかし，それがもし世

間の常識的意味において勧善懲悪とか因果応報の意味として安易に受け止められると,「自業自得論」「個人原因論」「個人責任論」になって,現在,特定問題に苦しんでいる人々に,不当な心理的罪悪感を押しつける可能性が出てくる。

因とは直接原因である。たとえば,植物が発芽するためには種が必要になるが,その種に当たるものが因である。しかし,種が発芽するためには土壌や水分等が必要になるが,そうした条件,間接原因が縁である。因と縁によって果がもたらされるが,因が同一のものであっても同一の果になるとは限らない。因が同じであっても縁が異なれば,異なる結果を招くからである。

因・縁・果の関係を障害者雇用問題の例で説明してみよう。次の図1-1は「身体的障害によって社会生活に問題が生じた」という例を通して,その直接的原因が同一のものであっても,間接原因によって結果が全く異なってくることを示している。

事例1の場合は,身体的障害によって社会生活が困難になったケースである。社会生活の困難は,身体的障害という直接原因に,働く機会が保障されなかったという間接原因が結びつけられた結果である。しかし,直接原因が同じでも間接原因の縁が異なると結果が異なる。事例2をみると,身体的障害があっても社会が障害者の働く権利を認め,雇用機会を提供すれば,ノーマルな生活が可能となるのである。

事例1において,障害は社会生活が困難の因であり,ノーマルな生活の不可能が果である。しかし,障害があっても働く機会が提供されれば,社会生活が可能になる。障害者が社会生活に困難を覚えるようになったのは,因によるものではなく,「適切な縁が助成されなかったこと」にその原因がある。

事例1の場合は,本人の責任だけが強調され,問題解決のための社会的努力

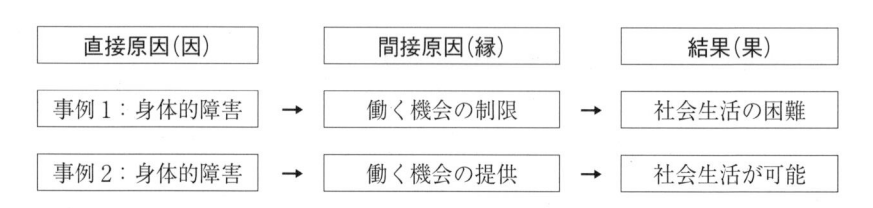

直接原因(因)	間接原因(縁)	結果(果)
事例1:身体的障害 →	働く機会の制限 →	社会生活の困難
事例2:身体的障害 →	働く機会の提供 →	社会生活が可能

図1-1　間接原因の違いによる異なる結果

がなされていない状況である。しかし，事例2では，社会が身体障害者の雇用促進に努める姿が示されている。そうした姿勢があってこそ，障害者のノーマルな社会生活という望ましい結果がもたらされるのである。

因だけでは結果がなく，因と縁とが結合したときに初めて果が生まれる。因縁生起が縁起である。ブッダの縁起説を社会福祉の観点から積極的に解釈すると，次のようになる。

> 社会福祉と関連してみると，縁起の教えの真髄は「因が結果を決定づけてしまう社会を拒否し，因がいかなるものであれ，またいかなる者に起きたにせよ，それによってその当事者に社会的不利（social handicap）という苦痛が発生しないように努力すること，因の悪影響を最小限にする縁を積極的に助成することが何よりも重要である」ということである。

障害者雇用を実質的に保障する法律を制定・改正すること，障害者の雇用差別禁止を制度化すること，障害者差別の社会的慣行を是正すること等の社会改革的努力が，すなわち望ましい縁の助成である。以上の論理で，筆者は仏教の縁起法が社会福祉の充実を目指す社会改革の思想的根拠たる教えであると判断している。

(3) 問題解決のための合理的論理：四聖諦

四つの聖なる真理とその実現方法

仏教の根本教理に四諦ないし四聖諦がある。諦とは真理を意味するもので，四聖諦は四つの聖なる真理のことである。苦聖諦，集聖諦，滅聖諦，道聖諦の四つであり，それは人生の問題の本質とその解決方法に関する真理である。

ブッダ最初の説法，初転法輪の内容も四聖諦であったと伝えられている。また『ダンマパダ』は，「真理の中でも四聖諦の真理が最も聖なるものである」としている。四聖諦は次のように説かれている。

たとえばジャングルに住むあらゆる生き物の足跡はすべて象の足跡に包みこまれる。象の足跡は大きさにおいてそれらのうちの第一といわれる。そのように，友よ，どのような善いことがらも四つの聖なる真実に摂められる。四つとはなにか。苦しみという聖なる真実，苦しみの生起という聖なる真実，苦しみの滅という聖なる真実，苦しみの滅という聖なる真実である（『中部経典』第28経，『大象跡喩経』）。[19]

まず，苦諦は人生の苦痛に関する真理である。

現実世界は苦痛の世界である。人生の苦痛は生老病死の苦痛（四苦）に，愛する人と別れる苦痛（愛別離苦），憎い人と会わざるを得ない苦痛（怨憎会苦），求めたことを手に入れられない苦痛（求不得苦），苦の源である五蘊に執着する苦痛（五取蘊苦，五陰盛苦）など八つの苦痛がある。こうした苦痛は避けることができないという真理である。

第二の集諦は，苦痛の原因に関する真理である。

生存が苦しくなるのは充足されない欲望，すなわち渇愛と無知・無明があるからである。永遠ではない身体を永遠のものとみなし，その形に執着することに苦痛の原因がある。

第三の滅諦は，苦痛を消滅させることに関する真理である。滅とは渇愛の消滅である。渇愛が完全に消滅した理想的境地が涅槃であり，それは渇愛の束縛から自由になった境地である。渇愛が消滅することで智慧が生まれ，その智慧をもって涅槃に到達することができる。

第四の道諦は，苦痛の消滅方法に関する真理である。

道諦は苦・集・滅を実現する道であり，その方法である。その方法とは八正道のことであり，正見，正思，正語，正業，正命，正精進，正念，正定という八つの実践である。

ブッダは次のように説いている。

---

(19) 『中部経典』（マッジマ・ニカーヤ）については，中村元監訳『中部経典』全4巻（「原始経典」第4～7巻），片山一良訳『中部』（全6巻）を主に参考にした。

わたしは苦諦を知り，集諦を断ち切り，滅諦を覚り，そして道諦を実行し，そうしたことをあるがままに知るようになったからこそブッダになった（『上応部経典』56.11）。

社会福祉的意味：問題解決の論理的過程

四聖諦は人間の苦痛，苦痛の原因，苦痛を断ち切ること，苦痛を断ち切るための実践方法に関する真理である。これは社会福祉過程の原理に適用することができる教えである。

社会科学としての社会福祉が福祉問題の解決を効果的に行うためには，問題の発見から問題の原因の分析と解決策の提示，そして類似な問題の発生を予防する努力に至るまでの一連の努力が必要になる。社会福祉の過程を以上のように区分づけていくことの基礎は，この四聖諦の思想から発見することができる。

社会福祉の過程は研究者によって区分の仕方が異なり，それぞれの段階の内容もさまざまであるが，社会福祉過程を四聖諦という教理に基づいて区分してみると，次の四つの段階になる。この四つの段階はそれぞれ，苦・集・滅・道の四諦に対応する。

第一，人間の社会不適応を引き起こす問題を発見すること。
第二，その問題の原因を探求し，分類していくこと。
第三，その原因分析に基づいて問題解決のための政策やプログラムを施行すること。
第四，そうした問題を完全に解決し，同様な問題が再び発生しないように予防策を講ずること。

（4） 問題解決の重視：対機説法

ブッダの説法

ブッダは覚りを開いてから入滅する直前まで，インドの各地域を遊行しなが

ら法を説いた。初転法輪と呼ばれる最初の説法では自分が覚った内容を自ら説いたが、それ以降の大半の説法は弟子等に特定問題について質問されたとき、それに答える対機説法の形で行われた。

対機説法は即問即答の説法である。ブッダの説法は絶対的自信に満ちていた。それは、ブッダに次のような四つの「無（所）畏」（四無畏）があったからだとされる。それは、(1) すべての真理を覚った[20]、(2) すべての煩悩を断ち切った、(3) 修行の障害になることについては自ら体験し、説法をもって提示した、(4) 苦痛を克服し、涅槃に至る道を自ら体験し、説法をもって提示した、ということである。

ブッダの対機説法は、聞き手に応じて行われたうえに、それを聞く人によって異なる意味として受け止められることもある。したがって、ブッダが行った説法のコンテキストを考慮せず、ブッダの答えの内容を部分的に切り取ってみると、仏教経典に相矛盾する説法内容が含まれているように思われることもある。

聞き手の状況と立場を理解したうえで説法を行っていたので、ブッダの説法には数多くの比喩が登場する。それゆえブッダは、比喩の王とも呼ばれる。説法に登場する比喩は常に問題解決に役立つものであって、身近な物や現象がその素材になっている。つまり、問題解決のための比喩である。

また、ブッダは自分が覚った法のすべてを言葉で説いたわけではない。実際に問題解決に役立つものでなければあえて説法しなかったのである。徹底した問題解決中心の説法である。「世界は有限か無限か」等の形而上学的問題については説かなかった理由について、ブッダは次のように説いている。

> 目的にかなわず、清らかな行いの基礎とならず、（世俗的なものを）厭離すること、情欲から離れること、（煩悩を）消滅すること、こころの平静、優れた智慧、正しい覚り、涅槃のために役に立たない。それゆえわたしはそれを説かな

---

[20] 経典（『大獅子吼経』）の内容は、次の形式で説かれている。ブッダは、私は正等覚者であるというのに、「あなたは諸法を覚っていない」と、沙門や神や魔や梵天や世間の人々が叱責することがあるとしても、「私はその気配を見ないので、安穏に達し、恐れなきことを得、無畏を得て住する」と。以下の三つの項目も同じである（『中部経典』第12経）。

かったのである（『中部経典』第63経,『箭喩経』）。

聞き手によって異なる意味の教え

　ブッダの説法を伝える膨大な経典は，さまざまな問答から成る巨大な問題解決事例集のようなものである。ブッダの関心は，問題解決にあった。したがって，特定問題に苦しまれている当事者であるか，それとも局外者としてブッダの話を聞く者かによって，説法に対する反応が全く異なる場合もある。経典は次のような状況を伝えている（ひろさちや，2006：166～168）。

　　マーガンディヤーという美人の娘を持つある長者はブッダに，自分の娘との結婚を要請した。ブッダは次のように答え，その要請を退けた。「私は悟りを開く前，天魔の誘惑を受けた。三人の天女を妻にせよ，と天魔は私に申し出た。しかし，私はその誘惑を斥けた。あの清らかな天女の誘惑をさえ拒否した私が，ましてや大便・小便を内に蔵した人間の女に迷うはずがないではないか」。

　ブッダの真意は，人間の美貌は一時的なものに過ぎないというものであった。この説法によってその長者夫婦はブッダの弟子になったが，当事者の娘はその言葉に侮辱を覚え，復讐を決意した。その後，コーサラ国の王妃になった彼女は，ブッダに危害を加えようとしたという。その親には問題解決の端緒を提供した言葉が，その娘には傷つける言葉になっていたのである。それは，問題解決を最優先した対機説法の特性に起因する。

コンテキストの理解の重要性

　あるコミュニケーションの内容の理解，人間行動の理解において何よりも重要なのは，その会話や行動がどのような状況の中で行われたのかを把握することである。というのは，会話や行動の意味はコンテキスト（context）によって異なるからである。

　コンテキストとは，ある物事が起こる前後の状況のことを指す。次の図をみると，真ん中にBのようなものが二つある。それは「B」とも，「13」ともみ

られる。上例をみると，それが自ら「B」になったわけではない。その前の「A」と後の「C」があるがゆえに，それが「B」になったのである。この場合，「A」と「C」が「B」のコンテキストである。もし，その前後に「12」「14」があるとしたらそれは「13」になる。つまりそれは，コンテキストによって「B」にも「13」にもなる。社会現象とはそれが起こるコンテキストの違いによって，同一の現象であってもその意味は全く別のものになるのである。

A 13 C
12 13 14

　会話の意味をうまく伝えるためには，言葉そのものではわからない社会的コンテキストに関する知識を備えなければならない。ギデンスが例示している次の対話をみてみよう（Giddens／金ミスク他訳，1992：97〜98）。

　　A：私には14歳の息子がいます。
　　B：大丈夫ですよ。
　　A：犬も一匹います。
　　B：あ，すみません。

　この二人の関係は何か。借家を探している者と大家との関係である。大家が子どものいる場合は家を貸し出してもよいとしながらも，犬を飼っている場合には貸し出しを拒んでいる状況である。このようなコンテキストが理解できれば，両者間のコミュニケーションの意味が伝わるが，さもないとその意味もわからなくなる。

　ブッダの説法は，さまざまなコンテキストで行われていた。誰のための説法なのかを把握し，どのようなコンテキストで説法が行われたのかをまず考慮することが，対機説法を正しく理解するための要件である。

社会福祉的意味：問題解決重視のアプローチ

　社会福祉の関心は人間と社会，その両者にある。人間の持つ社会不適応問題は，その原因が個人にある場合も社会にある場合もある。それゆえ問題解決のためには，時には人間の変化，時には社会の変化を必要とする。そのどちらをより強調するのかは，聴衆が誰なのかによって決まるのである。

　少年犯罪や非行の例でみよう。少年非行の増加には何よりも社会的要因がその背景にある。商業的インターネット環境など新しい技術の急速な普及にもかかわらず，それを理解し，適切に規制する精神文化が遅滞している状況，暴力に寛大な社会文化，人間教育の軽視，貧富格差と若年失業等は，少年非行の重要な社会的要因である。

　一方，多くの青少年が同じような有害な環境下に置かれていても，いざ非行に走ってしまう少年は少数なので，やはり問題はその当事者にあるとの主張も根強い。しかし，社会科学の立場からみると，こうした見解には社会現象に対する正確な洞察が欠けている。なぜなら，ある社会現象や社会変化の影響は，それから影響を受けるはずのすべての者に同じ程度の影響を与えるものではないからである。個人によってその影響力には極端な格差があり，同じ人間であっても，その時その時の身体的・精神的状況によってその影響力に大きな格差がある。非行問題に取り組んでいる政策立案者たち，少年院などの再教育機関で非行少年を指導する教育者たち，司法福祉に関心を持っている社会福祉学徒等を対象にして非行問題を論議する場合には，やはり非行の社会的要因にその焦点が置かれるのが自然である。

　しかし，実際に非行・犯罪によって少年院等で再社会化（resocialization）の過程にある青少年を対象とした教育の場だとすると，話が違う。当事者から「私の非行の責任は誰にあるのか」と聞かれた場合，彼らに「悪いのは社会であり，君たちは社会的矛盾の犠牲者である」と答えることが非行問題の解消にプラスになると信じる人はあるまい。この場合なら，当事者本人の責任を強調するのがむしろ自然なことであろう。

　聞き手が誰なのかによって非行原因論の焦点が異なるが，まさにブッダの対機説法がそうである。時には社会的原因が強調され，時には個人責任が強調さ

れるのは，聞き手が誰なのかによるものであって，決して教えの本質が場所によって変わることを意味するものではない。説法が行われたコンテキストを考慮せず，話の内容を部分的に切り取ってみてしまうと，ブッダの説法は二重基準のものと誤解されることもありうる。

第2章　ブッダの人間平等観とその実践

1．仏教の人間観と理想社会観

(1) 仏教の人間観

苦の存在

　人間は無常で，無我[21]の存在である。具体的には生まれて，老いて，病んで，死んでいく存在である。現に若くて健康な身体をもっているといっても絶えず老いていき，やがて無になる。にもかかわらず，現在の身体を「わが物」とみる執着心から苦が発生するという。つまり，存在するものは常に変化していくという真理をあるがままに見ることができず，形あるものに執着することが苦の根源であるということである。ブッダは次のように説いている。

> 　比丘よ，色（衆生の肉体）は無常である。無常であるもの，それは苦しみである。苦しみであるもの，それは無我である。無我であるもの，それは私のものでもなく，それは私でもなく，それは私の我（アートマン）でもない。このように，このことをあるがままに正しい智慧をもって知らなければならない。
> 　受は…想は…行は…識は…無常である……。（以下同じ）
> 　このように知って，弟子たちは，色においても厭い離れ，受においても厭い離れ，想においても厭い離れ，行においても厭い離れ，識においても厭い離れる。厭い離れて欲望を滅し，欲望を滅するが故に解脱し，解脱したことにおいて，

---

(21)　無我の「我」はアートマン（atman）のことを意味する。アートマンがないということである。バラモン教によると，人間の中心にあって，人間を動かす霊魂のようなものがアートマンである。仏教では第1章で述べたように，人間は「五蘊」から成っており，それ以外のものは存在しないとみるので，アートマンが存在するはずがなく，無我である。仏教がアートマンをどのようにみているのかについては，仏教の業報観と輪廻観を論議する第7章でより詳しく検討する。

すでに解脱したという智が生じる（『上応部経典』22.15）。

　生は苦であるとすれば，それは人生においては楽しいことがありえないという意味なのか。人間は現実社会の中で，楽しさや喜びを少なからず味わうこともあるのではないか。
　ブッダは，人生にそうした楽しさがあることを否定していない。しかし，その楽しさは小さい反面，苦は大きいゆえ，小さいものは大きいものにしたがってその姿を失ってしまうと説く。大河に一握りの塩を入れると，その塩が河水に溶け込まれてその姿をなくし，それゆえその河水を塩水といえなくなるのと同じように，人生に楽しさは少なく苦は大きい。したがって，生は苦であるといえるという。

涅槃に至る条件を整えた存在
　ブッダは，人間の生は苦であるがゆえに人間は解脱の可能性を秘めていると説く。人間は一時も留まることなく老・病・死に向かって変化していくが，その事実をあるがままにみることが真の智慧であり，そうした智慧を得ると人間は苦痛の世界から脱出し，涅槃に至ることができるという。
　ところが，多くの人間はなぜ物事をあるがままみることができないのか。
　まず，先入観の問題がある。「障害をみて，人間をみない」という言葉を耳にすることがある。先入観をもって障害者をみる態度をうまく表現した言葉である。一人の人間と接する際，障害があるかどうかにまず目を向けてしまうと，その人のあるがままの姿をみる智慧が生まれなくなる。仏教では智慧のことを「無分別智」という。人間の外見や障害の有無，学歴や職業，出自などに関心を寄せることを「分別心」というが，分別心は人間をあるがままにみることを妨げる。そうした分別心をもたずに，人間をあるがままにみることが真の智慧であり，無分別智である。
　「八難処」という言葉がある。清らかな修行を積み重ねても，覚りを開くことの難しい八つの場所があるという意味である。その中には苦痛のない世界である「天上」も含まれている（森章司，2001）。地獄のようなところで覚りを開

くことができないのと同じように，何の苦もないところでは覚りを得ることが難しいという意味である。衆生は苦の中で生きているが，その苦の原因を察知し，それを断ち切ることによって解脱が可能になる。苦があるからこそ，覚りを開くに相応しい場所になる。

求道の義務を背負った存在

　仏教は，人間としてこの世に生まれてくることは，大海で盲亀が浮木に会うことに比喩されるほど，きわめて恵まれたことであると強調する。人間として生まれることがきわめて難しいこと，つまり「有り難いこと」，という教えの本質は何か。

　惑者はこの教えを前生の問題と関連づけ，前生にそれなりの功徳を積み上げたからこそ人間として生まれてきたと解釈する。それは呪術的解釈であり，ブッダの教えに反する解釈である。ブッダの時代まで遡ってみると，最高の身分であったバラモンは，自分たちを最高位とする身分社会の正当性を確保するために，「支配イデオロギー」を確立した。前生というものを，自分の運命として受け入れるように考案したものである。朝鮮王朝時代に両斑（ヤンバン）階級は，階級社会の正当性を確保するために「三綱五倫」(22)のような支配イデオロギーを動員したのと似たようなものである。前生問題を宿命と関連づけるバラモンの支配イデオロギーは，被支配階層が自分の境遇を宿命として受け入れるようにし，如何なる希望をも奪い取ってしまうものであった。生まれによって高い身分や地位についた者たちが，支配体制を維持するために宿命的世界観を普及させたのである。そうした世界観は，人々をして自分が覚者にもなれる可能性に気づくことを妨げる。

　人間として生まれることがきわめて難しい，という教えの意味は，生そのものに感謝すること，自分自身を何よりも大切な存在とみなすこと，生の機会に恵まれた者は真の価値あることを求める義務を背負っていること，の大切さを

---

(22)　儒教的人間関係を規定した教え。三綱は君為臣綱，父為子綱，夫為婦綱のこと。君臣関係，父子関係，夫婦関係の在り方を規定したもので，臣・子・婦にとってそれぞれ君・父・夫が尽くすべき存在であるということを説いている。五倫は，父子有親，君臣有義，夫婦有別，長幼有序，朋友有信のことで，人間関係の基本倫理を示したもの。

自覚しなければならないということである。人間にとって真の価値あることとは何か。それは覚りを求めること、すなわち求道である。世の中をあるがままにみること、正しい行為を行い人格の成熟を目指すこと、それこそ人間として生まれた者の果たすべき義務であるとの教えである。つまり、人間とは求道の義務を負う存在である。これが仏教の人間観の一側面といえよう。

（2） 仏教の理想的社会像：協和的社会

ブッダの理想社会

ブッダがどのような社会を理想的とみなしていたのかについては、さまざまな仏典の内容から確認することができるが、中でもブッダの理想社会観が明確に示されているのは、一般に『涅槃経』として知られている経典である。

ブッダが生涯最後の旅に出る前に、マガダ国王は、自分の大臣をブッダに送り、ヴァッジ国への侵攻計画についてブッダに諮問を求めたことがある。ブッダは、その大臣に直接答える代わりに、配席していた弟子アーナンダに、「ヴァッジ国がどのような国であるのか」について七つの質問をし、アーナンダから答えを引き出し、それをその使臣に言い聞かせることによって「ヴァッジ国への侵攻は不可」という意思を表明した。その七つの質問は次の通りである（『大パリニッバーナ経』第1章1を要約）。

1. アーナンダよ、ヴァッジ人は、しばしば会議を開き、会議には多くの人々が参集する、ということをお前は聞いたか？
2. ヴァッジ人は、協同して集合し、協同して行動し、協同してヴァッジ族として為すべきことを為す、ということをお前は聞いたか？
3. ヴァッジ人は未だ定められていないことを定めず、すでに定められたことを破らず、往昔に定められたヴァッジ人の旧来の法に従って行動しようとする、ということをお前は聞いたか？
4. ヴァッジ人はヴァッジ族のうちの古老を敬い、尊び、崇め、もてなし、そうして彼らの言を聴くべきものと思う、ということをお前は聞いたか？

5．ヴァッジ人は良家の婦女・童女をば暴力で連れ出し抱え留める（＝同棲する）ことを為さない，ということをお前は聞いたか？
6．ヴァッジ人は（都市の）内外のヴァッジ人の霊域を敬い，尊び，崇め，支持し，そうして以前に与えられ，以前に為される，法に適った彼らの供物を廃することがない，ということをお前は聞いたか？
7．ヴァッジ人が真人（尊敬さるべき修行者）たちに，正当な保護と防禦と支持とを与えてよく備え，未だ来らざる真人たちが，この領土に到来するであろうことを，またすでに来た真人たちが，領土のうちに安らかに住もうであろうことを願う，ということをお前は聞いたか？

　この七つの質問に対するアーナンダの答えはすべて，「はい，わたしはそのように聞きました」であった。ブッダはこの七つの特性が活かされている国は，「繁栄が期待され，衰亡はないであろう」といい，武力で侵攻しても成功することはないとの意見を示し，マガダ国がヴァッジ国に武力侵攻することを防いだのである。その問答によって明らかにされたヴァッジ国の特性は，次の七つに要約できる：（1）民主的社会，（2）協和的社会，（3）伝統が重んじられる社会，遵法精神のある社会，（4）高齢者が敬われる社会，（5）女性が尊重され，差別のない社会，（6）宗教的聖地が尊重される社会，（7）宗教家の育成と保護が行われる社会。
　以上のような七つの特性の社会，それこそブッダの説いた理想社会であった。ブッダ最後の旅における最初の訪問国がこのヴァッジ国であり，ブッダはそうした理想社会がすべての社会で実現されることを願っていたと思われる。

理想社会の実験

　ヴァッジ国は七つの特性を持った社会であるがゆえに決して衰亡することはないというのがブッダの説法であるが，それではブッダの祖国の釈迦族が滅亡したのはどう説明すればよいのか。
　第1章で述べたように，釈迦族は当時インドの強大国であったコーサラ国に隷属されていた。ブッダが覚りを開いた後，コーサラ国が釈迦族を武力で滅亡

させようとしたときに，ブッダは2回もコーサラ国を説得し，出兵を止めさせた。しかし，3回目の出兵については，ブッダも説得を放棄し，釈迦族は滅亡することになった。ブッダ生存中に祖国が滅亡させられたのである。

祖国の滅亡後，ブッダが決して衰亡をきたさせない七つの社会特性を説いたことから，釈迦族はそうした七つの特性に欠けていた社会であるとの推論も可能であることは前記の通りである。多くの経典において，釈迦族は「自負心の強い民族」として表現されている。強い自負心は排他性を生みやすい。それが隣国との葛藤の要因になっていたかも知れない。

ブッダは理想社会を言葉で説いただけでなく，そうした社会の実現を目指し，共同体的実験を試みた。サンガがそれである。ブッダはサンガが決して衰亡しない組織になることを願い，サンガ運営の七つの原則を弟子たちに提示している。以下に示すその七つの原理は，理想社会の七つの特性をサンガ共同体に応用したものであった。その教えはサンガ法，七不退法などに知られるようになった。

　　民主的運営
　　サンガ内での協和
　　戒律の重視
　　教団内の高齢者の尊敬
　　執着の否定
　　修行に適した聖地に居住すること
　　善知識を求めて，互いに尊敬すること[23]

---

(23) 中村元（『大パリニッバーナ経』訳注）はこの教えには三つの特徴を認めることができるという。それは，(1) 協和の精神，(2) 観念的な保守主義，(3) いかなる宗教をも承認する立場，である。観念的な保守主義とは，人間の守るべき理法は，すでに昔から体得されているものであるので，新しいものだけを求めず，昔からの理法を尊重するという考え方であるという。

2．ブッダの人間平等主義

(1) 人間平等を否定するバラモン的秩序

カースト制度

インド社会は今でもその差別的遺産が改善されていないほど，カーストによる人間差別が極端な社会であった。カーストとは肌色による人種的差別と，職業による差別が混合された複合的なもので，かつて1930年代に社会学的な観点からカースト制度を研究したブーグレ（ブーグレ／藪中静雄訳, 1943）は，カーストとはインドそのものであると断定している。

カースト（caste）とはポルトガル語「casta」に語源を持つ言葉で，出生によって決定される固着的社会階級制度のことである。インドの西岸地域を支配したポルトガル人が使い始めた言葉で，家系や血統を意味するという。カーストには，ヴァルナ（varna）とジャーティ（jati）の二つの意味が含まれている。ヴァルナは肌色のこと，つまり種を意味するもので，人種的身分差別である。一方，ジャーティとは生まれることを意味し，ヴァイシャやシュードラの階級を職業的に細分化した身分差別である。一般にカーストというときには，ジャーティを意味する場合が多いという。本書においてはこの二つの言葉は厳格に区分せず，一般的意味として「カースト」という言葉を使うことにする。

カーストはバラモン，クシャトリア，ヴァイシャ，シュードラの四つの身分階級から成る。これは，「職能別の区分であると同時に，バラモンを最高位とする上下の儀礼的身分秩序を構成するもの」（山崎元一, 1994：162）であった。

最も高い地位につく階級がバラモン（Braman, 婆羅門）である。仏教サンガでは出家者が沙門と呼ばれていたが，出家者の身分がバラモンである場合は，そのままバラモンと称していたという。また，望ましい修行者の意味として使われる場合もある。

バラモンに次ぐ階級はクシャトリアであり，王族あるいは武士階級である。儀礼的秩序においては，バラモンが最高位であったが，実質的な意味において，

社会の支配階級はこのクシャトリアであった。ブッダの時代は、クシャトリアの権力が強大になり、バラモン階級に対してもクシャトリアが実際的優位を確立しつつあった時期であるといわれている。

次が庶民のヴァイシャである。ヴァイシャの職業はさまざまであり、彼らは農業や手工業、商業に従事していた。

以上の三つの階級が「再生族」と呼ばれる。再生族とは母胎から生まれた生とともに、宗教的通過儀礼を通じて、宗教的な生として二度生まれることが可能な人間のことを意味する。

この三つの階級の下に、主に被征服住民から成るシュードラがあった。シュードラは上の三つの階級のために奉仕するように定められた奴隷階級である。彼らは「一生族」と分類されたが、それは母胎からの生という一回のみの生が与えられる存在であり、宗教的な生が否定され、ヴェーダを学ぶことも禁止されていた。バラモンもこの一生族からは、布施を受けることも原則的に禁止されていた。

そして、ブッダの時代以前に、シュードラの下に、「不可触賤民」[24]と呼ばれる五番目の階級が形成されていたとみられる。

バラモンとは

紀元前10世紀頃からヨーロッパのアーリア人がインド北部へ移住し、土着住民を征服し、支配者の地位を獲得した。彼らはその支配―被支配関係を正当化し、さらにそれを固着化するために階級制度を作ったと考えられる。その最高位の階級がバラモンであり、王の顧問格の存在であった。彼らは宗教儀式を管掌する司祭階級であり、知識階級であった。バラモンの生計は、原則的に次の三つの方法で営まれた（山崎元一、1994）：（1）人々のために祭礼儀式を主

---

(24) アウトカーストあるいは指定カーストと呼ばれる階級である。現在はこの階級の差別が法律によって禁止されているが、社会慣習的には依然として差別されている。ガンディー元首相はこの不可触賤民を「ハリジャン」（神の子）と呼んだということから、不可触賤民の父と呼ばれている。しかし、それは歴史的捏造であり、ガンディーは実際に労働力としての不可触賤民の存在を認め、不可触賤民の政治的パワーの強化を封鎖したとの主張も提起されている。現在のインド憲法の起草者であり、自ら不可触賤民出身でありながらその政治勢力化を進めたアンベードカルとガンディーとの対立については、キール／山際素男訳、2005：第10章を参照のこと。

管すること，(2) 人々にヴェーダの学問を教えること，(3) 人々からの布施．

バラモンの特権的地位とバラモン的支配構造の正当性を提供していた『マヌ法典』は，バラモンの人生を四期に分けている．その四期を経てから解脱に至ることができるという．それは次のように学生期，家住期，林棲期，遊行期である．

> 学生期はバラモン教の聖典，ヴェーダを学ぶ時期である．
> 家住期は家で生活する時期である．学生期を終えると結婚し，子どもを産み，仕事をしながら，家で居住する．
> 林棲期は森で生活する時期である．子育てが終わり，老いて孫が誕生すると，家を出て森での生活を始める．
> 遊行期は最後の時期である．林棲期以降は，すべてを捨てて何も所有せず生きていく時期である．

バラモンは結婚や祭事，葬儀などいわゆる 16 の儀礼を主宰しながら，それを通じて社会の支配者としての役割を果たしてきた．ただ，その支配とは直接支配ではなく，あくまでも間接支配であった．そうした形態の支配によってバラモンはインド歴史上の数多くの王権交代からも生き残り，長期間のイギリス支配下においてさえも決して消え去ることはなかったのである．

バラモン的社会秩序

古代インドの民族宗教のバラモン教はヴェーダ (Veda)[25] 等の聖典を持っていたが，それはカーストという身分秩序に正当性を提供していた．バラモン教は民族宗教，つまりバラモンだけの宗教であった．他の民族はその信徒になることができないという意味である．このバラモン教に民間信仰等が複雑に結合し形成されたのがヒンドゥー教である．

(25) ヴェーダは口伝されていたが，紀元前 10 世紀から紀元前 5 世紀に文書化されたという．ヒンドゥー教はインドの宗教という意味があるが，このヴェーダを真理の聖典としていることにヒンドゥー教の特性があるので，ヴェーダの権威を認めない宗教，たとえば仏教やジャイナ教はヒンドゥー教に含まれない．

世界で最も古い宗教の一つであるヒンドゥー教（Hinduism）はインドの宗教という意味であり，インドにその起源をもつ宗教である。さまざまな信仰形態が融合されたものであるが，カーストに関する限りは厳しい立場を堅持する。カーストはバラモン至上主義と標榜するヒンドゥー教によって，宗教的正当性が付与されていたのである。

紀元前10世紀頃に作られたとされるインド最古のヴェーダ，『リグ・ヴェーダ』の「プルシャの歌」(26)（辻直四郎訳『リグ・ヴェーダの賛歌』1967）には，カーストの出現について次のように説かれている。

> プルシャを切り分ちたりとき，いくばくの部分に分割されたのか。その口は何に，その両腕は何になったのか。その両腿は何と，その両足は何と呼ばれたのか。
> その口はブラーフマナ（バラモン）となった。その両腕はラージャニア（クシャトリア）となり，その両腿はすなわちヴァイシャになった。その両足よりシュードラが生じた。

この内容は，被支配階級が自分の苦境を運命として受け入れ，社会秩序に挑戦しないようにするための支配イデオロギーのようなものである。インドの長い歴史を通じて，バラモンは異民族の侵入など多くの危機にさらされることもあったが，存続してきた。これはバラモンが，自分とは異なる思想等に対しても，必要に応じて妥協する柔軟性を示してきたことを意味する。バラモンは，バラモン教，そしてそれが再編成されたヒンドゥー教を支配イデオロギーとして最大限活用した。さらに，彼らは自分たちの支配イデオロギーを，当地の民間信仰と融和していく柔軟性をも持っていたのである。

しかし，バラモンが生き残った根本的理由は，自ら支配階級として君臨しながら，被支配階級をいくつかの階級に分割して支配した形式にあると思われる。

---

(26)「プルシャの歌」は，「原人」（プルシャ）を犠牲にして行われた祭式において，それが解体され，その各部分から万有が展開したという内容の創造神話である。ここで，インド四姓階級の名称が初めて列挙されているという。

すなわち，庶民の下にシュードラ階級を置き，さらにその下に不可触賤民階級を置くなど，巧妙な支配構造になっていたのである。不可触賤民の存在は日本の部落問題とも類似している面があり，実際に国連もカースト的問題を抱えている数少ない国の一つとして，日本をあげている。

（2） 身分差別を否定したブッダ

出生による身分差別の否定

ブッダは身分差別を徹底的に排除したが，それは当時のインド社会の根本的社会秩序への挑戦であった。『アッサラーヤナ経』においては，バラモンの階級だけが至高であるというバラモンの主張に対して，ブッダは開放社会の長所を次のように強調している。

> アッサラーヤナよ，ヨーナとカンボージャおよび他の辺境の国々では，貴族と奴隷という二つの階級しかなく，貴族であってものちに奴隷となったり，奴隷であってものちに貴族になったりする，ということを聞いているか（『中部経典』第93経，『アッサラーヤナ経』）。

しかし，ブッダのこうした階級革命的思想とその実践も，カーストというインドの根強い伝統を変えることができなかった。最近，アンベードカルによる仏教復活が行われる前までは，仏教はインドでほとんどその姿を消していた。それは，仏教がカーストを受け入れなかったからであるといわれている。イン

---

(27) シュードラは隷民であるが，しかし一つの特権が与えられていた。それは火の神アグニから火を借りることのできる唯一の身分であるというものである。現在においてもヒンドゥー教式の葬儀（火葬）において最初に火をとり扱うことができるのはシュードラのみであるという。バナーラスのあるヒンドゥー教徒は筆者に，インド人は葬式に多くのお金を使うので，この町でシュードラの収入はかなり高いといった。
(28) この経は，ブッダとバラモン青年のアッサラーヤナとの対談を記録した経典であり，階級の平等が説かれている。バラモンたちがアッサラーヤナを，四つの階級の平等を説いているブッダと対論するように促したのである。
(29) ヨーナはインド西境の地方にあったギリシャ人の国を指す。カンボージャはインド辺境にあった国名。駿馬を生産することで知られる（長尾雅人編，1969：465，訳者解説）。

ドそのものであるといわれるほど頑丈な根を下ろしていたカーストは，反カースト的な思想，身分平等的な思想を決して容認しなかったのである。

　ブッダは生まれつきの身分より，生まれてから自分の意思で行われる行為を重視した。「生まれによってバラモン（望ましい修行者）になり，非バラモンになるのではなく，行為によってバラモンになり，非バラモンにもなる」と説く『スッタニパータ』（650～652）の教えは有名である。何よりも重要なのは，自分の責任の下で行われる行為であるという教えである。経典は次のように説く。

　　四つの階級がある。王族，バラモン，庶民，そして隷民である。
　　そのうち，王族であっても，生きものを殺し，与えられないものを取り，愛欲のもとで淫らな行いをなし，偽って語り，悪口を言い，荒々しいことばを使い，むだ話をし，むさぼりを求め，憎しみの心をもち，誤った見解をいだいているとしよう。その行為の性質は悪であり，悪であるとみなされ，罪であり，罪であるとみなされ，親しむべきでなく，親しむべきでないとみなされ，尊き人に値しなく，尊き人に値しないとみなされ，黒く汚れ，黒く汚れた果報をもち，知者に非難される。
　　バラモンであっても…庶民であっても…隷民であっても……。（以下同じ）
　　逆に，王族であっても，生きものを殺さず，与えられないものを取らず，愛欲のもとで淫らな行いをなさず，偽って語らず，悪口を言わず，荒々しいことばを使わず，むだ話をせず，むさぼりを求めず，憎しみの心をもたず，誤った見解をいだかずにいるとしよう。その行為の性質は善であり，善であるとみなされ，罪なく，罪なしとみなされ，親しむべきであり，親しむべきであるとみなされ，尊き人に値し，尊き人に値するとみなされ，白く清らかであり，白く清らかな果報をもち，知者に称賛される。
　　バラモンであっても…庶民であっても…隷民であっても……。（以下同じ）
　　このように，行為の性質が黒く汚れているものと白く清らかなものと，知者に非難されるものと知者に称賛されるものとの二種類がそれぞれ存在する（『起源経』）。(30)

正しい行為という普遍的基準

　ブッダが望ましい行為の基準として「普遍的規範」を提示していることは，社会科学的観点からみて注目に値する。ブッダは，「現世と来世にわたって，人間にとって最もすばらしいものは普遍的規範である」(『起源経』) と説いている。さらに，ブッダは人間を，普遍的規範を守る者と守らざる者とに分けて，その両者は自分の行為による報いを受けると説いている。

　　王族でも，バラモンでも，庶民でも，隷民でも，沙門でも，邪悪な見解をもつ者は，邪悪な見解と行為をとった結果を受け，王族でも，バラモンでも，庶民でも，隷民でも，正しい見解をもつ者は，正しい見解と行為をとった結果を受ける。
　　四つの階級の中のだれにせよ，尊敬に値する者，煩悩の汚れを滅ぼし尽くした者，清浄なる修行を完成した者，なすべきことをなし終えた者，重荷をおろした者，自らの目的を果たした者，生存の束縛を断ち切った者，正しい智慧によって解脱した者であれば，そのものが世の中の最上の者と，まさに普遍的規範の点から呼ばれるのである。

　善い行為，善い言葉とは何か。それは，現代社会においてもそのまま通用できる普遍的規範たるものである。仏典は普遍的規範について次のように説いている。

　　比丘たちよ，四つの条件を備えたことばが善いことばといわれるものである。それは，善いことのみを語り，悪いことを語らず，正しい理を語り，理に反することを語らず，好ましいことを語り，好ましくないことを語らず，真実を語り，偽りを語らない，という条件である (『相応部経典』8.5，長尾雅人編，1969：450)。

---

(30)　本書においては，梶山雄一訳『起源経』(梶山雄一編，『原始仏教』Ⅲ・『ブッダのことば』Ⅰ，講談社，1985) を参考にしている。

身分差別の起源に関するブッダの説明

　カーストに反対するブッダの教えの中でも最も注目に値するのは，ブッダが，カーストの起源を合理的に説明していることである。それは，社会科学的説明ともいえるものであるが，ブッダはカーストの階級を表す名称の由来を明らかにすることによって，出生による身分差別が全く合理的根拠に欠けたものであることを指摘した。

　バラモン階級は，「バラモンこそ最上位の階級であり，他は劣等な階級である。バラモンこそが白く清らかな階級であり，他は黒く汚れた階級である。バラモンだけが清潔であり，バラモンではない者はそうではない。バラモンだけがブラフマー（Brahma）神の実の子として，その口から生まれた者であって，ブラフマー神から生まれて，ブラフマー神によって造られた，ブラフマー神の後継者なのである」と主張していた。それに対しブッダは，それぞれの階級名称は「それぞれの階級の仕事」にその起源を持つものであり，決して出生によって決まるものではなく，出生とか家系は人間の真の価値とは無関係であると痛烈に批判している。[31]

　ブッダのこの説明に注目する理由は，それが，カーストは神の意思によって造られたという神話的解釈ではなく，職業の分化という歴史的経緯をもってカーストを解明する科学的説明であるからである。また，それは単にバラモンの特権に反対することではなく，すべてのカースト的差別に対する反対の表明であるからである。

　ブッダは人間社会の成り立ちをもって身分の起源を説明している。「社会に盗みが広く知られ，偽りの言葉が広く知られるようになると，人々はそうした悪しき行為を叱責したり，場合によっては追放したりすることができる人を選考し，そのような仕事を依頼し，その者には米を一部，分かち贈った」という。この話から，ブッダは各階級の名称の起源について，次のように説明している。

---

(31) ブッダ以外の人がバラモンの教義に反対した例もある。たとえば，チャンダラ王トリガンクは次のように言っている。「バラモンと非バラモンとの間には，金と石，暗と光との関係のようなはっきりした差違はない。バラモンはエーテルや風から生まれたのではなく，アグニ（火の神）の森の火のように大地を割って現れたものでもない。彼はチャンダラと同様に，女の腹から生まれたのである。何で貴賤の差別がつけられようか」（ブーグレ／藪中静雄訳，1943：108）。

王族の名称の起源

「大衆に選考されたもの（マハージャナ・サンマタ）」という意味から，最初の王の名称「マハー・サンタマ」があり，第一の言い表し方となった。「田地の主（ケッターナン・パティ）」の意味から，王族の名称「カッティヤ」があり，それが第二の名称になり，「規範的な行動で人々を喜ばせる（ランジェーティ）」という意味から，王の名称「ラージャ」があり，それが第三の名称になった。したがって，この王族の社会集団の成り立ちは，いにしえの起源的な言い表し方によれば，まさにかの生ける者たちについてであり，彼らと等しい者についてであって，普遍的規範の点からである。

バラモンの名称の起源

悪しき習いが生ける者たちの間に顕れてくると，ある者は「われわれは悪しく善からぬ習いを排斥しよう」といった。その「排斥する（バーヘンティ）」という意味から，バラモンの名称「ブラーフマナ」ができ，それが第一の言い表し方になった。彼らは人里離れた場所で瞑想をしていたが，「瞑想する（ジャーヤンティ）」から，瞑想する人の呼称「ジャーヤカ」という第二の名称ができた。ところが，彼らは，人里離れた場所で瞑想をしなくなり，町の付近に下りてきて，ヴェーダ類の諸文献を作りながら住むようになった。「今やこの者たちは瞑想しない（ナ・ジャーヤンティ）」という意味から，ヴェーダを学ぶ者の呼称「アッジャーヤカ」が第三の名称になった。

庶民の名称の起源

多くの人々は夫婦生活の形をとって，商業など一般的な職業に従事した。「一般的な（ヴィッスタ）職業に従事する」という意味から，庶民の呼称「ヴェッサ」ができた。

隷民の名称の起源

その残りの者たちは，狩猟を業としていたが，「狩猟を業とするもの（ルダーチャーラ），雑役を業とするもの（クッダーチャーラ）」という意味から，隷

民の呼称「スッダ」という名称ができた。

そして，最後に沙門の出現に対しては次のように説明している。

> さて，時が来て，王族の者でも自己の社会規範を疎い嫌い，家から出て家なき生活に入った。「沙門になろう」と。バラモンの者でも，庶民の者でも，隷民の者でも，自己の社会規範を疎い嫌い，家から出て家なき生活に入った。「沙門になろう」と。
> これら四つの社会集団から沙門の社会集団が成り立った。したがって，これもまさにかの生ける者たちについてであり，彼らと等しい者についてであって，普遍的規範の点からである。

(3) 平等社会の実践：サンガ

サンガの運営原理：人間平等

金岡秀友（1989）が述べているように，ブッダサンガの特質を「平等」と関連づけて論議する研究は豊富である。[32] 平川彰（1964：11～16）の研究は，ブッダサンガの特質が「平等」と「平和」であると規定した上，その論理的，経典的根拠を示す優れた研究であるが，平等がサンガの特質であることの根拠として次のような経典内容をあげている。

1. 甘露の法門は開かれている。耳ある者は聞け（梵天勧請によって，ブッダが説法を決意したとき）。
2. 世に名とし，姓として挙げられているものは，言葉にすぎず。
3. 比丘たちよ，遊行せよ。衆生の利益のため，衆生の安楽のため，世間の哀愍のため，人天の利益・安楽のために。

---

(32) 金岡は教理の上でも組織の上でも，仏教サンガが目指していたのが「平等」であったということについては，学者の論議が出尽くしている感があるといいながら，諸学者（赤沼智善，1937，1981復刻版；平川彰，1964；中村元，1958など）の提示する論拠をまとめている（金岡秀友，1989：52～72）。

4．法はわれによって内外の別なく説かれた。如来の法には，特定の弟子のみが知りうる秘伝はない。
5．サンガの原理を大海に譬えた「八未曾有法」。

　以上のブッダの言葉は，階級や性別の如何を問わず，ブッダの教えが誰にも開かれていたこと，階級や家柄による入団差別がなかったこと，その教えをできる限り広めようとしたこと，法を万人に公開し，特定の人のみに法を伝えようとはしなかったことなどが，実際，サンガの運営原理として活かされていたことを示している。

　古代インドでは，仏教以前にもすでにサンガが多数存在していた。しかし，ブッダサンガ以前には出家に対する制限が厳しく，女性の出家者はほとんどいなかった。しかし，仏教サンガでは出家生活を高く評価し，カーストや性別による制限を撤廃したのである（ラジュ／勝部真長・広瀬京一郎編訳，1978：190〜191）。

　サンガが教団として成立するための二つの条件は教義の公開と入門の自由であるが，この二つの条件が揃っていたのは仏教のサンガだけであった（平川彰，1964；金岡秀友，1989）。仏教サンガは階級による人間差別を否定し，すべての人間に教えを求める権利を認めたのである。それは，根深い悪習に対する真正面からの挑戦であった。

　ブッダは自らが提示した理想社会の原理を自分のサンガに適用し，決して衰亡を来させない七つの法をその原理としてサンガを運営したということは前記の通りである。とくに，さまざまな出身階級から成るサンガでは和合が強調され，社会の差別的慣行は徹底的に排除された。入団者が過去の身分から自由になり，覚りという一つの共通の目標を共有すること，それがサンガの理念であった。

　平等という言葉は仏教用語であるという。仏教用語としての平等は人間平等，自由，参加等の概念を包括する用語であるが，そうした仏教的平等思想の原初的社会的基盤が，このサンガであったといわれる。[33]

ブッダサンガの開放性

　ブッダの教えがすべての人に開かれていて，それが仏教の特質の一つであるということは，不自然に聞こえるかも知れない。現代社会においては，さまざまな宗教，宗派があり，人々は自分の意志で自分の宗教を選択できるからである。しかし，ブッダ時代のインドでは，人が宗教を選択するのではなく，宗教が人（信徒）を選択するような状況にあった。一生族と呼ばれるシュードラは，ヒンドゥー教の教理を学ぶ権利さえも否定されていた[34]。ましてカーストの外側にある不可触賤民においてはいうまでもない。不可触賤民が法律によってヒンドゥーの寺院への立ち入りが許されたのは，20世紀中盤のことである。

　本来，宗教は人間の幸せのために存在するものであり，決して宗教や教団や宗教人のために人間や信徒が存在するわけではない。しかし，バラモン教は身分に閉ざされていた。その意味は二つである。第一は，それはシュードラ階級から聖典ヴェーダを学ぶ権利を剥奪したことであり，第二はその教理がごく一部の人々に秘密裏に伝わっていたことを意味する。それはウパニシャッドにおいても同様であった。だからこそ，すべての身分にその教えが開かれていたこと，その教理が一部の弟子に限って伝わるのではなく，すべての者に公開されていたことが，ブッダの教えの特質といえるのである。

　ヴェーダが一部の人に限って伝承されていたことは前述の通りである。大半のヴェーダ学者たちは，ヴェーダが紀元前10世紀頃から口伝され，時代の変化によって新しく挿入されたところがあるにもかかわらず，ヴェーダの伝統がきわめて厳しく，少数の人々に限って伝授されてきたので，その内容にはほとんど変化がないという。

　ウパニシャッドにおいても同じであった。「ウパ」（upa）は近い，「ニ」（ni）はすぐ下に，「シャッド」（sad）は坐る，という意味であるという。したがっ

---

(33) たとえば，河波昌（2000）は，一般用語として平等の発音が「びょうどう」になっていること自体が，本来この言葉が仏教用語であったことを示しているとしている。そして，仏教用語としての平等は，西洋的意味の「equality」を大きく陵駕する精神的内容を含んでいるが，その起源がブッダサンガであるという。

(34) シュードラの身分の者が，もしヴェーダの教えに耳を傾けようとしたら，熱い鉛を耳に流し込む罰を与えるべき，とされていた。

て，ウパニシャッドは近づいて下に坐る，弟子が師匠のすぐ下に坐って，伝授していただく知識を意味することになる。[35]「近い」，「すぐ下」，という言葉が暗示しているように，ウパニシャッドは誰もが教わるような知識ではなく，資格を持つ師匠から資格を持つ弟子へと，1対1で坐って交わされる対話によって伝授される，慎重で厳格な教えという意味（李ゼスク，1996：訳者解説）である。その智慧を伝える者についても，伝授される者についても，ウパニシャッドが厳しい資格制限を設けていることは，次の一句で確認できる。

大昔から伝授されたこのヴェーダーンタの[36]
もっとも高い神秘の智慧は
欲望が沈まれていない者
息子や弟子ではない者には伝授してはならない（『シュペタシュバタラ・ウパニシャッド』第6章22）。

サンガでの平等実践

サンガ内部で平等が実践されていたということは，ブッダもその一員であり，特権を行使する地位にいなかったことを意味する。むろん弟子たちからみると，師匠を特別な存在として慕うことがあったとは推測されるが，ブッダ自らは特権を警戒し，他の構成員と同じような生活を営んでいた。

たとえば，『涅槃経』には，ブッダが自分の法を説くときに，「わたしの教え」という表現ではなく，「わたしたちの教え」という言葉を使う場面がある。中村元はそれを「ゴータマ・ブッダが開祖個人の特別な権威を主張していなかったこと」（『大パリニッバーナ経』の中村元の訳註を参考）を示すものと解釈している。

サンガでは重病によって臨終が近い比丘をブッダが発見し，自らが沐浴など

---

(35) ウパニシャッドの伝え方を描いた絵には，薪を手にした人が師匠を訪ねて行く光景がみられる。弟子が師匠に教えを求めるときには，乾いた薪を手に持って訪ねることとされていた。説かれる教えをすべて理解し，消化するという意味だという。

(36) ヴェーダーンタとは，ヴェーダ伝統の最後の部分の意味であるという。「最後」とは単なる「後ろの部分」という意味ではなく，最高峰という意味でつけられたといわれる。

の世話をした一話が伝えられている。また，ブッダの養母はブッダのために作った衣服を受け取るように願い出たが，ブッダは，サンガの規則として定められた物以外は所有しないとの理由で，受け取りを拒否したことも伝えられている。

　サンガ内ではたまに出家以前の出身階級を理由に，修行者の間に些細な争いがあったことも考えられる。そうした問題に対するブッダの立場は，「八未曾有法」に感動的に表れている。八未曾有法は，ブッダサンガの特徴を何よりも明確に示している。サンガは大海に喩えられた[37]。中でも，俗世での階級的身分を超越したサンガの平等実践の意志が最も鮮明に表れているのが，次の第四未曾有法である。

　　世間には次のような大河がある。すなわちガンガー・ヤムナー・アチラヴァーティ・サラブー・マヒー等の大河である。しかし，これらの大河も，大海に到達すれば，前の名称をすてて，ただ大海とのみ名づける。それと同様に，クシャトリア，バラモン，ヴァイシャ，シュードラ等の四姓も，如来所説の法と律とにおいて，家を捨てて出家すれば，前の姓名を捨てて，ただ沙門釈子とのみ号する（『南伝大蔵経』第4巻356～358）。

3．仏教の人間平等主義をめぐる論議

(1)　仏教の平等主義に関する論議

仏教は革命的思想

　仏教サンガは平等的実践を目指していたが，限界を持っていたという批判が

---

(37)　宗教的真理を大海に喩えて説くことは，インドの他の宗教経典にもみられる。たとえば，ウパニシャッドでは筆者が調べた範囲の中でも，次の二つの内容が確認されている。(1)「海へ流れゆく河水が，海に至り，その相がなくなって，河水が海と呼ばれる如く，（プルシャを構成する）16の部分は，万物の根源たるプルシャに至って，その相はなくなり，プルシャの中に溶け込まれる」（『プラシュナ・ウパニシャッド』第6章），(2)「河水が流れて海に到ると，河という名を捨てて海と一つになるのと同じように，真理を知った人は名前と相の拘束から自由になり，神聖たるプルシャに到達する」（『モンダカ・ウパニシャッド』第2編）。

ある。1881年に出版されたオルデンベルク（H.Oldenberg）のブッダ伝記（オルデンベルク／木村泰賢・景山哲雄訳，1928）はその一例である。また，フランスの社会学者ブーグレ（C.Bougle）は，1930年代に『インドのカースト制度』（藪中静雄訳，1943）と題した著書において，仏教がカーストを変えられなかった理由は何かについて論議している。ブーグレの論点を検討してみよう。[38]

まず，ブーグレは仏教の思想とその実践は，当時のインド社会には革命的であったと評価する。仏教以前にカーストの不平等性を拒否した多数の宗教や宗教指導者と同じように，仏教もカーストの撤廃を成し遂げることはできなかったが，しかし，仏教革命は西欧の宗教改革や社会革命の姉に当たるものであるという。ブッダがバラモンと対決したことは，ルターが法王に対抗したことと同様のことであるといっている。[39] 彼は，結局ブッダが貧しいものを選択したと主張し，次のように述べている。

> ブッダが最後の解脱の道を発見したとき，誘惑者マーラが現れ，衆生の救済を思い止めることを条件に涅槃に入ることを許した。しかし，ブッダが心の中に覚えた慈悲は，自分の永遠の安穏だけを求めることよりはるかに強かった。ブッダはマーラの提案を拒絶し，衆生を現世の苦悩から解脱せしめようと考え，再び地上に戻って法を広めた。それは，「万人のための慈悲の法であって，如何に卑しい者にも平等に，同列に，この正法を修して解脱を得ること」であった。
>
> 一度，仏教教団が組織されても，この平等教説の法は失われなかった。精舎は卑しい階級の者にも門戸を開放すべきことを言明し，新参古参，個人的な功績，年齢，学識以外のすべての差別を撤廃した。カーストは精舎において失われ，

---

(38) ここでブーグレの見解を論議する理由は，その見解が仏教の平等思想に関する代表的な見解であるから，ということではない。それを批判的に検討することは，ブッダの平等思想を正確に理解することに役立つものと判断されるからである。仏教の平等主義に批判的であるブーグレの本が，仏教思想の理解のための良き素材になっていることは皮肉なことである。

(39) ルターが法王に対抗したのは，カトリック教理そのものに対してではなく，「法王の特権」に対するものであった。しかし，ブッダがめざしたのは，バラモン階級の特権の廃止ではなく，カースト的差別によって苦しんでいた人々の解放であった。したがって，支配勢力に対抗したという意味でブッダをルターに喩えることは，厳密に言えば適切ではない。

解体されていたのである（ブーグレ／藪中静雄訳，1943：107〜108 の抜粋要約）。

仏教の平等主義とインドの反平等文化

しかし，ブーグレは，同時に仏教もインド社会の階級的性格から自由であったわけではないと指摘した。仏教誕生地のインドで仏教勢力がほとんどなくなってしまったのは，カーストという不思議な力によるものであり，決して，バラモンによる宗教的迫害によってではないという。[40]

仏教がインドの反平等的本能の社会文化を変えることができなかったのは，仏教がインド的文化から完全に抜け出せていなかったことにその原因があるという。インドの民衆は根っこからカースト的な文化に慣れていて仏教徒になりきっていなかったし，仏教サンガに集まってきた人々は別にしても，在家の信者たちは依然として従来の生活規範の中で生業に従事していて，バラモン的社会秩序に順応していたとされた。

さらにブーグレは，「果たして仏教は反インド的であったのか」という問いを投げかけている。インドで仏教が完全に消滅してしまった地方においても，仏教の記念碑が数多く残っており，中には非常に盛大なものもあるということを考慮すれば，仏教精神がインド文明と絶対的対立関係にあったとは考えられないという。彼は，「仏教が平等的であった，だから反インド的だといわれるが，インドに誕生した仏教には，正確な意味での平等思想がなかった」（ブーグレ／藪中静雄訳，1943：110）といい，それゆえ仏教が，カースト制度の主要な部分に何らかの変革をもたらさなかったとしても，別に驚くには当たらないと主張した。

---

(40) 当時のインドの新興の宗教であった仏教に対して，如何なる宗教的迫害もなかったことは，初期仏教研究者デイヴィーズ（赤沼智善訳，1911）などによって支持されている。その背景には，さまざまな民間信仰を取り入れて変容していくヒンドゥー教の寛容性と，それに影響された社会文化があったこと，そして当時のインドは，政治的統一が確立されていなかったことなどの要因があるといわれている。現代においてはインド内の他の宗教に対するヒンドゥー右派の暴力性がたびたび指摘されている。

仏教は貴族宗教, 現実逃避的であったのか

　ブーグレの以上の説明は, 仏教がインドでその勢力をほぼなくした事実の背景を説明したものであり, その点に関する限り反論の余地は少ないと思われる。ブーグレはさらに, 仏教がカーストに何の変化も与えることができなかった理由としては, 第一に, 仏教は根本的に貴族宗教であったこと, 第二に仏教が現実逃避的であったこと, の二点をあげている。しかし, この点に対しては批判的検討が必要である。

　第一の問題に関して, ブーグレは仏教が現実逃避的性格を色濃く持っていたので, 社会革命的な性格から離れていただけでなく, インドの社会忌避主義の傾向をさらに強めたとまでいっている。次のような主張である。

> 仏教が進んで貧しき者を選んだとは思えない。むろん, ブッダは東部インドスタンの俗語で説法をしていた。しかし, その説法を知るには, かなり弁証法に熟達していなければならなかった……事実, ブッダの周囲に集まったのはみんな教育ある者, 貴族の子弟であった。オルデンベルクも指摘しているように, バラモン出身者か大商人の子弟であった……仏教徒がバラモン勢力にあえて対抗しなかったかは, 彼らの入団規定によれば明らかである。その教団は原則として, 身体障害者, 罪人, 逃走中の債務者, 奴隷, 年少者, 要するに世俗間の紛争を誘発しそうな者は悉く拒絶している……。
> 仏教はインド的思惟から人生の回避を受け継ぎ, しかも一段と強化した……涅槃とはこの世に背を向け, 世俗的な一切から切り離されるとき生まれる。かくして仏教思想は社会回避主義の最大の支持者となる（ブーグレ／藪中静雄訳, 1943 : 109〜112 の抜粋要約）。

　ブーグレの主張はデイヴィーズの著作, そしてオルデンベルクのブッダ伝記の内容と相通じていると思われる。たとえば, デイヴィーズは, ブッダが「ヒンドゥー教の伝統の中で生まれ, 育ち, その中で生き, その中で死んだ」（デイヴィーズ／赤沼智善訳, 1911 : 101〜102）と記述している。

（2） 仏教限界論の批判的検討

ブーグレの誤解

しかし，ブーグレのこうした見解には，ブッダの平等思想，涅槃思想，歴史的事実に対する誤解が含まれている。それは，彼が社会主義者の立場から仏教思想を検討したことと無関係でないかも知れない。最後の二つの論点について検討してみよう。

まず，仏教が貴族宗教であり，サンガの入団規定には平等的とはいえないものがあったという見解についてである。ブッダサンガが主に貴族の子女として構成されていたとの主張は，オルデンベルクのブッダ伝記にもみられる。事実，さまざまな論点において，ブーグレの主張はオルデンベルクやデイヴィーズの見解を踏襲していると見受けられる。

オルデンベルクは，「差別を徹底的に排除することがブッダの理論であったが，しかし，ブッダサンガが必ずしもその理論通りに運営されていたとは限らない」（オルデンベルク／木村泰賢・景山哲雄訳，1928：227～228）と主張した。その根拠として，オルデンベルクは「クラプッタ」（kulaputta）という言葉に注目した。善男子と漢訳されている言葉であるが，オルデンベルクはその言葉を，貴族の子女とみなしたのである。そして，サンガはそのメンバーの大半がバラモンかクシャトリア，大商人の子女によって構成されていて，被支配階級の出身者はごく少数に過ぎなかったと主張した。バラモン流の排他性はなかったにしろ，ブッダ在世時のサンガでも，主に貴族に味方するような傾向があったという。また，ブッダ自らが自分の教えを智慧ある者のための教えといっていたが，その智慧ある者とは，教育水準の高い貴族の子女を意味するとされた。

しかし，事実はこの主張とは異なる。まず，ブッダの弟子たちの出身階級を調べた実証研究を参考にしたい。

赤沼智善の実証的研究

赤沼智善（1937，1981復刻版）は初期仏教経典内容を精査し，ブッダの弟子たちを出身階級別，地理的分布別に分析した緻密な研究を行ったが，それによ

ると，サンガ入団規定に関するオルデンベルクやブーグレの見解には誤りがあることが明らかである。

　まず，赤沼は上座偈に現れている259人の仏弟子の出身階級を分析したデイヴィーズの研究を紹介し，その結果に対して独自の解釈を加えている。259人の身分構成をみると，バラモン113人，クシャトリア60人，ヴァイシャ69人，シュードラ11人，その他6人になっていた。詩を残した仏弟子だけをその対象にしているので，宗教と文学の学識を備えているとされるバラモン出身者が多かったことはむしろ自然な結果といえるが，このデータからデイヴィーズは，仏教には卑しい階級を引き入れる力が乏しかったというオルデンベルクの見解は，訂正が必要であると指摘した。というのは，長短の詩を残した弟子の中にも，被支配階級の出身者が相当数入っていたことに注目したからである。このことから赤沼は，ブッダとバラモン階級の仲がさほど悪かったのではないということ，そしてヴァイシャ階級が多いということは，仏教の階級解放性を示すものであると解釈した（赤沼智善，1937，1981復刻版：387～388）。

　さらに赤沼は，経典に登場する仏弟子たちの出身階級別および地域別分布を明らかにした。その分析結果をみると，ブッダの弟子として名前が明らかになったのは1,160人であったが，その出身身分を四つの階級として分類したのが，表2-1である。この表によると，1,160人のうち身分が確認されたのは532人であり，身分不明者が628人であった。身分が確認された人々の構成をみると，バラモンが219人，クシャトリア128人，ヴァイシャ155人，シュードラ30人であった。確かに，ヴァイシャやシュードラに比べると，支配階級出身者の割合が多数（65.3%）を占めているのは事実であるが，ブーグレやオルデンベルクの主張とは異なり，被支配階級の出身者も多数入団していることが明らかである。また赤沼は，仏弟子の地域分布の分析から，ブッダの足跡はインドの一部地域に限られていたが，その弟子はインド全土にわたって分布しており，それはブッダの感化が広い範囲にわたっていたことを示すと解釈して

――――――――――――――――――――――――――
(41)　赤沼は，パーリ語経典の十二大弟子，漢訳経典の十大弟子の出身階級をも明らかにしている。前者の場合，バラモンとクシャトリアがそれぞれ5人，ヴァイシャ1人，シュードラ1人であり，後者の場合，バラモンとクシャトリアがそれぞれ4人，ヴァイシャとシュードラがそれぞれ1人になっている（赤沼智善，1937，1981復刻版：388）。

表 2-1　原始仏教経典に登場したブッダの弟子（四衆）たちの出身階級

弟子の出身階級		人数（割合）
身分確認者	バラモン	219 人（41.2％）
	クシャトリア	128 人（24.1％）
	ヴァイシャ	155 人（29.1％）
	シュードラ	30 人（5.6％）
	小　計	532 人（100％）
身分不明者		628 人
総　計		1,160 人

赤沼智善，1937，1981 復刻版：392 に基づいて作成。なお，弟子の名簿は 399～430 項に掲載されている。

いる。

　以上の分析に基づいて赤沼は，仏教に，支配階級に味方する傾向があったという見解を否定したのである。

支配階級出身者のサンガ入団をどう説明するのか

　赤沼の研究によって，仏教が貴族宗教であったとの見解には無理があることが明らかになった。被支配階級も多数あったのではないかという見解もあるが，それには次のような反論が待っている（平川彰，1964；金岡秀友，1989）。「ブッダサンガに入団するとすべての者が平等に扱われることを認知していたにもかかわらず，支配階級出身者が多数入団したことをどう解釈すればよいのか」。これは，ブーグレやオルデンベルクとしては解明できない問いである。階級の撤廃を唱える宗教教団に多数の支配階級出身者が入団していた事実は，ブッダが提唱したカーストを超えた真理の追求が，多くの人々に共鳴していたことの証しであるというのが合理的解釈であろう。

　また，仏教教団の結成目的を考慮した入団資格規定を設けたことを差別的とみるのは受け入れがたい。サンガが出身階級を理由に入団を拒否することはなかったことは，オルデンベルクも認めている。律蔵には「入団を不当に拒否す

ることを禁じるよりは，入団を不当に許可すること（たとえば，その人の入団によって第三者の権利が侵されるに至る人物に入団を許可すること）を禁じることがより強調されていたこと」（オルデンベルク／木村泰賢・景山哲雄訳，1928：584～585）が明らかであり，それはサンガがすべての出身階級に開かれていたことを意味すると解釈できる。

　サンガ共同体で紛糾を引き起こす可能性のある人の入団を拒否することは，決して不自然なことではない。たとえば，ブッダは，サンガでの修行が難しいとの理由で20歳以下の者には比丘になることを禁止したこともあり，12歳以下の子どもには戒律を守ることが難しいとの理由で出家を認めないこともあった。しかし，それはあくまでも修行能力に関わる事柄であった。[42]

　ブッダはサンガ運営の七つの原則の中でもとくに和合を強調し，修行生活における善知識（良き友）の重要性をきわめて重視していたので，現実的にサンガ内で紛糾を引き起こす可能性のある者の入団を拒否したことは批判に値しない。サンガの八未曾有法（第三未曾有）の中には次のような内容が含まれているが，そこにはサンガを清浄の状態に維持していくことへの苦心が示されている。

> たとえば，大海は死屍と共住しない。もし，大海に死屍があれば，必ずすみやかにそれを岸にはこび，陸にあげてしまう。それと同じように，もしサンガに破戒・悪法・不浄の人があれば，サンガは彼と共住しない。すみやかに集会をひらいて，彼を挙げる。もし彼がサンガ中に坐っていても，彼はサンガと遠離し，サンガも彼と遠離しているのである（『南伝大蔵経』第4巻356～358）。

---

(42)　その現実的理由については，次の経典で確認することができる。「まだ20歳になっていない者には具足戒を与えてはならない。何の理由からなのか。年齢が20歳にならないと寒さと暑さ，空腹と渇き，風雨，蚊や毒虫などに耐えることができなく，身体の苦痛を耐え切ることも難しく，一日一食などの規則を守りきることが難しいからである」（『四分律』）。

4. 平等主義の徹底した実践

平等と平和の実践

　平川は，仏教サンガの理想は平和の実現であるといい，平和がサンガの第二の特徴であるという。仏教徒の究極の目標は涅槃であるが，仏教の涅槃の本質は平和であるということを次のように述べている。[43]

> （仏教において）なすべきことをすべて果たした人には，平和がある。自らには解脱の楽があり，同時に他の覚者たちと集まって平和な社会をつくるのである。あるいは，まだ平和のないところに平和を実現するために，努力するのである。しかし，悟ってから平和（涅槃）があるならば，悟らない前にも平和が修行の目的でなければならない。したがって，平和の実現は，サンガの究極の目的であり，同時に日々の生活にそれを実現してゆくべきものなのである。和合はサンガにとって理念であると同時に，現実なのである（平川彰，1964：17）。

　サンガでの生活において，カースト的な生活様式の打破のために，どのような生活法を守っていたのかを考察することも，ブッダの平等実践の意味を把握することに役立つであろう。

　サンガでは出家時期の順序，すなわち「法臘」が唯一の秩序であった。その実践の徹底ぶりは次のような一話で確認できる。パティヤ，アーナンダなど釈迦族の青年六人が出家するときのことである。俗世で高い身分の者が，賤民出身の者を先に出家するように薦め，彼らを上人にし，それを通じて身分差別をより徹底的に実践しようとした意志表明として，この青年たちは次のように言っている（平川彰，1964：17；金岡秀友，1989：56）。

---

(43) 平川は「悟った後，平和がある」というのが仏教の特徴であるという。というのは，たとえば，ジャイナ教の場合，覚った人にはもはや何事もなすことがないとされており，それゆえ覚った人には自殺も認めているが，仏教は覚りをジャイナ教のように皆無のものとみず，平和の実現があるとみているからである。

われわれ釈迦族の者は生まれつき生意気であって，なかなか自分の差別を捨てることができない。今われわれと一緒に出家しようとしている床屋のウパーリは，長い間われわれの使用人であった。われわれの長い間の生意気な心を打ち砕くために，世尊よ，ぜひウパーリを先に出家させてください。一足先に出家し，長上となったウパーリに対して，われわれはいつでも敬礼し，送迎し，合掌し，恭敬いたしましょう。こうしてわれわれの心は直されていくでありましょうから（『五分律』巻十六）。[44]

　後日，ウパーリはブッダ入滅後，第1回経典編集会議（結集）の主役になったほど，ブッダの重要な弟子になった。こうしたことをみると，サンガの平等実践意志がいかに強力なものだったのかが明らかである。結果的に仏教がインド社会のカースト的社会文化を作り直すことはできなかったが，そうした極端な差別的社会の中で，完全に平等的なサンガ共同体を形成し，平等生活を実践したことの意義はきわめて大きい。
　人間の平等は社会福祉の基本的価値である。ここでは社会福祉士（Social Worker）の倫理綱領を通して，人間の平等が社会福祉の実践に如何に重要な比重を占めているかをみよう。日本社会福祉士会の倫理綱領の前文は，次の文章から始まる。

　　われわれ社会福祉士は，すべての人が人間としての尊厳を有し，価値ある存在であり，平等であることを深く認識する。

　そして，倫理綱領における「価値と原則」の第一として，「社会福祉士は，すべての人間を，出自，人種，性別，年齢，身体的精神的状況，宗教的文化的背景，社会的地位，経済的状況等の違いにかかわらず，かけがえのない存在として尊重すること」があげられている。

---

(44) このウパーリの一話は，階級平等を実践するブッダサンガの姿として広く引用されている。ところが，オルデンベルクはウパーリを階級平等のシンボルとしてあげることは適切ではないといっている。ウパーリは床屋ではあったが，釈迦族の宮中床屋であったからであるという（オルデンベルク／木村泰賢・景山哲雄訳，1928：585，脚注の解説を参照）。

社会福祉の理念は万人の平等である。すでにみたように、ブッダの人間平等論とその実践はきわめて具体的な教えである。仏教と社会福祉の融合を仏教社会福祉と表現するのであれば、その理念はブッダ的人間平等の実現にあるといえよう。

「四方の集い」の理念

しかし注目すべきは、サンガがブッダの夢見た理想社会のすべてであったわけではない、という点である。確かに、サンガという平等共同体を作って平等を実践していくことが仏教的理想社会の一つの姿であった。だが、ブッダが夢見たのは、サンガの原理が全体社会の中で実現することであった。

すべての人の友人になること、それはブッダとその修行者たちの願いであった。初期経典『テーラガーター』には、ブッダの教えを実践する修行者の理想が次のように表現されている。

> われは万人の友である。万人のなかまである。一切の生きとし生けるものの同調者である。慈しみの心を修めて、常に無傷害を楽しむ（『テーラガーター』648）。

すべての人間が友人同士である社会に、階級差別や民族差別があるはずがない。平等の理想を共有する修行者たちの集いは、「四方の集い」と呼ばれた。四方を自分の居場所とみなす世界同胞主義を夢見たのである。四方は、パーリ語で「チャトッディッサ」というが、その音訳は「招提」である（中村元, 2004：204）。寺院の名称に招提という言葉がついている場合もあるが、それは「四方の人々の家」という、世界に開かれた心の表現であろう。マハーカッサパは四方の人が実践する姿を次のように述懐している。

> わたしは坐臥所から下って、托鉢のため都市に入って行った。食事をしている一人の癩病人に近づいて、彼の側に恭しく立った。
> 彼は腐った手で、一握りの飯を捧げてくれた。かれが一握りの飯を鉢に投げ入

れてくれるときに，かれの指もたち切れて，そこに落ちた。
壁の下のところで，わたしはその一握りの飯を食べた。それを食べているときにも，食べおわったときにも，わたしには嫌悪の念は存在しなかった。
（戸口に）立って托鉢によって得たものを食物とし，（牛などの）臭気ある尿から作られたものを薬とし，樹の下を坐臥所とし，ボロ布をつづった衣を衣服として，これだけで満足している人，かれこそ四方の人である（『テーラガーター』1054～1057）。

四方の人間になろうとする熱望は宗教的寛容の精神である。そうした精神を持ち，それを実践しようとした修行者の態度は，ただブッダ時代だけに止まることなく，その後も長年にわたり継承された。国王としてブッダの法の実現に努めたアショーカ王の行跡をみると，宗教的寛容がその根底に流れていることがわかる。

アショーカ王は熱烈な仏教信者であったが，決して他の宗教を排斥することはなかった。彼はジャイナ教やバラモン教なども保護し，すべての宗教的感化が民衆一般に広がるように努力した。アショーカ王の召勅には次のように記述されている（中村元，2004：238）。

自らの宗教に対する熱烈な信仰により，「願わくは自己の宗教を輝かしめよう」と思って，自分の宗教のみを称揚し，あるいは他の宗教を非難する者は，こうするために，かえって一層強く自らの宗教を害うのである。ゆえにもっぱらお互いに法を聴き合い，またそれを敬信するためにすべて一致して和合することこそ善である。けだし神々に愛される王（アショーカ王）の希望することは，願わくはすべての宗教が博学でその教義の善きものとなれかし，ということだからである。

第3章　社会科学で読む仏教経典とその活用

1．仏教の経典

(1) 仏教の発展と経典

経典の意味と分類[45]

ブッダは覚りを開くことによって「仏」になり，教えとしての「法」を説示し，法を学び伝える「僧」のために，生活規定としての「律」を制定した。この「法と律」がいわゆる初期仏教の内容であり，「教え」と呼ばれるものである（片山一良訳『長部』：パーリ語経典第二期1の解説，2003）。この点は，ブッダは臨終にあたってアーナンダに「そなたたちのためにわたしが説いた教えと，わたしの制した戒律とが，私の死後にそなたたちの師になる」（『大パリニッバーナ経』第6章）と告げていることからも明らかである。

ブッダの教えは仏教経典によって現在まで伝えられてきた。それは一般に三蔵と呼ばれている。それは次の三つのことである。

　経（蔵）：ブッダの教えを記録したもの。
　律（蔵）：仏弟子が守らなければならない戒律を記録したもの。
　論（蔵）：「経」に註釈をつけ，解説したもの。

狭義の経典は経を意味する。しかし，広義には三蔵すべてが含まれる。経・律・論や註釈書を叢書としてまとめたものが『大蔵経』『一切経』と呼ばれる。狭義の経典もまた大きく分けて，初期仏教経典と大乗仏教経典に分類される。

---

(45) この内容は主に，片山一良(2008)の第1章，片山一良訳『長部』：パーリ語経典第二期1 (2003：9〜37)の「解説」に基づいている。

狭義の経典もさらに三つに分類される（ひろさちや，2006：90〜92）。

　第一は初期仏教経典であり，ブッダの教えを比較的充実して伝えているものである。出家至上主義の傾向があるといわれる初期経典が最も完全な形で残っているのは，パーリ語の経典である。漢訳経典の場合，初期経典を総称して『阿含経』という。

　第二は，大乗経典である。大乗仏教の経典であり，ブッダ入滅後500年ほどの時期に作られたものである。したがって，大乗経典はブッダの直説ではないが，ブッダが説いたという仏説の形式をとっている。『般若経』『法華経』『華厳経』『金剛経』などが大乗経典であるが，それが作られた年代や経緯については明らかになっていない。大乗経典にはブッダが超人として描かれ，その教えを合理的に解釈することが難しい傾向がある[46]。ブッダの言葉である「経」と，経に対する仏弟子たちの註釈である「論」の区別は明確であるが，大乗経典の場合，経の中に論や律の要素が含まれており，内容的に経と論の区別が不明確の場合もある。量的にみると，大乗経典は初期経典の数倍である。

　第三に，密教経典がある。初期仏教経典や大乗経典はブッダの説法という形式をとっているが，密教経典は「大日如来」という仏が説いた形式になっている。代表的なのは『大日経』『金剛頂経』などである。

　真経と偽経とに区別することもある。インドで作られた経典を真経，中国などその他の地域で作られたものを偽経という。

「結集」と経典の形成

　仏教経典を作るという行為の目的は，正法の護持であった。正法とは仏教存続のために不可欠な三要素としての，「教」「行」「証」のことである。それぞれブッダの言葉，教えの実践，覚りの獲得を意味する（片山一良，2003：「解説」）。ブッダの教えが誤った形で伝えられることを邪法とすれば，邪法に対する正法の意識が経典作成の動機であった。

　ブッダ入滅のことを聞いて，多くの弟子たちはブッダの入滅に悲しんでいた

---

[46] 森章司（2001：106）は大乗経典には次のような四つの特徴があるという。(1)身元未詳，(2)釈尊はピエロ，(3)超合理の世界を説く，(4)自己宣伝する。

が，一人の比丘は「悲しむことはない。あれこれうるさかった釈尊から解放されたので，これからはわれわれが欲することをすることができ，欲しないことはしないことができる」と言ったという。その言葉を聞いた長老マハーカッサパはブッダの教えが永く続くように，法と律を結集することを決定したと伝えられている。法は衆生をして智慧と慈悲に導き，律はサンガを清浄と和合へと導くものである。結集は非法が輝き，法が排除されることがないように，非律が輝き，律が排除されることがないようにするための措置であった。

マハーカッサパは500人の阿羅漢比丘を集め，経典編集会議つまり結集を開いたが，それが第一結集，500人結集と呼ばれるものである。これが経典の始まりであり，マガダ国の首都王舎城に近い七葉窟で行われた。律の責任者にはウパーリ（持律第一）が，法の責任者にはアーナンダ（多聞第一）が選ばれ，まず律の結集が，次に法の結集が行われ，律蔵と経蔵が作られた。

経蔵の作成過程をみると，ブッダの後半生をブッダと同行し，ブッダの説法を誰よりも多く聞いたアーナンダがみんなの前で，「ブッダはある時，あるところでどのように法を説いたのか」という質問に答え，確かめられた内容を経として確定するという形で行われた。経は「私はこのように聞いた」（如是我聞）という言葉から始まるが，そのときの「我」はアーナンダのことである。

経典の発展

仏教経典を理解するためには，仏教の展開過程を理解することが必要である。ブッダ在世時の仏教は，原始仏教あるいは初期仏教と呼ばれる。ブッダ入滅後約100年になると戒律の解釈をめぐって対立が起こり，仏教教団は上座部系統と大衆部系統とに分裂する。前者は戒律に厳格な解釈，後者はより寛大な解釈であった。その後，教団はさらに多くの分派に分かれることになるが，この時期の仏教が部派仏教と呼ばれている。その後，紀元前後の時期になると大衆部系統の仏教から在家信者を中心に，民衆の救済を目的とした活動を展開しなが

---

(47) 結集はブッダ入滅直後に開かれた第一結集以来1956年ミャンマーで開かれた第六結集まで仏教の歴史上6回行われた。紀元前3世紀の第三結集で「論」（アビダルマ）が完成され，いわゆる「三蔵」が完成された。また，第四結集において，初めて文書として記録された。

ら自ら「大乗仏教」と称するグループが登場する。彼らは上座部系統の仏教を「小乗仏教」と批判した。[48]このように仏教は初期仏教，部派仏教，大乗仏教へと発展しながら，仏教経典も発展することになった。初期仏教においては仏弟子たちがブッダから聞いた教説を記録する形式として経典が作られたが，時間が経つにつれてブッダが超人化され，信仰心によって創られる理想の世界として経典が作られるようになった。

　ブッダ入滅後500年前後に大乗仏教経典が作られるようになるが，そこにはブッダが超人間的存在として描かれていた。大乗経典の『法華経』や『華厳経』などではブッダが久遠実成として描かれ，信仰の対象としての永遠不滅の存在になっている。大乗仏教経典も仏説の形式をとっているが，ブッダの教えそのものが尊いという認識は希薄であり，ブッダの教えは覚りを開くための方便であると受け止められている傾向が強い。井戸の水が真理だとすると，ブッダの教えはその水を汲み出すつるべ縄のような道具であるという考え方，月を真理だとすると，ブッダの教えは月を指す指のような手段であるという考え方である。

　初期仏教においてブッダとは，真理を教え実践した歴史的人物として尊敬される存在であった。また，修行の目標は，覚りと実践を兼備した阿羅漢という聖人になることであった。しかし，ブッダ入滅後，教団は分裂し，部派仏教は王族などの支援によって，托鉢をやめ，ビハーラと呼ばれる精舎に定住し，ブッダの教えを解釈することに没頭し研究専門家的傾向を強めていった。その結果，教団は大衆から遠ざかっていったのである。こうした傾向に対する反発から，「ブッダに立ち返ろう」という運動が発生し，それが大乗仏教教団として発展していく。大乗仏教では衆生の救済のために自分の成仏さえも見送る菩薩になることが求められ，菩薩の慈悲が智慧と同等な水準として強調されるようになった。

　初期仏教と大乗仏教を明確に区別し，しかも優劣の概念として把握する傾向

---

(48) 大乗という言葉は大きい乗り物のことであり，多くの人々を救うという意味である。小乗仏教という仏教があったわけではなく，大乗仏教と名乗る人々が上座部仏教を小乗の仏教と規定し，貶したことにその起源がある言葉である。したがって，小乗仏教という言葉を使うことは適切ではないと思われる。

は，中国仏教の影響によるものであるという指摘が多い。仏教が中国へ伝播されたときには初期仏教経典と大乗仏教経典が同時に伝播されたので，そのような事情がわからなかった中国では，さまざまな内容の経典を優劣の観点から分類することになったということである。

（2）　仏教経典の分類と言語

経典の六分類[49]
仏語は，
（1）　味によって一種である

　　ブッダが45年間説かれたそのすべては一味のもの，「解脱味」のみのものであるということである。このように，味によって一種である。
（2）　法・律によって二種である

　　仏語のすべては，法と律とである，と称される。そのうち律蔵が「律」であり，残りの仏語が「法」である。このように，法・律によって二種である。
（3）　①初・中・後によって，②「蔵」によって三種である

　　すべての仏語は，最初の仏語，中間の仏語，最後の仏語，という三種になる。「私の心は寂止に至り，渇愛の滅に到達した」というのが「最初の仏語」であり，「もろもろの事象は過ぎ去るものである。怠ることなく修行を完成なさい」というのが「最後の言葉」である。両者の間に説かれたものが「中間の言葉」である。このように初・中・後によって三種である。

　　また，このすべては律蔵，経蔵，論蔵という三種のみになる。
（4）　「部」（ニカーヤ）によって五種である

　　長部，中部，相応部，増支部，小部，という五種である。

　　長部（ディーガ・ニカーヤ）は『梵網経』を初めとする，34経である。

　　中部（マッジマ・ニカーヤ）は『根本法門経』をはじめとする，152経

---
(49) この内容は，主に片山一良（2008）の第一部を参考にしている。

である。

　相応部（サンユッタ・ニカーヤ）は『暴流度経』をはじめとする，7,762経である。

　増支部（アングッタラ・ニカーヤ）は『心遍取経』をはじめとする，9,657経である。

　小部（クッダカ・ニカーヤ）は四部を除くその他の仏語はいずれも小部である。

（5）「分」によって九種である

　すべての仏語は，①経，②応頌，③授記，④偈，⑤自説，⑥如是語，⑦本生，⑧未曾有法，⑨有明，という九分類になる。

（6）「法蘊」によって八万四千種である

　一つの結論のある経は一法蘊である。多くの結論がある場合には，結論によって法蘊の数がある。偈と結ばれたものにおいては，質問が一法蘊であり，返答が一法蘊である。

パーリ語経典の三蔵

　経典の中で完全な形として残っているのはパーリ語経典である。パーリ語経典はその形式からみると上座部の聖典であり，長老たちによって実践・伝承されてきたブッダの教え，つまり経・律・論の三蔵すべてが含まれている経典である。しかし，パーリ語経典といっても，その中には古いものも比較的新しいものも含まれており，数世紀にわたってその内容も加えられてきたものである。

　その内容からみると，パーリ語経典は根本仏教と呼ばれているブッダの仏教であり，さまざまな国の仏教の根本をなす教えである。

　パーリ語経典は基本的には経蔵と律蔵から成っていた。この二蔵は第一結集において確定された。その後，紀元前3世紀に行われた第三結集において「論」（アビダルマ）が生まれ論蔵にまとめられた。論は勝法と訳されるように，勝れた法，勝義の教えである。これは，経蔵と律蔵の解説と註釈を内容としている。詳細な法の分析と考察をその特徴とするが，それ自体はブッダによる洞察に始まるものである（片山一良，2008：32）。

表3-1　パーリ語経典の種類と内容

パーリ語経典	内容と特徴	日訳経典*	漢訳経典
『ディーガ・ニカーヤ』 Digha Nikaya	比較的長い経典を集めたもの	長部 (34経)	長阿含 (30経)
『マッジマ・ニカーヤ』 Majjhima Nikaya	中くらいの経典を集めたもの	中部 (152強)	中阿含 (222経)
『サンユッタ・ニカーヤ』 Samyutta Nikaya	基本的教理や修行に関する経典を集めたもの	相応部 (2,872経)	雑阿含 (1,362経)
『アングッタラ・ニカーヤ』 Anguttara Nikaya	数字によって教えを整理した経典を集めたもの	増支部 (約2,308経)	増一阿含 (471経)
『クッダカ・ニカーヤ』** Khuddaka Nikaya	以上の分類に含まれていない経典を集めたもの	小部 (15経)	(雑蔵)

＊日本語訳の経典は1935〜41年に漢訳され,『南伝大蔵経』(70巻)として出版されている。それ以外に,多くの経典研究者による日本語訳経典が出版されている。片山一良訳『長部』,中村元監訳『中部経典』などである。
＊＊ここに含まれている経典としては,『ダンマパダ』『ジャータカ』『テーラガーター』『テーリガーター』『ミリンダ王の問い』などがある。
なお,経典の数については,三枝充悳(2004:26〜27)に基づいている。

経蔵は五部から成っているが,それに該当する漢訳経典が『阿含経』である。この経蔵の具体的内容と体系は,表3-1にまとめた通りである。

2. 仏教の伝播と経典翻訳

仏典の伝播と翻訳

　ブッダはガンジス河中流地域のマガダ国の言語,マガダ語の一方言を使っていたといわれている。ブッダの弟子たちもマガダ語を使っていたので,ブッダの教えもマガダ語として伝えられたと推測される。マガダ語は一般に共用語として知られているサンスクリット語と比べると,俗語といわれるプラクリット語の一種であるという。最初の結集が行われたのもマガダ地方であった。しかし,マガダ語は現在,完全に消滅している。それがパーリ語,ガンダラ語,サンスクリット語等に記録されるようになったのである。

マガダ語で伝承されたブッダの教えは，インド北部の多数の部派によってそれぞれ経典として編集されたと伝えられているが，現存するものはなく，ただパーリ語(50)とサンスクリット語で記録されたものが伝えられている。バラモンの言語ヴェーダはサンスクリット語をさらに優雅に装飾したものであり，当時，ヴェーダが理解できる人はごく少数であったという。

　その後，西暦320年頃，インドではグプタ王朝が出現し，インド全土を統一するが，それ以降，サンスクリット語が共用語になった。そのため仏教経典も新たに，サンスクリット語で作成されるようになった。その経典が漢文で翻訳され，日本や韓国に伝わるようになった。

　以上の事情からわかるように，漢訳経典はサンスクリット語経典の翻訳本である。しかし，インドや中国でサンスクリット語の経典は，ほとんど残っていない。中央アジアの遺跡からサンスクリット語経典の一部が発見され，ドイツやインドの学者によって翻訳されることもある。

　一方，マガダ語で伝承されたブッダの教えは，仏教がインド北部地域から西や南などインド全域に伝播されるにつれて，パーリ語として変化した。パーリ語はマガダ語と類似していて，パーリ語文書の一部には，マガダ語の名残りと思われる部分が残っているという。したがって，パーリ語はブッダの言語であったマガダ語と深い関わりを持っている。パーリ語を根本語というのは，ブッダの言語の根本であるという意味からである。

　このパーリ語の経典がアショーカ王時代にスリランカに伝わり，現在，東南アジア一帯に広まり，上座部という部派がそれを継承している。スリランカ，ミャンマー，カンボジア，ラオスなどの地域の経典はすべてパーリ語経典である。むろんこうした国々は現在それぞれ独自の文字を持っているが，仏教経典に関する限り，共通的にパーリ語経典を使っているのである。したがって，初期経典はパーリ語経典，漢訳経典，ごく少数のサンスクリット語経典があるといえる。

　大乗仏教の経典の場合は，主にサンスクリット語になっているが，原本が

---

(50) パーリ語とは言語学的な用語ではなく，聖典語の意味である。「パーリ」とは線，基準，聖典を意味するという。

残っていることはほとんどなく，大半は漢文とチベット語に翻訳されたものだけが伝わっている。

インドでは，仏教の発展につれて順次作られたサンスクリット語仏教経典が，1世紀頃中国に伝播されたときには，一緒に伝播されるようになった。中国ではその経典を漢訳し，その漢訳経典が日本や韓国などに伝播された。

大蔵経は一般に漢訳された仏教経典を総称するが，中国の場合，大蔵経に収録するためには一定の条件が必要であった。それは欽定と呼ばれる皇帝の鑑識である（石上善応他，1992：10）。皇帝の政治的考え方に反しないことというのが条件づけられていたのである。

大乗経典の場合はチベット語としても翻訳されたので，現在の大乗経典は中国語とチベット語の経典がある。このように仏教経典は異なる時代・地域で作られたので，仏教経典の内容と観点に相矛盾する内容も少なからず発見されるのである。

経典内容改変の問題

仏教が最初に中国に伝播された際には，まず支配階層に伝わった。当時の中国社会にはすでに家父長的社会秩序が確立されていたので，仏教経典に中国社会の支配秩序に反する内容が発見されると，経典の内容を自分たちの都合に合わせて意図的に加えたり，変えたりすることもあった。親孝行など，家族倫理に関わる内容の場合がそうであった。

たとえば，インド仏教では父母のことを言及する際，「母と父」の順で表記することが一貫して発見されている。また，インドでは人の名前の表記においては，「ある女の子ども」といった形式が多いという。初期仏教においてはバラモン教と同じように家長は父親となっていたが，インドは母系の名字を継ぐ母系社会的性格が強かったという。インドから中国に来た翻訳僧鳩摩羅什は，実際にインド仏典に登場する人の名前はすべて，それぞれ自分の母親の名字を

---

(51) たとえば，インド経典『正法念処経』には『四つの恩』が説かれているが，それは，「第一に母の恩，第二に父の恩，第三にブッダの恩，第四に法師の恩」の順番になっている（中村元，1982 中文：29）。

継いだものであると指摘した。また、その弟子の僧肇も、インドでは母方の名字に従うケースが大半であるといっていた。

しかし、このような状況は男性中心の家父長的社会秩序を確立していた中国の支配層からみると不都合な事柄であった。したがって、中国の社会秩序に反する内容は改変されることもあったのである。たとえば、「母と父」と表記されていたものはすべて、「父と母」へとその順番を変えた。『大無量寿経』には人間の基本的倫理が説かれていたが、それを漢訳した際には、親孝行を奨励するために、原典にはない親孝行の内容を次のように挿入したという。「西方浄土に生まれたい人は三つの福を修めなければならない。父母に孝行し、師匠と目上の人を敬い、慈しみを持ち、殺傷を行わず、十の善行を修めなければならない」(下線部の句が、中国で挿入されたものであるという)[52]。

また、『六方礼経』においても、夫人の徳目に関する内容はインド仏典と中国仏典において全く異なる。インド仏典は家庭内での夫人の普遍的倫理を強調しているが、漢訳仏典は夫に服従しなければならない妻の義務が並べられているのである。

言葉の漢訳に関わる問題

日本や韓国では仏教が伝わって以来、長い間、漢訳された仏教経典に基づいてブッダの教えが伝わった。ところが、サンスクリット語を漢文に訳したものを、さらに日本語や韓国語に訳する際には注意を要するところがある。それは、漢訳経典の言葉は、意味と発音という二つの側面から理解しなければならないということである。

中国語は表意文字である。他国の言葉については発音記号をもって訳することができないという限界がある。中国でサンスクリット語の経典を漢訳する際に、いくつかの用語については漢文に直さず、原典の表記通りに音訳したという。いわゆる五種不翻、あるいは五種不訳といわれるものである[53]。

---

(52) この内容については張チュンソク (2000) と、中国社会科学院世界宗教研究所の論文集に掲載された中村元 (1982) の中文論文 (「儒教思想対仏典漢訳帯来的影響」) に基づいている。経典名などについて二つの論文内容に多少の違いがあるが、意図的改変があったという点については意見が一致している。

他国の言葉を漢訳する際には，いくつかのパターンがある。その意味を漢文に解釈して，その意味に適した漢字を当てる場合もあれば，意味などを全く考慮せず，その発音に近い漢字を当てる場合もある。初期仏教において最高の覚りを開いた者を意味する阿羅漢を「応供」とも訳したのは前者の例であり，ヤフー中国（Yahoo China）を「雅虎中国」と訳したのは後者の例になるのであろう。後者の場合，訳された漢字の意味にこだわると，その言葉の意味を誤解する可能性がある。

たとえば，サンスクリット語でハリティと呼ばれる鬼子母神は，訶利帝と訳されている。大乗はマハーヤーナの漢訳である。大きい乗り物という意味で大乗と訳された。しかし，大乗は音訳で摩訶衍と訳されることもある。この場合，摩訶衍という言葉は，意味においても，日本式の発音においても，マハーヤーナという本来の言葉の意味とは離れてしまうのである。

3．仏教経典選別論

（1）仏教経典の選別活用はなぜ必要なのか

経典選別の必要性

仏教経典は膨大である。八万四千の教えが含まれているとされる。その膨大さというのは，はたして仏教の自慢できることであろうか。

仏教経典の内容の中には重複しているものも多く，経典によって相容れない内容の教えが説かれている場合も少なくない。いわゆる南伝経典と北伝経典の

---

(53) その五種とは，陀羅尼のように神秘的な意味を持っている言葉，一つの言葉が多数の意味を持っている場合，木の名前など中国には存在しないものを表す言葉，中国の一般的な意味として訳すると意味が伝わらない般若（知恵）のような言葉，などである（村田忠兵衛，1975）。ちなみに，サンスクリット語プラジュナ（般若）は，単に「知る」ということではなく，「発見する，正確に知る」という意味があるという。それを知識あるいは理解という言葉で訳すると，その本来の意味が伝わらないということで，音訳して般若としたという。

(54) ハリティは多数の子ども持つ母親でありながら，他人の子どもを食い殺す鬼であった。ブッダは彼女の最も愛する末っ子ヒンガラーを隠し，彼女をして子どもを亡くした親の悲しみを味わわせることによって，彼女を仏弟子にしたといわれる伝説の主人公である。青色鬼とも訳されるが，それはハリティという言葉に青色という意味があるからだという。

間には，異なる内容が少なからず発見できる。たとえば，ブッダの出家動機の一つとして指摘されているブッダの息子で，後に十大弟子（密行第一）の一人になったラーフラの出生に関わる内容をみると，並川孝儀（2005）の調べのように，出生時期，出生の状況，名前の由来，ラーフラの意味，ブッダ出家に及ぼした影響などにおいてかなりの違いがある[55]。もし，経典間に内容の相違があるときには，一定の基準をもってその内容を選別的に活用しなければならない。

　経典は結集を通じて多数の合意の下で作られているものもあれば，作られた経緯が明らかになっていないものもある。ブッダを人間ブッダとみるのかそれとも永遠不滅の存在とみるのかによって，経典の内容が極端に異なる場合も相矛盾する場合もある。こうした状況を考慮すると，たしかに経典に書かれている内容であるということだけで，仏教経典の一部分を切り取り，それをブッダの教えとみなすことは安易な態度であり，ブッダの教えに対する誤解をもたらしかねないことであるといえよう。

　本研究は，仏教の教えの社会福祉原理への適用可能性を試す研究である。当然，多くの経典の中から社会福祉にとってより重要と判断される内容だけを選び取り，それを中心に論議することになる。単に社会福祉分野だけでなく，経済学など社会科学の分野と仏教との融合を試みるのであれば，そのようなアプローチを取らざるを得ない。しかし，社会福祉に関連する経典内容に限ってみても，経典内容が必ずしも一貫しているわけではない。したがって，経典を選別的に活用することが不可避になる。

　ここでは経典の選別的活用に関する論議をあえて経典選別論と名づけ，「ある目的に照らして特定の経典を選別的に活用する基準に関する論議」と，操作的に定義しておきたい。

---

(55) たとえばラーフラ（漢訳は障月）の名前の由来について，「南伝」の場合は，ゴータマ・ブッダが息子の出生事実を聞いて「障害（ラーフラ）が発生した」，「束縛が発生した」と言ったことに由来するとしているのに対し，「北伝」は日食と月食を作り出すラーフから由来したとし，息子の出生がブッダ出家に直接影響したかどうかについても内容を異にしている（並川孝儀，2005：第4章「ゴータマ・ブッダ伝承の非史実性」）。

経典選別の不可避性

　経典結集は必要によって開かれたが，最初の三回の結集においてはブッダの教えを文書として作成しなかった。それを文書化したのは第四結集においてである。第四結集は紀元前1世紀頃，ブッダ入滅後300〜400年が経った時期にスリランカで開かれたが，そこで初めて文書による経典が成立したのである。

　ブッダの説法が厖大であることを勘案すれば，文字として記録されていなかった時期に，ブッダの教えが誤って伝えられる場合も少なくなかったことが推測できる。その間，ブッダの教えは主に比丘の暗記に頼っていたが，そのために「バーナカ」（覚える者）という暗記専門家がいたという。ブッダ生存時にもブッダの説法が誤って伝わったことがあり，ブッダ自身もその問題に悩まされていて，そうした問題にどう対処すべきかについて，弟子たちがブッダに意見を求める場面も経典に伝えられている。

　こうした事情から，多くの経典の中からより重要だと判断される経典，あるいは特定の経典の中でもより重要な内容だけを選び取って活用することが求められる。その選別基準は，経典を引用する動機や目的によって異なることになろうが，社会科学的研究においては，その基準の提示が不可欠である。社会科学は独自の基準音を持たなければ演奏が不可能になるヴァイオリンの演奏に喩えられていて，それは社会科学者が自分の立場を持たなければ，研究の遂行そのものが不可能になるということを意味するのである。仏教経典を引用することにおいて，何よりも避けなければならない態度とは，相矛盾する立場の経典内容を如何なる基準の提示もせずに，自分の研究に勝手に引っ張ってくることである。

　さまざまな経典を読む者が，自分なりの基準を持って経典を分類すること自体は何の問題もない。しかし，経典を選別するときには，少なくとも二つの条件が必要である。第一の条件はその選別基準の提示であり，第二の条件は，何よりも事実に基づいた選別でなければならないということである。[56]

---

(56)　これは当然のような基準であるが，しかし，歴史的にみると，中国において，事実ではなく空想的推測に基づいて経典の優劣を決めつけることもあり，そうした傾向は日本仏教にも大きな影響を及ぼした。

（2） 四つの経典選別論

　今まで行われてきた経典選別に関する論議は次の四つにまとめることができる：（1）教判論：教えの軽重・深浅の基準による論議，（2）了義経論：依り所にすることができるか否かの基準による論議，（3）中村元の論議：人間ブッダの教えか否かの基準による論議，（4）アンベードカルの論議：合理的・論理的教えなのか否かの基準。

教判論：教えの軽重と深浅

　教判とは教相判釈の略語であり，仏教経典の形式や内容に基づいて，経典を優等のものと劣等のもの，あるいは深い教えと浅い教えとに判断することをいう。

　ブッダの教えは一音教と呼ばれる。一つの教えであるという意味である。しかし，ブッダからは一つの教えを受けたが，それを聞く者によってその教えが異なる意味で受け止められ，経典の内容が相異なるものになったという論議が教判論である。インド仏教においてもこうした傾向がなかったわけではないが，とくに中国仏教においてはその傾向が強く，その影響が日本仏教や韓国仏教に及ぼされ，日本にも教判の傾向が強く残っているとされている。[57]

　中国に仏教が伝播されたときには，すでにインドにおいても大乗仏教が成立しており，初期仏教経典と大乗仏教経典が同時に伝わった。当時の中国ではその二つの経典がそれぞれ異なる経緯で，また異なる時代で作られたものということが知られていなかった。したがって，経典によってその内容に大きな違いがあることをみた中国人は，その説明に迫られていたと考えられる。その結果，中国ではブッダの教えは一つであるが，それを正しく受け止めた場合もあれば誤って受け止めた場合があるゆえ，経典内容が異なるようになったという無理な解釈をすることになったのである。さらに，中国仏教においては，大乗仏教経典は正しくブッダの教えを受け止めたものであり，その他の経典は愚かに受

---

[57]　金ホスン（2009）は，教判には肯定的側面と否定的側面が混在されているといい，教判の否定的側面が露呈されるときにそれを教判論と称し，会通論の対立概念として使われるという。

け止めたものというふうに，優劣の概念として把握した。教判の傾向を強く示していたのである。

その代表的な教判論が，智顗（538～597）の五時論である。智顗は中国仏教天台宗の実際の開祖といわれている。智顗は仏教の活動時期を五つの時期に区分し，時期ごとに異なる経典内容が説法されたと主張したが，それは次のような内容である。

> 第一時は，ブッダが覚りを開いた直後，その覚りの内容を説いた時期であり，その内容は『華厳経』である。
> 第二時は，『阿含経』を説いた時期である。華厳経の内容が難しく人々にとって理解し難いことがわかったので，その内容をわかりやすく説いたのである。
> 第三時は，徐々に説法の水準を高めながら，『維摩経』等を説いた時期である。
> 第四時は，説法の水準をさらに高め，『般若経』を説いた時期である。
> 第五時は，ブッダ最後の8年の時期であり，『法華経』と『涅槃経』を説いた時期である。

第一の主張をみても，事実とはかけ離れている。『華厳経』という大乗仏教経典は，ブッダ入滅数百年後に作られた経典であるからである。五時論は事実に基づいた論議ではなかった。歴史的事実が明らかになるまでには長い年月を必要としたが，こうした恣意的解釈の影響は決して軽いものではなかった。それはとくに，東アジア地域において初期仏教の教えを軽視する結果をもたらしたのである。[58]

経典による経典選別論：「了義経」論議

仏教経典そのものが経典選別の論議を行っている場合もある。その代表的なものは，四つの依り所を説いた四依説であろう。四つの依り所の中に，どの経

---

(58) たとえば桐山靖雄（1997：141～144）は，「智顗の教判の最も大きな被害は後世の人々が『阿含経』を重視しなくなったことである」といい，大乗経典至上主義を批判している。

典を依り所にしなければならないのかが説かれているからである。四つの依り所とは次の通りである（金ホスン，2009；向井亮，1987）。

　　法を依り所とし，法を説く人に依ってはならない（依法不依人）。
　　教えの意味を依り所とし，文章に依ってはならない（依義不依文）。
　　了義経を依り所とし，不了義経に依ってはならない（依了義経不依不了義経）。
　　智慧を依り所とし，分別に依ってはならない（依智不依識）。

　経典によって以上の四つの依り所の順序は一定していないという。ここにおいては三番目の依り所に関すること，つまり「了義経を依り所とし，不了義経を依り所とすべからず」というのが経典選別論に関わるが，この論議の特徴は，仏教経典が経典の選別を説いているという点である。
　向井亮（1987；1988）によると，洋の東西を問わず多くの学者が四依説に関する最も重要な文献資料として活用しているのは，サンスクリット語の『瑜伽師地論・菩薩地』というが，その中で了義経・不了義経に関する部分は次のようになっている。

　　菩薩は，如来に対して信を固め，浄信を固め「如来の」教説に対して一途に敬信を向けたものとして，如来の了義なる経典に依るのであり，けっして未了義なるものに「依るの」ではない。了義なる経典に依っているのであるから，この「仏によって説かれた」教えとヴィナヤ（律）からけっして逸脱しない。なんとなれば，未了義なる経典にあっては種々の方面からの本来的意味の弁別がいまだ確定的ではなく，なお疑問を生む余地があるからである。もし，また，菩薩が了義なる経典に対してさえも，なお一向に決定しないのであれば，同じく，その者はまさにこの教えとヴィナヤから逸脱しかねない（向井亮，1988：152～153）。

　この解釈によると，不了義経とは経典の本来の意味が確定的ではなく，疑問の余地が残されている経典を意味する。逆に了義経とは，本来の意味が明確で

あり，疑問の余地のない経典のことになる。

　それでは，具体的にどのような経典が了義経であり，あるいは不了義経であるのか。そしてその根拠は何か。この点は，経典が経典選別を論議しているだけに，経典の活用をめぐる論議においてきわめて重要なポイントである。

　『解深密経』の内容の検討を通じて，了義経・不了義経を論議する金ホスン（2009）によると，『解深密経』には空や無我等の教説が説かれていると了義経であり，そうでなければ不了義経であると規定されている。金ホスンはこの基準からみると，初期経典は了義経になると主張する。なぜなら，初期経典には無我が説かれていて，それは空思想とつながっているからであるという。しかし，大乗経典の中には，初期経典は不了義経であると公然と主張している場合もある。
(59)

　しかし，了義経・不了義経の論議を大乗経典をその根拠にして行うことは問題がある。大乗経典という用語の定義は明確ではないが，大乗経典と呼ばれる経典には一定の特徴があると指摘されてきた。その一つが自分の経典の至上主義を主張する傾向であり，大乗経典以外の経典はより劣等であると主張し，初期経典などを貶す姿勢を示している点である。

　どのような経典に了義経・不了義経の論議があるのかを調べた向井亮（1987）によると，まず初期経典には了義経・不了義経の言及がないという。
(60)
これは重要な示唆を与えている。つまり，大乗経典だけが了義経を説いていて，その内容は大乗経典だけが了義経であるという主張になっているのである。むろん了義経・不了義経の問題は，大乗経典の中での優劣や真偽を決めるための基準であったことが考慮されなければならない。しかし，初期仏教経典が不了

---

(59)　大乗経典の『大般涅槃経』には，了義経と不了義経とは，それぞれ大乗経典と小乗経典のことを指すとされていて，次のように説かれている：「道を修める人は，（1）教えそのものを拠り所とし，教えを説く人を拠り所としてはならない，（2）教えの意味を拠り所とし，言葉を拠り所としてはならない，（3）ほんとうの知恵を拠り所とし，迷いやすい人間の知識を拠り所としてはならない，（4）<u>教えを完全に表している大乗経典を拠り所とし，小乗経典を拠り所としてはならない</u>」（『完訳大般涅槃経』Ⅰ：232～233。下線部は引用者）。大乗経典の『涅槃経』は田上太秀訳（1996）を参考にした。

(60)　向井の調べた経典の範囲は，サンスクリット文の6経典，大蔵経の2経典，そして了義経・不了義経論議において重要な研究者として知られている，ラモート（E.Lamotte）の研究に引用されている11の経典である。

義経であるという主張の根拠を大乗経典に求めるということは，論理的矛盾といわざるを得ない。

人間ブッダのことばか否か：中村の論議

釈尊などの名称に代わってブッダという言葉が広く使われるようになった背景には，人間ブッダに対する関心がある。ブッダの多くの教えの中でも，人間ブッダの教えをより重視すべきであるという論議は，仏教とそれ以外の学問との対話においてとくに重要である。中村元（1958）は，歴史的人物としてのブッダを提示するためには，次の三つの研究方法が必要であると主張した。

第一は，近代学問の原典批判的方法である。宗教聖典とは歴史的所産であり，それが思想的発展に基づいて成立したことであることを考えると，後代の経典よりは古い経典に基づいて論議しなければならないということである。原始仏典の聖典の中でも最も古いものである『スッタニパータ』の内容，とくにその最後の二つの章を重視しなければならないという。

第二は，考古学的資料によって科学的に証明された資料を十分に考慮しながら仏教経典を検討する方法である。古い経典といっても，ブッダが超人として描かれているところが全くないわけではない。したがって，仏教遺跡を実際に踏査し，考古学的に証明された内容を経典内容の解釈に活用すれば，その歴史性を相当高めることができるという。

第三に，仏教経典以前にすでに存在していたか，仏教経典と類似した時代に作られた仏教以外の宗教経典を比較することによって，人間ブッダの歴史的意義を見つけることができる。ブッダ以前にすでにヴェーダ聖典，ジャイナ聖典があった。その内容に類似する内容が多く含まれているので，仏教聖典の内容を確認することにおいて参考資料になることがあるという。

むろん，古い記録であり，事実と異なる記録もありうるので，以上のような方法によってブッダが歴史的存在として明確に提示できるとは限らない。実存人物としてのブッダと，入滅以降神格化されたブッダを区別することが難しいという現実的限界がある。しかし，こうした研究方法の活用は，可能な限り人間ブッダに近い姿に接近する道を開いてくれると思われる。

合理的,論理的内容なのか否か：アンベードカルの論議

インドの思想家であったアンベードカルは,仏教経典の内容に誤伝が多数入っていることに注意を喚起している。仏典の内容をブッダの言葉として受け止めることには注意を要すると言い,真のブッダの言葉を選び取るための基準を次のように提示している（アンベードカル／山際素男訳, 2004：第4部第2章）。

まず,ブッダの説法は何よりも,合理的かつ論理的であったということである。したがって,相矛盾する内容の経典が二つ以上あるとしたら,より合理的で論理的な内容を,真のブッダの教えとして受け入れることができるという。

第二に,ブッダは人間の幸福にならないものを説いたことがなかったということに注意を喚起する必要があり,それゆえ人間の幸せに無関係なことでブッダに帰せられていることは,ブッダの言葉として受け入れ難いという。

第三に,ブッダはすべての物事について,自ら明確な意見を表明するものとそうではないもの,という二つに分けていたという。そして,前者に対してはブッダは明確に説いたが,後者に対しては暫定的意見として述べていた。ブッダの教えを正しく理解するためには,こうした点に注意しなければならないという。

中村元とアンベードカルの二人の見解は,人間ブッダの言葉,説法内容の合理性を基準に経典を選択的に活用しなければならないという主張である。この二つの基準からみると,何よりも初期経典を重視することである。筆者は仏教が科学的考え方と両立できると判断しているが,それはとくに初期仏教に関してそうである。仏教は時代的発展につれて,合理的教説から信仰的宗教へとその姿を変えていった。初期仏教は合理的考え方に基づいている。たとえば,大乗仏教は真言や経典の暗誦に神妙な力などがあると認めているが,そうした非合理的な考え方は初期仏教には認められなかった。結局,社会科学と仏教の融合を試みる本書においては,初期仏教経典を中心に論議を展開せざるをえない。というのは,合理的に説明できないものが,社会科学と両立することは難しいからである。

4．仏教経典の選択的活用

「福祉思想と関連した」経典内容の選択

　ブッダの福祉思想を究明するためには，当然，ブッダの行跡と説法が含まれている仏教経典を一次的に検討することが求められる。しかし同時に，ブッダの教えが歴史的特性や地理的特性を反映しているということについても注目しなければならない。ブッダの時代は現代社会とは顕著に異なる古代社会であり，地理的にもインド地域の特殊な社会経済的風土の中で生成されたものであった。たとえば，インドには雨期という気候的特性があり，仏教の安居はこうした気候的特性と切り離しては考えられないものである。ブッダの教えを一般化するためには，仏教に対する他の地域，他の宗教からの見方を考慮しなければならない。それによって初めて，仏教の持つ福祉思想的性格の普遍性と特殊性を，同時に確認することが可能になるのである。

　以上のような事情を考慮したうえ，仏教経典に含まれている数多くの内容の中で，どのようなものを社会福祉と融合できる仏教の核心的内容とみるのかの問題を考えなければならない。

　仏教社会福祉の論議の根拠がブッダの教えにあるということは，基本的に重要である。仏教経典は厖大であるが，その厖大さが必ずしも，仏教研究の長所とは限らないということに悩みがある。相矛盾する内容が，多数の経典でみられるからである。本研究においては，基本的に経典の内容の中から社会福祉と関わる内容だけを選択的に取り扱うことになる。というのは，経典内容の中には社会福祉と密接な関わりを持っている内容もあるが，それと無関係の内容もあり，しかも社会福祉と両立できない内容もあるからである。ところが，どの内容がより重要な内容なのかを判断するのは研究者自身であり，その選択においては研究者の価値の介入が避けられなくなるのである。

　仏教社会福祉に関する著書や研究が，仏教経典の内容に基づいて行われたという理由だけで，その論議に意義があると評価するのはナンセンスである。歴史家カー（E.H.Carr）がかつて看破したように，歴史家が事実を記述するこ

とを建築物に喩えると，それは良き建材をもって建築物を建てたということを意味するだけのことであり，それが直ちに素晴らしい建築物を意味することではないからである。仏教経典に基づいて仏教社会福祉を論議することは良き研究の必要条件であるだけで，決してその充分条件ではないということを再度強調しておきたい。

「より重要な」経典内容の選択

　マールンキャープッタがブッダに行った質問を例にみてみよう。マールンキャープッタはこの世が永遠なのか否か，生命と身体は同一か否か等の形而上学的質問を行い，ブッダからいわゆる毒矢の説法を引き出した人物である。

　仏教と社会福祉の接点を論議することにおいて，ブッダにそのような質問をした人物が，アーナンダだったとかサーリプッタであったというふうに事実と異なる主張をしてはならず，それは如何なる論議においても基本的に守らなければならない研究者の義務である。しかし，マールンキャープッタによるその質問を重視する理由は，多くの弟子たちや信徒たちがブッダに行った質問の中でも，この質問はとくに重要でありかつ仏教の教えが濃縮されているという，ある種の共通の判断があるからである。つまり，われわれは多くの経典のおびただしい記録の中で，「われわれがより重要であると判断する内容」を選択的に論議してきたのである。

　福祉思想の観点からみて，どのような経典内容が重要なものなのか。

　重要なものとは，研究者が重要であると判断した内容のことである。そしてその判断には，研究者の価値と哲学が介入する。仏教学者の目からみると意義に乏しい内容も，社会福祉学者からみるときわめて重要な内容であると受け止められることもあり，またその逆の場合もあるであろう。むろん，社会福祉学者といってもそれぞれの価値や立場が異なるので，どの内容がより社会福祉と関わるのかに関する見解はさまざまになる。

　社会科学は選択的体系である。「歴史家は必然的に選択的である」というカー（1962：9）の言葉は，こうした状況を的確に示すものである。結局，本書においては多くの経典の内容の中で，筆者がより重要であると判断した教え

だけを重点的に論議することになる。仏教経典に対する学問的立場を持たずに，経典に収められている内容であるという理由だけでその内容を仏教社会福祉の論議に盛り込もうとする姿勢は，避けなければならない。

相矛盾する経典内容の取捨選択

福祉思想に関連する内容に限ってみても，経典によって相矛盾する内容が少なからずある。また，その矛盾が明確な場合もあるが，そうでない場合もある。その理由は，ブッダが自分の立場を明言せず，時には沈黙（無記）という手段を通じて多くの人々を教化したからである。

初期経典と大乗経典とは，その差違が明確である。経典の中身の違いだけでなく，物事の認識方法に関する根本的違いがある。たとえば『涅槃経』といっても，初期経典の『涅槃経』と大乗仏教の『涅槃経』には大きな違いがある[61]。ブッダの身体に関して，二つの経典を比較してみよう。まず，初期経典の内容である。

> 諸仏は金剛の身体であるといっても，みな無常に帰す。速やかに滅すること，少雪のまたたく間に融けるごときである（『長阿含経』巻四）。

ところが，大乗の『涅槃経』[62]にはブッダが不滅とされ，衆生を教化するために形を現しているだけであるとしていて，ブッダの言葉として次のように説かれている。

> ブッダ：カッサパ菩薩，蛇の脱皮を喩えにして考えてみよう。この脱皮は死ぬことなのか，どうか。

---

(61) 『涅槃経』は初期仏教経典と大乗仏教経典の二つがあるが，それは両者の違いを克明に表している。ともにブッダの入滅をそのテーマとしている反面，初期経典はブッダ最後の旅と入滅，その葬式までをその内容としている反面，大乗経典の場合はブッダの入滅からその内容が始まる。初期経典は人間と同じように死を迎える人間ブッダを想定しているが，大乗経典はブッダを永遠の存在とみているのである。

(62) ここにおいて大乗経典の『涅槃経』は，田上太秀『完訳大般涅槃経』（1-4巻）を参考にしている。

カッサパ：死ぬことではありません。
ブッダ：カッサパ菩薩，私の場合もそれと同じである。方便によって死んでいくかのように示しているのである。毒に侵されている身体を捨てていこうとするのを見て，ブッダは無常で，死ぬといえるだろうか。
カッサパ：そのように考えることはできません。
ブッダ：私はこのインドに生きて，方便として人の身体を捨てた。ちょうどあの毒蛇が脱皮するように。だから私は滅するのではなく，常住するのである（『完訳大般涅槃経』Ⅰ：340〜341）。

また，生まれてからすぐに東に向かって七歩歩き，「天上天下唯我独尊」と宣言したと伝わっている説話に関連しては，次のように説かれている。

そのとき，父母や人々や神々はこれを見て驚くやら喜ぶやらして，稀有なことだと思った。多くの人々は普通の赤子ではないかと言っていたが，私の身体はじつは数えきれない過去の世から世間の在り方を離れていた。このときの身体はすなわち教えが集まった身体であって，肉や血，筋や脈，骨髄などからできたものではなかった。この人間の人々のあり方にしたがうために赤子として現れたのだ（『完訳大般涅槃経』Ⅰ：166）。

ブッダの身体に関する両者の考え方が，これ以上ないほど異なっている。この場合，どの経典を論議の根拠として選択すべきなのか。筆者はブッダの直説であればその権威が認められ，直説でなければ信頼に欠けると判断することを望ましいと思わない。直説か否かというよりは，真理か否かによってその価値が認められるべきであろう。しかし現実において，以上のような全く異なる内容の経典があるとしたら，どの経典に依らなければならないのか。もし，仏教社会福祉論議に関わるブッダの教えが経典によって相異なるとしたら，初期経典をより重視しなければならないと確信している。

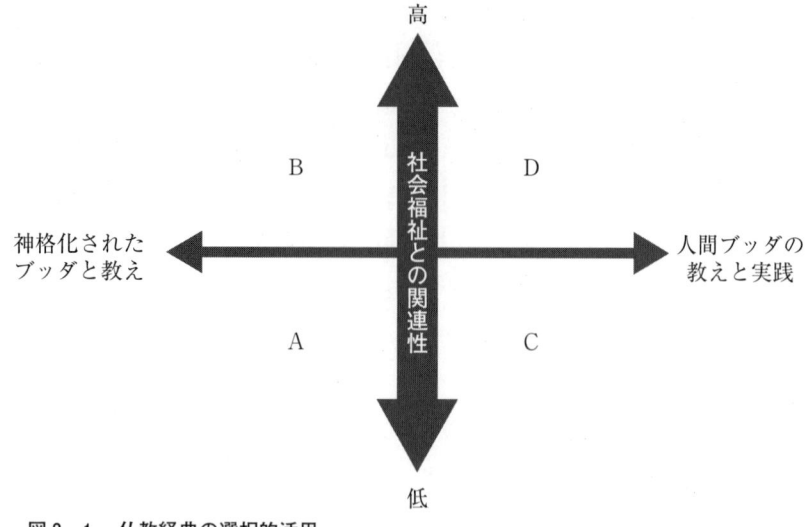

図3-1 仏教経典の選択的活用

（縦軸：社会福祉との関連性　高／低、横軸：神格化されたブッダと教え ←→ 人間ブッダの教えと実践。象限：B左上、D右上、A左下、C右下）

人間ブッダの教えを重視した選択

仏教経典を，（1）社会福祉と直接かかわる内容か否か，（2）その内容において，ブッダは人間ブッダとして描かれているのか否か，という二つの基準で分類するとしたら，図3-1に示されているように，ABCDの四つの組み合わせができる。その中で，「D」の部分，「社会福祉に関連する内容であり，かつ人間ブッダの教えと実践」が，仏教社会福祉を論議するにおいて最も重要な経典内容になる。

ブッダの教えの本質を正確に理解するためには，人間ブッダの存在を認めることがその前提になると思う。ブッダの教えを社会科学としての社会福祉に関連づけて論議しようとするならば，なおさら歴史的人物としての人間ブッダという見方が，その前提にならなければならない。

5．ブッダの教えと現代仏教

ブッダの説法は選択的説法

仏教的社会福祉を論議するために，多くの仏教経典の中から筆者がより重要であると判断する内容だけを選択的に選び取り，それを素材にして論議を展開していくことの必要性について述べた。ところが，こうした選択的論議の必要性については，誰よりもブッダ自身が認識し，説いていたと思われる。

ブッダがシンサパの森（申恕林）にいたある時のことである。ブッダはシンサパの葉を数枚手の上に載せ，比丘に見せながら次のように訊いた。「比丘たちよ，私の手のひらにあるシンサパ葉とあの森にあるシンサパ葉，どっちのほうが多いのか」と。その質問に対し，比丘たちは「世尊の手にあるのは少なく，森にある葉は多いのです」と答えた。それを聞いたブッダは次のように説いている。

> 比丘たちよ。そのことの如く，私が完全に覚ったことの中では，あなたがたに説いたものよりは説かなかったものが多いのだ。
> 比丘たちよ，どうして私は私が覚ったことすべてをあなたがたに説かなかったのか。
> 説かなかったことは，あなたがたに役立たないものであったからであり，正しい実践に導かないものだからである。それらは，正覚と涅槃に導くものではないゆえ私が説かなかったのである（『相応部経典』「申恕林品」）。

ブッダの教えか現代仏教か

経典内容を選択的に活用することにおいて直面する困難の一つは，ブッダの教えと現代仏教の間に矛盾があるときに，何をより重視しなければならないのかという問題である。この場合はブッダの教えをより重視することというのが，筆者の基本的な立場である。

ブッダの教えは長い年月を経て各国に伝播され，その国その国の風土に融合

しながら発展する姿を見せてきた。ブッダの教えを解釈することにおいては，当然その社会の風土が反映される。

東アジアの場合はどうなのか。李光耀が東アジア文化を「ソフト権威主義」と特徴づけたことを引用するまでもなく，漢字文化圏には権威主義的社会文化が根強く残っている。権威主義文化は，経典の内容を位階的秩序体系として把握しようとする傾向が強いと推測できる。上求菩提下化衆生という言葉を優劣的に解釈することも，こうした文化と決して無関係ではないであろう。権威主義文化は経典の解釈において，次のような傾向を示すことと思われる。あるいは，以下のような解釈の仕方を，権威主義的文化ということができると思われる。

第一に，経典の内容を上位のものと下位のものとに区分しようとする傾向。
第二に，ある行為の単純な羅列を，先にやるべきことと，後にやるべきことというふうに解釈しようとする傾向。
第三に，自分の経典や修行方法などを他の経典や修行方法より勝るものとしてみなす傾向。

一言でいえば，上下の位階的観点から経典内容を理解しようとすること，自分とは異なる考え方や姿勢をそのまま受け入れるのではなく，自分より劣等なものとして受け入れる傾向，そして自分と異なるものに対する尊敬心の欠如，以上のような傾向が権威主義的考え方の特徴である。

ブッダの理念は平等主義であったこと，サンガの秩序の原理が平等の実践であったことについては，疑いの余地のないことである。しかし，権威主義的社会文化からの経典解釈は，ブッダの教えを自分たちの権威を高めるために我田引水的に解釈する可能性を強めた。したがって，ブッダの教えと大乗仏教を標榜する東アジア仏教の姿の間に矛盾が発見されても，不思議なことではないであろう。その両者に相矛盾するところがあり，経典に対する恣意的解釈にその原因があるとしたら，それは，何よりもブッダの教えを優先しなければならないのではなかろうか。したがって，本書で論議する福祉思想の意味は，現代仏

教と福祉思想との関わりというよりは，ブッダの教えと福祉思想との関わりを論議することを意味する。

第II部

ブッダの教えと
社会科学・社会福祉

ガンジス河の未明,「違う角度から」世上をみる人。ブッダは,民衆をして違う角度から物事をみるようにし,自らが尊い存在であることを気付かせた。社会科学は常に常識に挑戦する学問であるが,その一分野の社会福祉とブッダの教えとの接点は,「弱い者の立場から物事をみる」という姿勢にある。

第4章　仏教の世界観と社会科学

1．知識とその種類

知識とは

　知識の習得は人間の暮らしを豊かにする。17世紀のイギリスの哲学者ベーコン（Francis Bacon）が「知は力なり」と言ったのは，まさにその意味である。

　人間は社会環境に適応しながら，生活をより豊かにするために絶えず知的努力を傾けてきた。そうした知的活動の結果として作られ，蓄積されてきたのが知識である。知識はある物事や現象についてわれわれが知っているもの，理解しているものである。特別な用例ではあるが，仏教では知識が，友人あるいは知り合いの意味で使われることもある。自分を正しい道へと導く良き友のことを善知識といい，悪き友を悪知識という。

　知識とは何かを明らかにするためには，それが「何に対する概念なのか」という観点からみることが必要である。知識は無知に対比されたり智慧に対比されたりする。西欧社会ではたびたび，信仰に対する概念として使われる。宗教的信仰か科学的知識かという用例である。しかし，知識と常識，知識と智慧，知識と信仰を区分する明確な基準はない。

　20世紀末からは知識社会論が台頭している。社会の生産性を高めるためには土地や資本，労働力といった生産要素が何よりも必要とされていたが，それらよりも，知識という要素が社会経済発展に重要な役割を果たす社会のことを知識社会という。この場合，技術はある過程に関する知識とみなされ，知識の概念に含まれる。

　知識は，人間の対応能力を意味する。したがって，知識を身につけたときとそれ以前のときとの違いは，特定問題に対する対応能力の高低に他ならない。

　知識の分類基準はさまざまである。「どのような方法で習得されたのか」と

いう基準に基づいて知識を分類すると，常識，科学，哲学になる。ここではそれぞれの意味を簡略に検討する。

常　識

　常識とは，自分の体験あるいは他人の先験を通じて習得された，経験的知識のことである。その知識が社会的に蓄積され，幅広く共有されるときに常識が形成される。常識は当たり前のような知識である。一般に常識は，ある現象の原因よりは，結果に対する関心から生まれる傾向がある。

　常識は，特定時代もしくは特定地域の共有知識である。したがって，時代が変わるとそれ以前の常識が誤った知識となってしまうことがある。ある地域での常識は，他の地域では通用しないこともある。このような事情から，常識は歴史性や地域性を超越できない知識といわれる。

　4月には春が来るということは，日本人であれば誰もが知っている常識である。これは体験によって習得されたものであって，自明な知識であり，日本では正しい知識である。しかし，この常識は地球の南半球の地域では通用しない。その地域の常識は，4月が秋であるということである。

　地球は動くものではないというのが常識だった時代もある。しかし，現代社会では地球が動いているということは当たり前とされている。常識は歴史性を超越することができないのである。

　特定地域での共有知識としての常識は，それ以外の地域の人々にも基本的に尊重されなければならない。ところが，どの社会にも通用する普遍的性格の常識もあるが，地域によっては人類の普遍的規範と両立し難いことが社会の常識になっていることもある。たとえば，地球上にはいまだ女性に選挙権が保障されていない国もあり，女性という理由で銀行口座が自由に作れない国もある。こうしたことはその地域の宗教的慣習と深く関わっているが，基本的人権に反する常識はたとえ当地では常識的であるといえども，尊重に値するものとはいえない。

科　学

　科学は，ある現象に対して実験，観察，探求といった方法を通して習得された知識のことである。科学は，ある現象の原因に対する関心から出発し，その現象に内在する普遍的法則の発見を目指す。科学は実証可能な知識であり，学問とも呼ばれる。

　科学は，ある現象の因果関係を解明しようとするものである。日の出日の入りについても，科学は各地域の常識に内在する法則，東から西へといった普遍的原理の発見を目指す。つまり，個別の現象や事実を支配する普遍的原理に関する知識が科学である。したがって，科学は地域性や歴史性を超越する知識である。

　自然科学は自然現象を対象にし，その法則を探求することを目的とし，社会科学は社会現象を対象にし，その法則を探求する学問である。ところが，自然現象と社会現象には根本的違いがあるゆえ，それを探求する方法も異なる。社会科学の研究対象である社会現象は常に変化するものであり，目で確かめることもできない。特定の研究結果を繰り返し実証することも，容易ではない。

哲　学

　世界には抽象的な概念や現象が多々ある。愛，命，人間の本性などがその例である。こうした抽象的概念に関する知識の習得は，「思惟」（thinking）に頼らざるを得ない。思惟を通じて習得された知識のことを，哲学という。

　その対象が抽象的なものであれば，それに関する見解が絶対的に正しいとか正しくないとかと断定することができない。たとえば，人間本性については性善説も性悪説もある。それぞれの主唱者たちは自分の経験と知識をベースにして，その対象について思惟することによって，それに関する知識を蓄積する。哲学とは人間の認識体系である。

　それでは，社会福祉と哲学という二つの言葉が結合された「社会福祉哲学」とは何を意味するのか。

　社会福祉とは何かについて思惟することによって得られた知識のことが，社会福祉哲学である。具体的には自立とは何か，援助とは何か，社会福祉給付は

現金給付が望ましいのかそれとも現物給付が望ましいのか,社会福祉の受給は権利なのか否か,国家福祉と宗教福祉との理想的役割分担はどのような形なのか,等々の問題について,思惟を通じて習得された知識のことが,社会福祉哲学と呼ばれるものである。

　哲学という学問の意味を理解することは,ブッダの世界観と福祉思想の接点を模索する本書において重要な意味を持つ。というのは,社会福祉とは社会科学の一分野であり,社会科学は価値介入の学問ともいわれ,価値介入の問題は哲学とは切り離しては考えられない問題であるからである。

2．社会科学の特性と哲学

(1) 社会科学的知識はなぜ必要なのか

隣接学問との対話能力

　社会福祉は一つの行為であるという者もいる。キリスト教の教えやブッダの教えを実践する活動が,すなわち社会福祉であるとみているのである。こうした見解には,社会福祉が社会科学の一分野であり,歴史的にさまざまな社会問題の解決を通じて蓄積されてきた固有の知識体系をもっている学問であること,研究と実践において科学性が活かされているときに,その存在意義を持つ一つの学問であるという認識が欠けている。

　一般に,社会福祉実践には次のような知識が必要であるとされている。

　　　人間行動と社会環境に関する知識。
　　　地域社会の資源とその組織化に必要な知識。
　　　社会現象としての福祉問題とその影響に関する知識。
　　　社会福祉制度や政策に関する知識。
　　　社会福祉の非公式資源に関する知識。
　　　援助技術に関する専門的知識。

社会福祉実践はソーシャルワーカーの援助活動によって行われる。したがって，ソーシャルワーカーが人間と社会に対する知識を充分に備えていれば，福祉問題の発見も問題解決も容易になり，そして高い質の福祉サービスも提供できる。したがって社会福祉関係者には，人間と社会に関心を持っているさまざまな隣接学問に関する知識と理解が要求される。

実践的レベルからみると，社会福祉の実践領域がきわめて幅広く，しかも拡大しつつあることから，隣接学問に関する知識の重要性が増している。たとえば，新しい福祉活動分野であるスクールソーシャルワークをみよう。これは学校にソーシャルワーカーを配置し，主に貧困から生じるさまざまな生活問題の解決を目指すものである。教育現場が福祉援助の場になったのである。こうした事業の立案者や現場で働くソーシャルワーカーが，もし教育学という学問，教育者という専門職に対する理解を欠いていたら，スクールソーシャルワークを遂行することが難しくなる。社会科学的知識は，隣接学問との対話能力を高めるものである。

社会的偏見の克服

社会科学的知識と認識が重要とされるのは，それが人間と社会，人間行動に関する理解を広める効能を持っているからである。社会科学的知識とは単に社会福祉の隣接学問の内容だけでなく，それぞれの学問の認識方法や研究方法に関する知識をも含むものである。

社会科学的知識は，社会と社会現象に関する洞察力を提供する。社会の変化をさまざまな角度から正確に理解するためには，幅広い社会科学的知識が欠かせない。

言い換えれば，社会科学的知識と認識は人間に対するより成熟した見方を提供する。また，社会福祉専門職には，自分の仕事が全体社会の中でどのような役割を果たすものなのかを把握できるようにする。しばしば社会福祉の発展過程は，福祉受給者に対するスティグマとの闘いの歴史であるといわれているが，そのスティグマの源には，人間と社会に対する偏見がある。社会科学的知識は人間と社会に対するより成熟した見方を提供し，人間と社会に対する偏見の余

地を狭める。

　自分の世界に対する過度な自負心は，偏見の一因になりやすい。年齢，学歴，職業，所得など社会経済的条件，特定宗教や宗派，思想に関する過度な自負は，必然的に自分と異なるものに対する無関心や無知を生み，それは偏見や非寛容的態度につながる。さらにそれは自らを自分の狭い空間に閉じ込めてしまい，自分の持つものの本質や意味さえも把握できなくする。社会学者リントン（Ralph Linton）が，「自分の文化しか知らない者は自分の文化を知らないはずである」と言ったのは，こうした危険性を警告した言葉である。

社会科学における学際的アプローチ

　社会科学は，社会現象に対する全体的認識科学である。その研究対象の社会現象は，人間と社会の交互作用の中に存在するものである。人間はさまざまな目的と意識をもつ存在であり，人間と社会との関係，人間間の関係全体を一つの学問で理解することは不可能である。したがって，社会福祉において隣接学問との協力は必然である。特定の研究目的を達成するために，ある学問が他の学問分野と協力することを学際的アプローチ（interdisciplinary approach）というが，社会科学分野においてはその重要性が増している。

　資源の分配，権力の分配と構造，社会の発展，人間の動機などの問題にそれぞれの関心を持っている経済学，政治学，社会学，心理学は，社会福祉の重要な隣接学問である。また，社会福祉学の中でも社会福祉援助技術論においては，その初期発展段階から精神医学の研究成果を大いに援用してきた。

　社会福祉分野における学際的アプローチが必要とされる領域は，社会の変化に伴って拡大の傾向にある。たとえば，高齢化の進行は老人福祉分野における新しい学際的アプローチを要求している。高齢者の社会参加を促進するためには，たとえば横断歩道の信号システムの改善が必要となるが，そのためには都市工学との協力が求められる。理想的老人住宅のモデルづくりのためには建築学との協力が，介護保障システムづくりのためには医学や看護学との協力が欠かせなくなる。老化の進行過程や老人関連問題を研究する老年学，そして家族学や女性学との協力も必要となる。

筆者はある天文学者から，天文学と歴史学という異質にみえる二つの学問の学際的アプローチの必要性について，次のような説明を受けたことがある。

> 歴史資料の中には天文現象に関する記録が多く残っている。○○年○月○日に日食や月食があったという類の記録である。しかし，その天文現象の観測場所は特定されていない場合もある。天文現象はきわめて規則正しいものであるので，スーパーコンピュータ等で逆追跡すると，その時のその天文現象が観測できた地域を特定することができる。多くの天文記録の分析を重ねていくと，記録に残っているすべての天文現象が観察できる地域を特定することが可能になる。その地点こそ観測場所である。こうした学際的アプローチは古代歴史上，国家間の領土境界の解明にも役立つという。

本書も社会福祉学と仏教学との学際的アプローチの一例になる。社会福祉はさまざまな生活問題に対処しながら歴史的に蓄積してきた知識と実践技術をもっているが，福祉資源の限界に直面している。一方，仏教は人間の苦痛の解決を可能とする多くの理念的資源を持っており，多くのマンパワーと福祉施設や自然資源も持っている。そうした資源は適切に活用されれば，福祉水準の向上にさらに寄与することが期待できる。

(2) 社会科学の特性

歴史科学

社会科学の研究対象である社会現象は常に変化しており，また無数の要因によって生成する。したがって，研究の範囲を設定することが難しく，たとえその範囲を設定したとしても，その範囲外の要因を完全に切り離すことができない。

たとえば，「社会福祉はどのような条件の下で拡充されるのか」を探求するとしよう。社会福祉の拡大をもたらす要因は実にさまざまである。サービス提供に必要な経済的条件，支持者を確保するための政治的利害関係，福祉当事者

の社会運動などが福祉の拡大をもたらす要因とされる。しかし,そうした諸要因は独立して存在するのではなく互いに深く関わっているので,ある要因を特定することは難しい。

社会科学は歴史科学とも呼ばれている。それは,ある社会現象について科学的探究を行い,一定の研究結果を得たとしても,それは現在の現象に関する研究結果ではなく,すでに過去の現象の研究になってしまうからである。

一方,社会科学で使われる専門用語は,社会の常識とされている場合が少なくなく,それによって常識と科学との混同が起こりやすい。それは社会科学の発展過程が,近代資本主義社会の発展と深く関わってきたことから生じる問題である。たとえば,経済学は近代資本主義の解剖もしくは批判のための科学,法学は近代資本主義の秩序維持のための科学として成立した。現在,われわれは経済や法律に関する常識がなければ社会生活ができないほどにまでなっているが,社会科学ではそうした常識的用語の多くが,科学的専門用語として使われている。

常識的説明に挑戦する学問

社会科学の出発点は,常識は事実と異なるかも知れないという問題意識である。社会科学は社会現象が何の因果関係を持たずに起こるのではなく,ある秩序と法則に沿って起こるという仮定に基づいている。

社会科学は,社会の発展はある神秘的原因によるのではなく,探求と分析を通じて発見できるある種の法則や秩序によるものであり,そうした法則性は論理的に立証できるという認識から出発する。このことから社会科学は,神秘に挑戦する学問といわれてきた。

イタリアの地域間発展格差を研究対象にし,社会資本(social capital)という概念を提示したパットナム(Robert Putnam)の著名な研究(河田潤一訳,2001)を例にしてみよう。[63] イタリアの北部は工業化と都市化が進み,市民文化も豊かである反面,南部は伝統的農業地域で,経済的にも政治的にも北部に比べて遅れている。一つの国家の中で,同一の制度と法の影響を受けてきたにもかかわらず,二つの地域間に格差が著しくなった原因は何か。

南部と北部の所得格差や教育水準の格差が社会発展の格差をもたらしたとは，常識的に考えられるものである。しかし，パットナムはそうした常識に挑戦した。厖大な資料の分析から，彼は南部と北部の地域間格差をもたらした決定要因が，「市民としての徳目」（civil virtue）の格差であることを論証した。その徳目とは，人間間の信頼，社会的活動への参加意志，正義感等といった社会資本であり，そうした徳目の強い地域が，より発展するというのが彼の結論である。たとえば，協同組合やサッカー・クラブの数が多いというのは，それだけ社会資本が豊富であることの証であり，そうではない地域よりは発展するということであった。こうしたすぐれた科学的研究結果は，常識への挑戦から生まれたのである。彼は次のように結論づけている（パットナム／河田潤一訳，2001：218〜219）。

> 水平型秩序の集団（たとえば，スポーツ・クラブ，協同組合，相互扶助協会，文化団体，自発的労組）の成員資格は良い政府と相関的であるに違いない……垂直型秩序の組織（たとえば，マフィアあるいはカトリック教会制度）の成員率は良い政府とは負の相関にあるはずだ。少なくともイタリアでは，最も敬虔なカトリック信徒において最も市民度が低い……イタリアにおける良き政府は，合唱団やサッカー・クラブの派生物であって，祈りの副産物ではないのだ。

立場と論争の科学

社会福祉を含む社会科学には，常に研究者の価値が介在する。高島善哉（1954：17）はピアノとヴァイオリンの喩でいうと，社会科学の研究は，ヴァイオリンの演奏に似ているといった。ピアノの場合，初めからその音階が与えられているが，ヴァイオリンの弾き手は，まず正しい音階を作り出すことから

---

(63) 社会資本とは，特定の個人が持っている特性ではなく「人と人との関係」に現れる特性であり，集団的に共有されるものである。人的資源（human capital）や物的資源（physical capital）とは，異なる第三の資本とも呼ばれている。その代表的なのは信頼（trust）である。信頼は人と人との協力を増進するのみならず，不要な契約によるコスト，監視と統制のコストを減らす効用を持つものである。自発的集いに積極的に参加すること，他人の好意にはお返しをするという互恵性の生活様式等も，社会資本の重要な構成要素である。

始めなければならないという。弾き手固有の基準音を持たなければ，ヴァイオリンの演奏ができなくなるのと同じように，社会科学者がある種の明確な立場を持っていなければ，研究そのものが成り立たないという意味である。

社会科学者がある社会現象に対して自分の明確な価値判断を提示することは，決して研究者の価値や主張を他人に強要するためではない。その真の目的は，その研究に接する者をして自らの立場を気づかせることである。新しい研究に接する者は，自分の立場がその研究者の立場と同じなのか，それとも異なるものなのかの，二つの立場の一つであることを気づかされるのである。

社会政策（広義の社会福祉に近い概念）を一つの独立学問として確立することに貢献した著名な学者ティトマス（Richard Titmuss）は，1967年，国際社会保障協会の総会で次のように述べている。

> 私は最初に自分の立場と価値観を明らかにする必要があると思う。そして，実際に私は学生たちの前でいつもそのようにしている。というのは，学生たちは私がどのような立場の者なのかを知る権利があり，また，それを知ることによって初めて私をよりよく批判することも反対意見を述べることもでき，自分の見解をまとめることもできると信じているからである。

ただ，注意しなければならないのは，研究を遂行していく過程においては，研究者はいつも科学的態度を堅持しなければならないということである。また自分と異なる立場，自分と対立する立場の者に対しても，立場の違いを理由に偏見を持ったり回避したりしてはならないことはいうまでもない。

（3） 社会科学における哲学

社会科学と価値の問題

社会科学は価値実現のための学問といわれている。それは，社会科学がさまざまな社会問題を解決するための努力の結果として発展してきたという，歴史的経緯と深く関わっている。したがって社会科学は，社会の現実の矛盾と葛藤

を解決するという実践的立場と，切り離しては考えられないものである。社会福祉も社会科学の一分野であるゆえ，社会福祉の諸価値を社会的に実現することを目指す。

人生は連続的選択の過程である。特定の目的を選択すること，あるいはその目的を達成するための手段を選択することにおいて，その選択に影響を与える考え方のかたまりを価値（value）という。価値の違いは選択の違いをもたらす。

さらに，価値というものは人間の認識方法にも強い影響を及ぼす。バスや地下鉄で高齢者に席を譲らない若者を見たときに，敬老という価値の持ち主であればそれを問題的状況として認識する。しかし，自立の価値を重んずる者であれば，それを問題とみない。

したがって，社会の中に生きている人間が社会科学の研究対象である社会現象を完全に，客観的に認識することは不可能である。多数の人々が共有する主観性を相互主観性（intersubjectivity）というが，われわれが客観性と呼んでいるものは，実はこの相互主観性のことを意味する。多数が相互主観性を共有すると，人間は自分の認識が主観的認識であるということに気づかなくなることがある。ベネディクト（Ruth Benedict）が，「われわれは自分がかけているメガネのレンズは見ていない」と指摘したのは，この意味においてである。

社会科学と研究者の価値問題を論議することにおいては，著名な社会学者ヴェーバー（Max Weber）の価値中立，没価値性の概念がしばしば言及される。ヴェーバーは社会学が科学として成り立つためには，価値から自由にならなければならないと主張した。しかし，ヴェーバーの主張は学問領域に対して政府が圧力を行使することもあった当時ドイツの状況の中で，学問外部の圧力から学問を保護するという考え方から出された主張であると受け止めることが妥当であろう。現実的に社会科学者の価値中立は不可能である。むしろ，社会科学者は明確な価値を持ち，それを基準にして社会現象を観察することが求められる。

哲学的立場とブッダの教え

　明確な立場をもって社会現象を観察するということは，どのようなものなのか。

　その社会現象の意味を判断するためには判断基準が必要であるが，その基準は人それぞれによって異なる。しかし，重要なのは研究者本人がまず自分の立場を明確にしないと，物事に対する判断そのものができないということである。その重要性を喚起する次のような孔子の教えがある。

　　子貢：善き人とはどのような人のことですか。村の人すべてがその人を好むと，
　　　　　その当人は善き人ですか。
　　孔子：そうではない。
　　子貢：それでは，村の人すべてが嫌う人，その当人が善き人ですか。
　　孔子：そうでもない。村の善き人々がすべて好く人であり，かつ村の悪き人々
　　　　　が嫌う人，その当人こそ善き人である（『論語』「子路編」の要約）。

　実は，以上のような価値判断的態度はブッダが生涯堅持していたものであった。物事に対するブッダの見方が社会科学的見方と類似していることについては次節で論議するが，ブッダは物事の判断においては，自分の立場を明らかにすることの大切さを説いた。ある時，ブッダの弟子コーカーリヤは，ブッダの大弟子であるサーリプッタとモッガラーナの二人に邪念があるとブッダに告げた。暴風雨の夜に，雨を避けるためにその二人は牧牛女と同じ洞窟の中に宿泊したということがその理由であったという。それに対して，ブッダはむしろその二人をかばい[64]，次のように説いている。

　　毀るべき人を誉め，誉むべき人を毀る者――彼は口によって禍をかさね，その禍
　　のゆえに福楽を受けることができない（『スッタニパータ』第3章10「コーカー
　　リヤ」658）。

---

(64) このことは，(1) ブッダは，教団内の異なった意見に対して寛容であった，(2) ブッダは他人を非難することを好まなかった，ということがわかるという（中村元の訳註）。

善き者を誉めることだけでなく，悪き者を誹ること，それこそ人間のやるべきことであるという教えである。単に人を非難しないこと，それが決して美徳ではないということを説いているのである。

哲学における二つの対立する立場

哲学においては二つの争点をめぐって，それぞれ二つの対立する見解がある。それは次の問いに対する答えと関わる。

第一に，世界とは何か，世界は何から成っているのか？
第二に，世界はどのように存在しているのか？

第一の争点をめぐっては，唯物論と観念論の対立がある。唯物論は物質的なもの，自然的存在，現実的存在を世界の根源として認識する考え方である。観念論ないし唯心論とは，神など超越的存在，霊魂や精神，意識など超自然的で非物質的な力によって世界が成り立っているとみる考え方であり，神話的世界観をベースにしている。観念論は精神や意識の能動性を重視する反面，唯物論は現実世界と客観的現実を重視する立場である。(65)

第二の争点，世界はどのように存在しているのかをめぐっては，形而上学的思考と弁証法的思考の対立がある。前者は物事を変わらないものと認識し，後者は物事が変化・発展するものと認識する。要するに，物事を不変的，独立的なものとしてみるのか，それとも変化するものとみるのかの対立である。

すべての存在は固定されておらず常に変化する（諸行無常），またすべての存在は独立しているのではなく，他の存在との関連の中で存在するという認識方法が，弁証法的認識方法である。それはすでに見た通り，ブッダの認識方法

---

(65) 唯物論は精神的なものを認めないとか，精神的なものの価値を認めず物質的なものの価値のみ認める立場であるとみなすのは誤解である。唯物論は「人間の精神的活動の前に，人間の身体とその一部である脳髄がなければならぬこと，さらにその前に地球など宇宙全体（あるいは物質的自然）がなければならぬことを主張するものであり，その基礎の上に人間の精神や意識の能動的働きの点に人間の特徴があることを認めている」（鰺坂真，1986：32）。唯物論も精神的なものの価値を重視しているのである。

そのものであり，それこそ物事を正確に把握するための正しい認識方法である。

弁証法的世界観の成立背景には 19 世紀の科学的発展があった。細胞の発見，進化論，そしてエネルギー転化の法則が否定できない事実として判明したことである。進化論は種が決して固定されたものではないということ，人間という存在もまた神によって創造されたのではなく，長期間の進化過程を経て人間になったことを証明した。また，細胞の発見は新陳代謝という新しい生命観を提示した。「一方ではたえず外の物質を取り入れ，他方で中の老廃物を排泄すること，つまり一方では死，一方では新しい細胞が生まれるという生と死の調和，生物が生きているということはたえず生と死が調和しているという考え方」（鰺坂真，1986：47）が弁証法を進めたのである。

社会科学における哲学的態度

仏教の基本的立場を以上の二つの哲学的争点の用語で表現すると，唯物論的世界観と弁証法的世界観とに集約することができると思われる。キリスト教の世界観はその正反対の世界観であり，観念論と形而上学的世界観になる。ここでは，筆者の哲学的立場も提示したい。筆者は社会福祉において，哲学的立場を持つことの重要性を強調してきた。1992 年から約 10 年間，講義教材として使っていた「社会福祉原論講義録」には，筆者の哲学的立場が次の三点として提示されている。

第一に，すべての社会現象は互いに関連しあっている。
第二に，すべての社会現象とそれを取り巻く環境，さらにその関わり方は常に変化する。
第三に，すべての社会現象の本質はその内在的特性にあらず，それが起こるコンテキストによって規定される。

以上の三つの立場は，社会現象を正確に観察することにおいて何よりも重要なことであると思われる。筆者は決して，仏教の認識方法を意識してそうした哲学的立場を堅持してきたわけではないが，それが，仏教的見方と完全に一致

している。

3．仏教の世界観

(1) 仏教に対する二つの関心

福祉資源の供給者としての仏教，認識方法としての仏教
　「仏教的」社会福祉のあり方に注目する者にとって，仏教に対する関心は二つあると思われる。その一つは，現実社会の福祉問題の解決に必要な重要な資源を持っている宗教集団としての仏教に対する関心である。仏教は多くの福祉資源を有しており，出家者と在家者など多数の人的資源のみならず，ブッダの教えを社会的に実現するためのさまざまな福祉実践の場——社会福祉施設や医療施設，教育施設など——を持っている。
　すべての宗教は宗教的教えに基づいて，援助を必要とする人々に福祉的援助を行ってきた。ただ，その実践が科学的・組織的に行われてきたのか否かによって，その援助の性格が宗教的慈善行為としてみなされることも，民間社会福祉活動として認められることもある。それは，宗教的教えを実現するための福祉活動が，どれほど科学的・組織的に行われるのかによるものであろう。
　しかし，「仏教的」社会福祉を論じることにおいて着目しなければならないもう一つの側面は，ブッダの教えに秘められている人間観・社会観の科学的性格である。つまり，仏教を社会と人間に対する一つの認識方法としてみることであり，それこそ仏教特有の長所といえるものである。
　これはブッダの教えが，社会福祉の対象になるさまざまな社会問題の原因に対する正しい理解を促進し，そうした社会問題に苦しまれている個人・集団・社会の問題解決能力を高め，問題の予防に貢献する重要な役割を果たすという側面である。ブッダの教えを正しく理解することは，社会福祉の研究や実践活動の質を高める大きな力になると確信する。
　すべての宗教，宗派は自分の宗教理念に基づいて，宗教的・福祉的実践を行っている。宗教間の違いはそれぞれの宗教がどのような世界観を持っている

のかによる。仏教の科学的世界観は，社会現象に対する正しい理解につながる。さらに，社会福祉実践過程における専門職の倫理的葛藤を最小限に留める役割も期待できる。

仏教の科学的世界観

仏教は，現実的実体を世界の根源とみる世界観を持っている。神話的説明ではなく，科学的説明である。

「神あるところに科学なし」，「神は科学の夜」という言葉があるように，神話的世界観は科学と両立し難い。唯物論か唯心論かという哲学的争点から考えれば，仏教の世界観は唯物論に近い。少なくともブッダの発見した真理は，無神論的であることには疑いの余地がない。形而上学的なのかそれとも弁証法的なのかというもう一つの哲学的争点からみると，仏教が弁証法的思考に基づいていることは明白である。

仏教は「東洋的ヒューマニズム」(孝橋正一，1968)，「歴史を超えて，しかも歴史の中に生きている根源的，具体的ヒューマニズム」(星野元豊・森竜吉，1957) とも表現されている。キリスト教は，人間を中心的位置において世界的秩序を説明しようとするヒューマニズムを排斥する。キリスト教の持つ神中心の世界観は，純粋な意味でのヒューマニズムとは両立し難い。

ブッダは神ではなく，人間の理想像である。初期仏教の時代から，仏教経典はブッダの言葉であるゆえに，尊厳であるという認識は希薄であった。[66] ブッダの言葉であるといっても，それは真理へと導く手段，つまり方便であり，真に重要なのは真理そのものであるという考え方である。キリスト教やイスラームの聖典は，イエスやモハマドを通じて啓示された神の言葉であるがゆえに尊厳であるとされていることとは対比される。ここに，仏教のヒューマニズム的性格が鮮明に表れている。

しかし，仏教の世界観が科学的であるということは，他の宗教に対する仏教

---

[66] このように主張できる論理的根拠の一つは，初期仏教が，ブッダを超人として描き始めた大乗仏教経典に対して，「それはブッダの言葉ではない，つまり仏説ではない」と批判しなかったという点である。この点については，次節で検討する。

の比較優位を意味するものではない。各宗教は，自分なりの福祉実践方式・文化を蓄積してきた。歴史的にみると，キリスト教は組織的慈善事業を先行的に行ってきており，現実社会においても，たとえばターミナルケアは，キリスト教のミッションに基づいた実践によって先導されているのである。

　ただ，筆者はブッダの教えを正しく理解し，その教えに基づいた正しい福祉実践を行い，ブッダの教えから社会福祉実践の原理を抽出し実践に適用していく努力を積み重ねていけば，それが宗教福祉のすばらしいモデルの一つになると確信している。

(2) 仏教的世界観

唯物論的認識

　前節で，世界観をめぐる二つの対立があることを指摘した。この二つの争点を中心に，仏教の世界観はそれぞれどの世界観により近いのかを検討してみよう。

　観念論は，神という超自然的存在が万物をつくり出すという考え方である。精神と意識が存在の根源であり，物質と自然は精神と意識から生成されたものとみなす。それに対して唯物論は物質と自然が根源的なものであり，精神や意識は人間の脳髄という物質からつくられるものとみなす。観念論は神話的世界観であり，キリスト教的世界観である。バラモン教の世界観も同様である。キリスト教の人間誕生説話によると，土で人間の形のものを作り，それに魂を吹き込むことによって，神が人間を創造した。その魂はむろん物質ではない。しかし，その見えざる霊魂が人間の身体に入り込むことによって初めて，人間が誕生したというのが神話的世界観である。

　社会科学的思考は唯物論的思考から始まると思われる。それは根本的に哲学の問題であるが，仏的福祉を議論することにおいてもきわめて重要である。なぜなら，それは社会福祉が解決しようとする社会問題が現実社会の問題であり，したがってそれがなぜ発生するのかをめぐる論議においては，人間観と社会観が避けて通れない問題になるからである。

科学的世界観は神話的世界観からの決別によって始まった。その主体は古代ギリシャのミレトス学派の哲学者たちであった。その一人ターレスは,「万物のアルケ（arche）は水である」と主張した。アルケとは根源のことである。つまり,万物は水という存在があるからこそ存在すると宣言したのである。

　彼は超自然的で非物質的なあるものによって万物がつくられたという当時の常識に追従することなく,人間の目で確認できる客観的条件,自然界から万物の根源を求めた。ターレスを含むミレトス学派の人々は水,土,火,空気などから万物の根源を説明しようとしたが,それは神話的説明から脱皮しようとする試みであった。

　仏教は無神論的立場にあるので,仏教的思考が観念論（唯心論）的ではないということは明らかである。しかし,だからといって仏教が唯物論的考え方に立脚していると断定することにはならないかも知れない。唯物論は「有」の前提の上に成り立つ見方である反面,仏教,とくに大乗仏教では,「有と無を超越した空」という性格の真理を重視しているからである。現在存在するすべての物事は本来,実体のないものであるということは仏教の真理である。[67]

　しかし,一時的とはいえ現実世界で存在するある物事に対する仏教の見方は唯物論的であるといえる。初期仏教の思想を一言で表現すると「形而上学の否定と現実の直視」（三枝充悳,1978）となるが,とくに初期仏教の教えはそうである。

「一切唯心造」の世界観

　仏教の世界観を哲学的争点と関連づけて解明を試みることは意義深いことである。しかし,仏教の世界観は必ずしも正しく理解されているとは限らない。「仏教の考え方はどちらかといえば唯心論（観念論）に近く,仏教と科学は両立が難しい」（ひろさちや,2006）という見解があるが,納得し難いものである。

---

(67) 最初に大乗という名前を前面に出したのは『般若経』であるが,『般若経』が「空」に執着した理由が,当時インド仏教の多くの部派の中でも最も大きい勢力を持っていた「説一切有部」の主張する「有」を強く意識したからである（森章司,2001：137）と指摘されている。このような経緯から,大乗仏教の空が,部派仏教の教理体系を否定するために作られた概念であるという主張が提起されていると思われる。

もし，仏教が唯心論に立脚しているという誤解があるとしたら，それは本章で論議してきた唯心論と，仏教の重要な教えの一つである「一切唯心造」という二つの考え方を混同していることに，その原因があるかも知れない。しかし，この二つの考え方は全く別個のものであり，一切唯心造の教えは唯物論と矛盾しない。

　一切唯心造とは，すべては心から生じるという教えであり，覚った者の観点から世界をみる『華厳経』の根本教理として知られている。その教えについては，新羅の僧侶，元暁の一話がたびたび引用される。元暁が修学のために唐に向かう途中，暗い夜中に水を飲んだが，朝になってそれは人間の頭蓋骨に溜まっていた水であったことがわかった。それでその水に対する思いが大きく変わったので，「本来の物事には清らかさとか汚れというものがついているわけではなく，ただ人間の心がそうした分別を生み出している」ことを悟り，留学を断念して戻ってきた，という話である。

　しかし，仏教の一切唯心造の教えを，すべての物事が心によって「つくられる」ことを意味すると解釈することは誤りである。唯物論とは，心というものには人間の身体と脳という存在が前提されているという説明であり，その前提の下で，心の働きや力を重視する見方であることについてはすでに指摘した通りである。

仏教的世界観の実践的意味

　仏教が唯物論的認識の上に立っていることは，仏教の社会的実践運動にもきわめて重要な意味を与えている。というのは，たとえば仏教的平和運動の出発点は，「万物の根源は物質であり，したがって，物質は大切にそして平和に使わなければならない」という認識であると思うからである。筆者は，仏教の茶道の本質とは，勢いよくわき出る泉の辺にいても，一滴の水さえ無駄にせず大切にする心を育むことであるとみている。

　われわれは，物質や金銭を過度に追い求めることを「物質万能主義」「拝金主義」といって非難したりする。しかし，その言葉にはあたかも，物質や金銭が善くないものであるかのようなニュアンスがある。物質そのものは人間に

とって必要なものであり，非難に値しないはずである。もし問題があるというなら，物質のみに執着する人間にある。人間は自分の過ちを物質のせいにしていて，いわば物質が人間の犠牲のヤギ（scape goat）になっている有り様である。祭壇にささげられるヤギは，ある種の罪によって殺されたわけではない。罪を犯した者，あるいは罪の意識を持っている者は人間であり，その罪の赦免に必要とされヤギが殺されるのである。言葉通りに，贖罪のヤギである。人間は物質を犠牲にすることによって，物質だけを追い求める人間の誤った姿勢を覆い隠そうとしているのではないか。

　人間の身体を含む物質に執着しないこと，というのは仏教の教えの一つである。その教えと物質を大切にすることとは決して矛盾するものではない。「出家者にとって身体はいとしいものでないとしながらも，身体に愛着する理由は何か」というミリンダ王の質問に対するナーガセーナ比丘の答えは，この点を明らかにしている。

　　ナーガセーナ：大王よ，あなたはいつどこかの戦いに臨んだとき，矢にあたったことがありますか？
　　ミリンダ王：尊者よ，そうです。あります。
　　ナーガセーナ：大王よ，その傷痕に膏を塗り，油を塗り，柔らかい繃帯を巻きましたか？
　　ミリンダ王：尊者よ，そうです。
　　ナーガセーナ：大王よ，膏を塗り，油を塗り，柔らかい繃帯を巻いたことからみると，傷痕があなたにとっていとしいものなのですか？
　　ミリンダ王：尊者よ，わたしにとって傷痕がいとしいのではありません。そこの肉がもり上がるために，膏を塗り，油を塗り，柔らかい繃帯を巻くのです。
　　ナーガセーナ：大王よ，それと同様に，出家者にとって身体はいとしいものではありません。出家者は＜身に＞執着しないけれども，清浄なる修行を助成するために，身体を保護するのです。大王よ，実に尊き師は「身体は傷痕のようなものだ」と説かれました。それ故に出家者は＜身に＞執着しないけれども，身体をあたかも傷痕のように保護するのです（『ミリンダ王の問い』第

1編第6章。下線部は引用者）。

（3） 社会現象の生成・発展に関する仏教の考え方

諸行無常という弁証法的考え方

　形而上学的思考とは、物事が独立して存在し、変化しないという見方である。弁証法的考え方は、物事は固定されておらず、運動・変化・発展するという見方である。

　形而上学的考え方によっては、社会現象の本質を正しく見ることが難しい。「刻舟求剣」という言葉がある。舟の上から剣を川に落とした者が、それを落とした舟の上の場所に印をつけるという愚かな行為のことである。これは、物事が変化していることに気づかない愚かさを警告したことに他ならない。

　ギリシャの哲学者、ヘラクレイトスは最初の弁証法哲学者として知られている。彼は万物は流転するといい、いかなる者も同じ川に二度入ることができないと主張した。川は常に流れて（変化して）いるからであり、人も微々たるものながら常に変化するからである。

　すべての物事の変化性を説いた諸行無常は、ブッダの核心的教理の一つである[68]。社会科学が歴史科学と呼ばれている理由は、諸行無常の教えによって説明できる。ブッダは、五蘊（色受想行識）は常に変化するもの（無常）であり、変化するものは苦であり、苦であることは無我であると説いた。変化するものを変化しないものと信じ込み、それに執着心を持つことから苦が発生する。「我」は常に変化している。だから、ある瞬間にこれは我であると思っても、実は我でないゆえ無我となるのである。『ダンマパダ』（62）は次のように説く。

　　私には子どもがいる、財産もある、と人は悩む。
　　しかし、彼自身もすでに彼自身ではない。子どもが自分のものといえるのか。

---

[68] ある仏教学者の調べによると、漢文やパーリ語の仏教経典の中で、「無常・苦・無我説」に関する教説は302回、「四聖諦」は498回、「縁起説」は180回なされているので、この三つの教説を「三大教説」といえるという（森章司, 2001）。

財産は自分のものといえるのか。

物事の全体性に関する認識
　仏教の縁起論は，多くの社会現象や問題がそれぞれ独立して起こるのではなく，無数の関係の中で起こるという見方である。また，物事を部分的にみることは，その物事の本質を見ることではないとされる。『ジャータカ』（「キンスカの木」中村元・増谷文雄，1988：63～65）には次のような説話が紹介されている。

　　バーナーラシーの王には四人の王子がいた。彼らはキンスカの木を見たことがなかったので，ある年よりの御者に頼んで，その木のあるところまで連れて行っていただくことにした。その御者は王子らの提案には応じたが，自分の馬車には自分以外に一人しか乗れないという事情があり，また大変忙しいという事情もあり，都合のつく時に一人ずつ森へ案内することとなった。
　　第一の王子が案内されたのは，その木はちょうど芽を吹いている時だった。
　　第二の王子が案内された時には，若葉が盛んに茂っていた。
　　第三の王子が案内された時には，まるで人の手のひらのような花の咲くころであった。
　　第四の王子がその木の所に行ったのは，もう実がたくさんついているころであった。
　　その後，四人はその木について話し合った。四人は自分の意見を固く言い張って譲らなかったので，父王のところへ行き，意見を求めた。王は次のように言った。
　　「みんなは確かにキンスカの木を見たのだ。でも，その見せてもらった時，それはキンスカのどんな時の姿なのか，時期によってどのように違うものなのかをどうしてしっかり聞いておかなかったのだ……目の前のことだけを見て帰るから，部分的なことしか分からず，キンスカについて完全な知識が得られないのだ。キンスカばかりではない。物事はみんな，あらゆる自分の知恵を絞って，完全な形でとらえたり考えたりしなければならないのだ」（下線部は引用者）。

ドイツの哲学者ヘーゲル（F. Hegel）は，物事のある一側面だけを見ることは，たとえその一面が事実であっても，誤りであるといった。事実か誤りかの問題は，ある物事を全体的に見るのかそれとも部分的に見るのかの問題なのである。

形而上学的問題に対する沈黙の教え

ブッダは，宇宙は有限か無限か，如来は死後にも存在するのか否かといった形而上学的問題に対しては沈黙した。答えないという態度をもって答えにしたのである。これを無記の教えという。

無記とは無言（沈黙）の答えを意味することもあり，善か悪か確かではない性質のものをいうこともある。霊魂と身体は一つなのか別個なのかなどの形而上学的質問の内容は，10難無記，14難無記と呼ばれる[69]。その答えが得られても現実の苦痛の解決に役立たない問題に対しては，無理に説明しようとしなかったのである。つまり，世界が常住（永遠）してもしなくても，それは清浄たる修行を行うこととは無関係であるというのがブッダの立場であった。そうした問題に悩まされることこそ煩悩であるとされた。その教えは毒矢の喩えで説かれた。

ブッダの弟子マールンキャープッタは，世界は永遠か否か，有限か否か，生命と身体は同一か否か，如来は死後存在するか否か等々の問題について，ブッダから一度も説かれたことがないといい，それらの問いにブッダの明確な答えがなければ，修学を放棄して，世俗の生活に戻ると申し出たが，ブッダは次のように答えている。

> マールンキャープッタよ，たとえばある人が毒を厚く塗った矢で射られたとしよう。かれの友人や同僚や親戚の者たちが医者に手当をさせようとしたとしよう。

---

[69]「10難無記」の内容は次の通りである。「世界は有限か，世界は無限か，生命と身体は一体なのか，生命と身体は別個なのか，如来は死後存在するのか，死後存在しないのか，……」などである。

もしかれが,「わたしを射たものがクシャトリア階級の者か,バラモン階級のものか,ヴァイシャ階級の者か,シュードラ階級の者かが知られないうちは,わたしは矢を抜かない」といったら,「わたしを射たものの肌色,出身地域,弓の種類,弓の弦の種類,塗られた毒の種類はなにか……,それが知られないうちは矢を抜かない」といったら,その人はそれを知らないうちに死んでしまうのであろう。

それとまったく同じように,「世界は永遠か否か,有限か否か,生命と身体は同一か否か,如来は死後存在するか否か……等について世尊がわたしに説かないうちは,わたしは修行しない」という人がおれば,世尊によって説かれないままに,その人は死んでしまうのであろう。

世界は永遠でも永遠でなくても,有限でも有限でなくても……生があり,老いることがあり,死があり,憂い,苦痛,嘆き,悩み,憾え,がある。わたしは現実にそれらを制圧することを説く。わたしは四諦を説く。なぜわたしは四諦を説くのか。それは目的にかない,清らかな行いの初歩であり,世俗的なものを厭離すること,情欲から離れること,煩悩を消滅すること,心の平静,すぐれた智慧,正しいさとり,涅槃のために役に立つ。それゆえわたしはそれを説くのである。

それゆえマールンキャープッタよ,わたしが説かなかったことは説かなかったこととして了解しなさい。わたしが説いたことは説いたこととして了解しなさい(『中部経典』第63経「箭喩経」の要約)。

ブッダの沈黙の意味については,二つの解釈がなされているようである。一つは,前記の通りの見解であり,ブッダはその答えを出してもそれが正しい生活に役立たないゆえ沈黙したという見解である。この問題は,現代哲学の問題でもある。[70]

(70) 中村元(1988)は,この問題が哲学の現代的問題設定であるということを,ヴィトゲンシュタインの次のような言葉を引用して,主張している。「哲学の諸問題は実に言語に対する誤解の産物である。それらは真摯な問いではないので,そうした問題等に対して真摯に答える必要はない。それらは本来無意味な問題である。そうした哲学的諸問題を解き明かすことではなく,それらを消すことである」。つまり,哲学の任務は,人々が形而上学的問題に関していうとき,それが無意味のことであることを指摘することであるという立場である。

もう一つの解釈は，こうした問題に対してはブッダも不可知であったというものである。いかなる者も真理のすべてのことを知ることは不可能であり，ブッダもそうであったということである（Stcherbatsky／金岡秀友訳，1957）。

　実際に初期経典には，矛盾するブッダの二つの態度がともに表れている。当時の仏教徒の思いを推測してみれば，それはどちらでもかまわない，という立場であったと思われる。いずれにせよ現実とは無関係の問題であるからである。ブッダの関心は現実的問題の解決であったが，そうした態度は当時の仏教徒にも浸透していたようである。

（4）　現実社会を諦念すること

諦念と寛容性

　日常生活の中で，諦念する，諦めるという言葉は，思いを止める，放棄する，断念するという意味として使われることがある。それゆえこの言葉には，ある種の消極的響きがある。しかし，その本来の意味は，ブッダが説いた四諦の「諦」の意味である。日本の辞書によっても，諦念とは「道理をさとる心。また，あきらめの気持ち」（『広辞苑』），「道理をわきまえてさとった心。また，あきらめの心」（『学研国語大辞典』）とあって，その第一意は四諦の諦の意味になっている。

　四（聖）諦とは，四つの聖なる真理のことであり，人間の問題とその解決方法に関する真理である。それは人間と社会をあるがまま見ることを意味する。あるがままに見て，あるがままに受け入れることが諦の本質である。

　世上を正しく理解するためには，世上を諦念することが必要である。自分の思いや欲望と関わりなく物事が存在していること，他人の思いや行動は自分の思うままにならないこと，社会の原理も自分の欲通りに動くことではないという事実を自覚し，それを謙虚に受け入れること，それが諦念，諦めることの本来の意味である。

　インド社会において，ブッダの教えは革命的であったといわれている。出生によって一生が定められる社会を拒否し，さらにサンガ共同体の実践を通じて

バラモン的社会秩序に対抗したことから得られた評判である。しかし，当時革命的であったとされるブッダの教えが，すぐにインドの民衆に受け入れられたとは考えられない。長い社会的経験から形成された人々の慣習は，簡単には変わるものではない。新しい何かに対して，人間もコミュニティもそれに対抗することはむしろ自然なことである。

人々の古い慣習の中には，新しいブッダの教えとは本質的に背馳する慣習もあり，もしそうした慣習をそのまま認めるならば，それは法の伝播の放棄になるので妥協する余地がない。しかし，すべての社会慣習がブッダの法と両立不可能であったとはいえない。仏教と両立の余地ありと判断された慣習的行為に対しては，ブッダはそれを受容する柔軟な態度を示した。そうした受容は一つの方便的な意味を持っていたのであろうが，そうした姿勢の根底には，人々の慣習や思いを尊重する態度，人々の生き方を理解しようとするブッダの態度があったと思われる。

新しい教えの浸透には時間がかかる。ブッダサンガに多くの若者が入門するようになると，彼らの親たちは，ブッダが自分たちの子どもを奪い取っていると受けとめ，反発した。ブッダは，親たちのそうした反発の鎮静には時間がかかるものという態度を示していた。

ブッダのこうした諦念的態度は法の伝播過程において葛藤を最小限度に留め，法の伝播に力を集中することを可能にしたと考えられる。こうした寛容的態度は，仏教の歴史的伝播過程においても引き継がれた。仏教は中国では道教を融合するような姿を見せ，日本においてもシャーマニズムと融合する場合があった。

諦念の智慧

人々の考え方，生活の仕方には，それを変えることに時間がかかるものとそうでもないものとがある。変化に時間がかかるものの場合，時を待つという智慧，つまり諦めの智慧が必要である。『ジャータカ』に登場する「くしゃみの迷信」の一話をみてみよう。

ある日，釈尊が説法をしているとき，話の途中で釈尊がくしゃみをしたが，

弟子たちは慌てて，みんな大声で「お釈迦さま，ご長命」と叫んだ。当時その地方では，くしゃみをする人に「長命，長命」と叫ばなければ，その人は死ぬという言い伝えがあったという。それに対するブッダの言葉は次のようなものであった。

> ブッダは言った，「言い伝えだとはいえ，ばかな言い伝えはやめなければなりません。迷信になんの益もありません。今後，長命などというのはやめなさい」と。
> それ以降，釈尊の弟子たちはそれをやめるようになった。
> ところが，世間の人には評判が悪かった。「古い言い伝えを破るなんて，けしからん」と言うのである。釈尊の弟子たちは，これには困った。それである日，釈尊に申し出た。
> 「世間の人たちは納得しません。くしゃみの言い伝えを信じきっております」。
> それを聞くと，釈尊は優しい笑みを浮かべて言った。
> 「そうか。世の中の人たちは縁起を担ぎたがるものだ。そうか。それではお前たちも，世間の人たちの前では，その風習に合わせてもよろしい」（「くしゃみの迷信」中村元・増谷文雄，1988：199〜209の要約）。

この場面は，他人は自分と異なるということ，自分とは異なる考え方を持っているという事実を，あるがままに受け入れるブッダの諦念的態度が示されていて，またそれが寛容の態度として現れている。

初期仏教の寛容性について

自分とは異なる考え方をあるがままに受け入れるブッダの諦念的態度，寛容的態度は，初期仏教のサンガにも一つの文化として定着していたと推測される。というのは，第3章で検討したように，大乗仏教の生成の際に，初期仏教が当時新しく台頭していた大乗仏教に対して示した態度が，きわめて寛容的であったからである。

大乗仏教は，ブッダ入滅約500年後に現れた。初期仏教以降に成立した部派

仏教は，大衆からかけ離れて，きわめて難解な教説に没頭する傾向があった。それに対して，ブッダに立ち返ろうという運動が起こったが，その主導者たちは部派仏教のことを，小さい乗り物の仏教，つまり小乗仏教と非難し，自分の仏教は多数の人々を救済する大きな乗り物の仏教，つまり大乗仏教であると主張した。[71] 大乗仏教の経典はすべて，ブッダが説いた（仏説）という形式を取っているが，ブッダの直説ではないということは一般的見解である。大乗仏教経典は自分の経典こそ最高のものであると主張する傾向があるが，誰によって作られたのか，どのような経緯で作られたのかについては知られていない。経典の著者が自分の名前を明かさなかったのである。それによって，大乗仏教経典がブッダの教えを記録した「経」なのか，それともブッダの教えに註釈を付け加えて解釈した「論」なのかが不明確になったとの理由で批判されることもある。

　ところが，ここで注目したいのは，大乗仏教に対する部派仏教の態度である。新興仏教の大乗仏教によって部派仏教は「小乗」と貶されたが，しかし，部派仏教は大乗仏教の経典に対して，「仏説ではない」という理由で非難することはなかったのである（三枝充悳，2004：45；高崎直道，1985；森章司，2001）。

　そのような経緯で，大乗非仏説論は当時新興仏教であり，弱小の宗派であった大乗仏教が，自分の教理も仏説であるという主張を繰り広げるために，「部派仏教側が大乗非仏説を理由に自分たちを非難している」という話を作り出した可能性があると指摘されている。つまり，大乗非仏説論は，大乗仏教の「自己弁明」であったということである。[72] むろん，大乗非仏説論というものが，大乗仏教経典の中での優劣を議論することから始まったという事情の考慮も必要である。しかし，仏説・非仏説の論議においては，何よりもこの問題をどうみ

---

(71) 小乗仏教という用語は，大乗仏教側が作り出した差別的用語であるので，この用語をそのまま使うことは望ましくない。ただ，ここで指摘しておきたいことは，小乗仏教と批判されたのは部派仏教の一部であった。インドではそうした限定された意味において使われていたという。しかし，大乗仏教が圧倒的であった中国等においては，大乗仏教以前のすべての仏教が小乗仏教と決めつけられる傾向があった。したがって，部派仏教全体を小乗仏教ということ，さらにそれに初期仏教までも含めて小乗仏教と称することは，差別用語以前の問題であり，事実においても明白な誤りである。

(72) このような解釈をしている研究としては，高崎直道（1985：13），権オミン（2009：124）の研究がある。

るかが論議されなければならないと思われる。[73]

　小乗と貶された部派仏教の宗派たちが，大乗仏教の内容に対して，大乗非仏説と批判しなかったことは，部派仏教が大乗仏教を完全に無視していたことの反映であると解釈することも可能であるが，大乗仏教の教説を，ブッダの教えと等しいもう一つの教えとして認めていたことを意味するとも解釈できる。自分の仏教を小乗と貶した大乗仏教に対して，非難しかえすかわりに，大乗仏教の教えを認めた寛容的態度はどう説明すべきなのか。

　それは，ブッダの諦念的態度，寛容的態度が初期仏教以降，仏教教団の一つの文化として定着していたことの証しであると解釈してよいのではないか。こうした態度こそブッダの教えを実践する態度に他ならないのであり，これはブッダの寛容的態度が初期仏教以降，尊重されていたことを反映しているものである。

4．現代の社会問題と仏教

社会構造的問題と仏教

　ブッダが生活に苦しんでいる衆生の救済に尽力したことは事実であるが，その苦痛の原因を，主に社会構造から求めたわけではない。ブッダの第一の関心は，正しい生き方を実現することにあった。正しい生き方がより多くの人々によって体現されるとき，よりよい社会の実現があるとされたのである。

　現代仏教がブッダの教えを継承していることはいうまでもないが，しかし，現代社会の諸問題は，ブッダ時代のインド社会の問題とは比較できないほど複雑になり，構造的問題化し，またグローバル化している。したがって，現代社会において仏教界が福祉事業に携わるとすると，社会問題の構造的原因を分析し，理解する能力を備えることが不可欠になる。たとえば，非正規職の問題，経済状況による自殺の増加，ワーキングプアーの問題等に対処していくために

---

(73)　この問題に対する立場を明らかにせず大乗非仏説論を議論することは，初期仏教の寛容性に関する誤解を招きかねないと思われる。大乗非仏説論を認めている論議には，「なぜ部派仏教経典には大乗非仏説論の内容がなく，大乗仏教経典のみが大乗非仏説論を言及しているのか」という核心的問いが欠けている。

は，国内の経済構造，グローバルな新自由主義的政策の潮流等を理解することが必要である。少子高齢化とその影響についても，社会経済的分析だけでなく，文化的側面からの分析も必要とする。仏教界には社会問題の国内外の原因とその関連性に関する認識と知識を備えること，一言でいえば社会科学的実力を備えることが求められるのである。

そのためには，社会福祉と関わる国内のさまざまな問題にだけでなく，グローバルなコンテキストで起きている諸問題に対して，仏教的観点から，その意味などを一つひとつ解釈していくことが重要である。それは，外部世界と対話する仏教の能力を高めることである。

儒教的世界観，バラモン的世界観の克服

東アジア地域には歴史的に仏教の影響力が強い。また，社会現象に対する仏教本来の見方は科学的なものである。にもかかわらず，物事に対する仏教的な見方が東アジアに浸透しているとは思えない。

社会科学的認識方法，仏教的認識方法が社会に幅広く普及していない理由を仏教の外部から求めると，まず儒教的世界観の影響力がある。儒教本来の世界観，つまり孔子の思想としての儒教ではなく，3世紀を前後して変質した，統治理念としての儒教の影響のことである。儒教的世界観は，人間関係の変化を望ましいものとみなさない。

中国，日本，韓国には儒教的世界観の影響が強く残っている。統治理念としての儒教の教えによると，人間と人間がある関係で結ばれると，その関係は不変であるのが望ましく，それを変えようとすることは人間倫理に反することであるとされた。人間は家系の中で生まれ，家系によって期待される役割が定められる。もし，その定めを拒否すると，それは社会秩序を乱す行為として許されざるものとされた。

こうした考え方を支配イデオロギーと表現するのは，それが自然発生的に形成されたのではなく，身分社会を維持するために，人間関係を固着的にみる考え方を国民に強要した，意図的教育の結果であるからである。

日本には，家臣が主君のために命を捧げた忠臣蔵の話が社会に広く知られて

いる。幕府体制からみるとその物語はきわめて都合のよいものであり，固定的身分関係で結ばれた社会を守り，さらにそうした倫理を大衆に植えつけることに最適の教育材料であったことは疑いの余地のないことである。支配階層によって讃えられたのは，自分の信念のために命を捨てるという事実そのものではなかった。江戸時代には多数のキリスト教徒も自分の信念を守り抜いて殉教したのである。幕府体制が忠臣蔵のような死に方とキリスト教徒の殉教に対して全く異なる扱いをしたのは，忠臣蔵の話が社会秩序の維持に役立つものであったからである。

　三綱五倫的生活方式・文化は，いわゆる上部構造文化と呼ばれるもので，社会的支配関係を強化するためのものであり，真の文化というよりは，飾りの文化のようなものである（朴光駿, 2004b）。しかし，現実的にみると，社会関係を固着的にみる考え方が社会に根強く残っていることを否定することはできない。それが，すべての物事や現象は常に変化するという仏教的な見方，社会科学的な見方の定着を妨げていると思われる。

　実に，こうした儒教的世界観は，ブッダがその打破に尽力したバラモン的世界観と同類のものである。出生によって生涯が決定される社会，そうした社会を維持するために支配者たちが動員したイデオロギーにブッダが徹底的に抵抗し，その代案を社会に提示したことの意味を鑑みなければならない。

---

(74)　49頁の註（22）参照。

第5章 「ブッダの福祉思想」論議の基礎

1．ブッダの思想と社会福祉との接点

ブッダの福祉思想とは

　思想とは「一連の判断と推理から生み出された一定の見解」(朴光駿，2004a：14) のことである。社会福祉思想は社会福祉とは何かをめぐる思想のことであり，より具体的にいえば，理想的な社会福祉のあり方は何か，問題を抱えている人間を援助する最も理想的な方法は何か，その援助に伴う費用のまかない方はどのような形が望ましいのか，などの問題に対する一定の見解のことになる。

　したがって，本書のテーマである「ブッダの福祉思想」の意味は，社会福祉に対するブッダの一貫した考え方や見解のことということになる。社会福祉の主要対象問題である貧困や人間差別といった問題は人類の歴史とともに常に存在していて，ブッダの時代にはむしろ，現代社会とは比較できないほど深刻であった。人間の苦痛から自由になる道を示すこと，それがブッダの出家の問題意識であったことは前記した通りである。

　ところが，深刻な福祉問題の蔓延にもかかわらず，当時のインド社会には，現代社会でいう社会福祉制度や福祉サービスシステムが存在していなかった。したがって，ブッダがそうした制度について一定の見解を示したこともないはずである。しかし，多くの研究者たちが仏教と社会福祉の融合可能性を論議してきたし，筆者もそれを大いに認める立場にある。こうした立場は，ブッダの教えには現代社会における社会福祉の原理ともいえる内容，社会科学的見方ともいえる，物事に対する解明論理が含まれているという認識のうえに立っているのである。

　それでは，社会福祉とブッダの思想の間には具体的にどのような接点があるのか。ブッダの福祉思想を論議するということは，ブッダの思想と社会福祉と

の接点をその前提としているので，その接点たるポイントを明らかにすることが必要である。

第一の接点：正しい人間観

　仏教と社会福祉の融合可能性を論議しようとする者がまず認識すべきは，社会福祉とブッダの思想との接点は限定的であるという事実である。限定的であるという意味は二つである。まず，仏教からみたとき，社会福祉は仏教の第一の関心事でないはずであり，それゆえ仏教のすべての教えが社会福祉と関わっているわけではないという意味である。したがって厖大な仏教の教えから，社会福祉と関わっている内容を抽出して論議することが求められる。もう一つの意味は，社会福祉と関わるブッダの思想・教えがあるといっても，それが社会福祉の全領域に対してある種の接点を持っているのではなく，その接点は社会福祉の特定分野に限るということである。この場合，社会福祉との接点は次の二点にある。

　第一の接点は，社会福祉の対象問題である人間の苦痛のとらえ方と関わる。現代社会における代表的な福祉問題といえば，現実問題としての貧困，社会文化としての人間差別や福祉受給者に対する偏見などがあげられる。前者の貧困問題に取り組むためには，その原因に対する社会経済構造的分析やグローバリゼーションといった世界的流れの影響の分析なども欠かせなくなるが，ブッダは当時の貧困問題に対して，たとえその根底に理不尽な身分制度があるということを鋭く見抜いていたとはいえ，社会構造的分析に基づいた一定の見解を示しているわけではない。ブッダの優先的関心事は，より宗教的な問題にあったことであろう。しかし，後者の問題，つまり人間差別問題に対しては，ブッダは現代の社会科学的分析にも劣らないような鋭いかつ正しい見方を示しており，その点にブッダの思想と社会福祉の重要な接点がある。ブッダはいかなる境遇に置かれている人間も決して差別されてはならないという教えを説き，人間平等の実現を目指した共同体生活を通じて，実践をもって示したのである。

　以上の事情を考慮すれば，ブッダの思想と社会福祉の接点は，貧困問題の解決といった現実的問題の領域にあるというよりは，正しい人間観というところ

にあると判断される。正しい児童観，障害者観，老人観，生死観などが，それぞれ児童福祉，障害者福祉，高齢者福祉，ターミナルケアなどの社会福祉分野において，大前提になるということはいうまでもない。

第二の接点：社会サービスの領域

　第二の接点は，社会福祉を実現するための手段と関わっている。社会福祉の構成要素はおおむね社会保険制度，公的扶助制度，社会福祉サービスの三つに区分することができる。その中で，社会保険と公的扶助は国家がその主体になって全国一斉に行うものであり，そうした社会制度はブッダ時代には全く存在しなかった。その時代の誰もが社会保険のような制度を想定することはできなかったし，ブッダもその例外ではなく，それに対する見解は示しようもなかったのである。したがって，この領域とブッダの思想との接点は，ほとんど認められない。仏教的社会保険とか仏教的公的扶助といった言い方はなじまないものである。

　しかし，三番目の構成要素の社会サービスは，ブッダの思想との接点が認められる領域である。社会サービスは高齢者や障害者など，主に援助を必要とする人々を支えるサービスやケアシステムのことである。といっても，あくまでそれは「社会的」サービスであり，ケアのすべてを個人や家族に頼るのであれば社会サービスシステムとはいえない。しかし，現代の福祉サービスシステムにおいて，個人や家族のサービスが，社会サービスの一部として盛り込まれているのも事実である。つまり，個人・家族・隣人による非公式サービスは，国・自治体による公的サービス，民間組織による組織的な形のサービスと一体になって共存する際に，言い換えれば福祉ミックス（welfare mix）の一翼を担う際に，初めて社会サービスシステムの構成要素になるのである。

　ブッダの時代に，現代社会でいう社会サービスシステムがあったわけではない。しかし，社会サービスへのニーズは普遍的なものであり，それゆえ大半の人々がそうしたニーズを持っていたが，それに対しては，ブッダサンガのレベルで，できるだけ組織的に対処しようとしていたことは仏教経典から確認できる。そうした組織的な対応に，ブッダの思想と社会福祉の接点がある。臨終者の

理想的態度についても，ブッダ自らがそのモデルたるものを示しており，それは現代社会のターミナルケアの領域に多くの示唆を与えている。

接点を論議するための基礎知識

本章はブッダの福祉思想，仏教的社会福祉を論議するための基礎として，社会福祉分野の知識や論議をまとめたものである。

まず，論議の大前提として，社会福祉の概念を紹介し，社会福祉制度と関連制度との関係を説明する。また，仏教を含む宗教的な福祉実践が注目されるようになった背景を，社会福祉のとらえ方をめぐる三つの傾向を中心に略述する。

第3節においては，社会福祉の公・私関係，つまり公的社会福祉と民間福祉との関係を中心に述べる。というのは，民間社会福祉の一形態である宗教福祉を論議するためには，民間主体の福祉活動の意味を，公的福祉との関わりの中から把握することが不可欠になるからである。社会福祉の主体は大きく分けて四つに区分することができるが，国家の福祉体制はそれぞれの主体の組み合わせ，つまり福祉ミックスによって決まるのである。

第4節においては，民間福祉の概念，とくに宗教的慈善と宗教的福祉との違いは何かを述べ，第5節においては，宗教社会福祉の概念と宗教社会福祉における倫理的葛藤について述べる。

2．社会福祉の概念と理念

(1) 社会福祉の概念

社会福祉とは

筆者は『社会福祉の思想と歴史』(2004a)にて，社会福祉の概念について詳述しているので，ここではそれに基づいて，社会福祉の定義を次のように簡潔に行いたい。

　　社会福祉は人間の社会への不適応問題を解決するための組織的かつ社会的な活

動である。問題解決のための努力は二つの方法によって行われる。

ひとつの方法は人間を社会に適応させようとする努力である。個人の社会に対する考え方や態度，技能水準などに変化をもたらすことによって社会に適応できるように援助することである。

もうひとつの方法は，社会を人間に適応させようとする努力である。社会が個人の不適応問題を引き起こすような構造的矛盾を抱えている場合には，社会そのものを変えなければ問題解決には及ばないからである。

要するに，社会福祉とは人間の社会への不適応問題を解決するために個人と社会，両者の変化を通じてその問題解決をめざす社会的活動である。

上記の概念には，社会福祉の概念定義における核心的要素である次のような三つの要素が含まれている。

①社会福祉の対象：人間の社会への不適応問題。
②問題解決の方法：人間の変化と社会の変化といった二つの方法。
③活動の形態：個人的・恣意的ではなく，組織的・社会的活動。

概念構成の三つの要素

第一の要素，人間の社会への不適応問題というものは如何なる時代にも存在してきたが，産業革命に代表される社会変動によって爆発的に増加し，問題の性格も変化した。それは社会全般に影響を及ぼす問題となり，一時的な問題ではなく恒常的問題となったのである。したがって問題解決のためには，こうした問題を引き起こす社会経済構造の変動に対する理解が欠かせなくなる。

第二の構成要素は，社会福祉が組織的・社会的努力によって行われるということである。個人を援助するためのある行為や活動が社会福祉活動なのか否かは，そうした活動が社会的に行われているのかどうかという基準によって判別される。国家による公式的社会福祉だけでなく，民間社会福祉においても同様である。したがって，単なる個人的慈善や施し（dole）は「社会」福祉とはいえない。ある活動が社会的・組織的活動か否かの基準はさまざまであろうが，

何よりも重要なのは，援助の対象者を科学的に規定しようとする努力，社会福祉対象者の選定基準を科学化しようとする努力があるかどうかという基準である。

社会福祉の概念定義における第三の構成要素，人間と社会両者の変化を通じての問題解決については，何よりも人間の不適応の問題の大半は，社会的原因によって発生するということを理解することが求められる。たとえば，ある事故によって障害を持つようになった際に，障害者の雇用を妨げる社会制度や社会的慣行を変えようとする努力を並行して行わず，当事者の心理的衝撃を和らげるための相談や心理的サポートだけを行うとしたら，それは完全な形の社会福祉とはいえない。というのは，それは人間の変化だけを目指しているからである。生計手段である雇用を確保するための障害者雇用促進制度を充実化すること，障害者の雇用差別を容認する既存の制度や法律を改正することなど，社会の変化を目指す努力も同時に行われるときに，完全な社会福祉の姿になるのである。

制度としての社会福祉と関連領域

国民の人間らしい生活の保障は，まず社会制度としての社会福祉によって行われる。社会福祉は国民の生活の質の向上を目指す社会制度であるが，注意しなければならないのは，社会福祉が国民の幸福を目指す唯一の社会制度ではないということ，つまり，社会福祉は生活の質の向上のために働く，多くの社会制度の一つに過ぎないということである。一般には社会福祉の範疇に含まれない公共部門が，個人の生活の質の向上により大きく寄与することも少なくない。

たとえば，教育制度はさまざまな問題に対処する個人の能力を高めることによって，生活の質の向上に貢献してきた。第三世界の経験からみると，母親の教育水準が高いほど，子女の死亡率は低くなるということが証明されている。これは，母親の知識水準の違いは，その子どもの命を守る能力水準の違いに他ならないことを意味するものである。

同じような政策やプログラムであっても，それが実施される地域によって，その意味や効果が異なることもある。たとえば，アフリカの低発展地域におい

て地下水を開発することは，生活の質の向上に大きな影響を及ぼすものである。地下水開発という公共部門は，一般には社会福祉に含まれるものではない。しかし，そうした地域における地下水開発とは，安全な飲み水を供給するという本来の目的以上の意味がある。一部のアフリカ地域においては，それが当地児童の就学率を高める効果をもっていると報告されているからである。児童が水汲みの役から解放され，学校に行けるようになったという意味である。その事実は，遠く離れたところまで水汲みに通わなければならないゆえ学校にも行けない子どもが多く存在するという，厳しい現実を反映するものでもある。

たびたび，国民の生活の質を高めるための諸公共政策部門の間に，政策手段の選択をめぐって対立や葛藤が起こる場合がある。福祉国家の開拓者と呼ばれるベヴァリッジ（W. Beveridge）は，人間の生活保障を確保するためには，三つの前提条件が必要であると主張した。それは平和，所得保障，完全雇用の三つである。その中で，平和を維持するための公的部門は国防部門である。ところが20世紀の歴史的経験からみても，国防費の支出はたびたび社会福祉の支出と対立する状況が起こっていた。社会福祉費と国防費との葛藤は，「バターか大砲か」という言葉で表現される。戦争や軍事的緊張が高まると，国防費用を調達するために社会福祉費がまず削減されることは，社会福祉の歴史からも証明されてきた。たとえば，イギリスでは韓国の戦争への参戦（1950～53）のため，医療分野の公的支援が削減されたことがあり，1960年代のアメリカでは，ベトナム戦争の拡大によって大規模貧困プログラムであった「貧困戦争」の予算が削減され，やがては同プログラムの放棄にまで追い込まれたのである。

(2) 宗教的福祉への関心の高まり

戦後，福祉国家が成立して以降1970年代までは，社会福祉とはすなわち，公的福祉といった考え方が支配的であった。民間社会福祉への関心が高まるようになったのは1980年代以降になる。社会福祉を一つの国家制度としてとらえるのではなく，社会文化としてみようとする動きがあり，それによって公的な福祉制度だけでなく，国家の総体的福祉を特徴づけるさまざまな形の福祉が

注目されるようになった。それによって宗教主体の福祉活動に対する関心も高まったが、仏教的福祉を論議するためにはこうした背景に対する理解が必要である。そうした傾向は、福祉国家から福祉社会へ、国家福祉から福祉レジームへ、そして生活の質への関心の高まりと表現することができる。

福祉国家から福祉社会へ

福祉国家（Welfare State）とは、社会保障制度と社会福祉サービスの充実した国家体制であり、全国民に最低生活を保障し、国民には最低生活保障を国家に要求する実際的権利が保障される国のことである。社会保障の核心的制度は社会保険であるが、それは強制適用の制度である。基本的には市場経済体制であるが、医療などの分野においては民間企業の参入を制限するなど、市場に対する規制も行われる。そのことから福祉国家は、自由主義国家と社会主義国家の混合、もしくは反自由主義と反社会主義の混合と呼ばれてきた。

福祉国家体制は政府の活動範囲が広く、個人の私的な生活領域まで国家が介入することもある、いわゆる大きな政府（Maximum Government）によって維持される。大きな政府は肥大政府（Fatty Government）とも言われるように、財政支出の規模が大きいだけに国民の税金負担、社会保障負担も重くなる。世界経済が低成長期に入っていること、さまざまな社会支出の増加を余儀なくする高齢化が深化していること、この二つの環境変化は福祉財政に圧迫を加えており、そのため福祉の実現において国家に過度に依存するような福祉システムに対しては、見直しが行われている。

福祉社会（Welfare Society）とは、福祉国家体制をその基盤としながら、福祉制度的な側面の充実だけでなく、より成熟した福祉文化が生かされている社会のことを意味する。ここで福祉文化とは、二つの意味を持つ。一つは国民連帯に満ちた生活様式のことであり、それによって社会の葛藤が最小化できるとされる。ロブソン（辻清明他訳, 1980）が指摘しているように、これは「福祉国家体制において営める権利を補完する国民の義務を理解し、認めること」と関わる問題である。その二つは市民参加の文化である。社会福祉についても、それをまず国家に任せることを最善とみなすことなく、自分の生活に影響を及

ぼす政策決定に積極的に参加し，国家と市民，地域の協調によってそれを達成しようとする市民像が強調され，政府を含むさまざまな社会主体が，多元的に社会福祉供給の役割を果たすことが求められる。

国家福祉から福祉レジームへ

社会福祉の国際比較研究分野において，国家間の福祉格差とは，どれほどの福祉財源が社会福祉部門に投入されているのかによって決まるとされた時期もあった。GDPに占める社会福祉支出・保健医療支出の割合などの指標は，一国の福祉水準を表すものとして幅広く活用されてきた。公的支出には家族ケア，ボランティア組織や非営利組織などの活動は含まれないので，その指標は，公的社会福祉だけが社会福祉であるとみなされる傾向があったことを意味する。

しかし，国民の健康で人間らしい生活を保障するための活動は，国家のみによって行われるものではない。政府をはじめNPO，宗教団体，労働組合，協同組合，さまざまな共済組織，ボランティア組織，そして場合によっては企業などの組織も社会福祉の供給を行っているが，こうした社会福祉を総合的に考慮した概念が，福祉レジーム（Welfare Regime）である。

社会福祉を福祉レジームという観点からみる場合は，家族などの非公式部門やボランティア部門もその構成要素とされる。国家がボランティアの重要性を強調することが，国家の責任を家族やボランティア部門に押しつけることであると批判される時期もあった。しかし，ボランティア部門は市民社会の成熟の尺度であり，福祉レジームの特性にも影響を与える重要な部門になっていることは否定できない。

福祉国家から福祉社会への関心のシフト，そして福祉レジーム論の登場によって，民間社会福祉部門，宗教社会福祉部門の役割はより大きくなることを意味する。

生活の質への関心の高まり

社会福祉は，国民の生活の質（Quality of Life：QOL）を高めるための制度ないし活動である。生活の質の概念には機会の提供や福祉サービスの利用，精神

的豊かさなど，質的要素が重視される。

生活の質を指標化しようとする努力は主に国連を中心に行われてきたが，その代表的なものに，国連開発プログラム（UNDP）による人間開発指数（Human Development Index：HDI）がある。この指標は平均寿命，知識の普及（識字率など），経済的生活水準という三つの領域から構成され，毎年公表されている。

広義の社会福祉に類似している概念として，社会開発という活動も国連を中心に行われてきた。またその開発の焦点を社会機構や制度に置くのではなく，人間そのものに置くという意味で，「人間開発」という概念も登場している。セン（A. Sen）とともに人間開発論の創始者として知られているハーク（Mahbub ul Haq）は，人間開発の概念を次のように定義している。[75]

> 開発の根本的目的は人間の選択の幅を広げることである。選択の範囲は無限であり，時代によって変化する。時々，人々は所得と経済成長という数値としては表すことのできない次のような成就に価値をおく。すなわち，知識へのより容易な接近，よりよい栄養と医療サービス，より安定的な生計，犯罪や暴力からの安全，満足のいく余暇時間，政治的・文化的自由と地域社会活動への参加意識などである。開発の目的は，人々が健康で創造的生活に必要な環境を作り出すことである。

(3) 社会福祉の理念

人間らしい生活が保障される社会

社会福祉は，すべての人々が人間らしい生活を営むことができるようにする制度であり，かつ実践である。では，人間らしい生活とは具体的にどのような生活なのか。

人間らしい生活の最も基本的条件は，差別のない社会である。如何なる者でも，人種，出自，身体的・精神的条件，思想と信条，学歴や職業，所得水準な

---

[75] この人間開発の概念定義は，UNDP のホームページ「人間開発とは何か」に掲載されている。

どを理由にして，その人間性が無視されるか軽視されることのない社会が，差別なき社会である。

　人間らしい生き方が保障される社会の条件の一つは，社会構成員間の生活の質の格差が，容認される範囲内にあることである。国民所得のような統計は，所得の全体的合計が高い水準であれば平均所得も高くなる。所得格差問題は反映されないのである。しかし，生活の質という観点からみると，所得の全体的合計も重要であるが，人々の生活格差を減らすこと，社会の各部門の格差を減らすこと，言い換えれば調和のとれた社会が重要な課題になる。調和とは，深刻な社会的不平等のない状態のことである。社会のさまざまな分野において，さまざまな声があっても，その一つたりとも多数によって無視されることなく，それが調和のとれた全体社会の中で尊重される状態は，「和」と表現される。韓国では「和靜(ファゼング)」，中国では「和諧(ホーシエ)」と言われるものである。

　経済部門と社会部門との調和，男女の調和，地域間の調和，年齢間の調和，健常者と障害者の調和，正規職と非正規職の調和などが実現されている社会こそ，真に生活の質の高い社会である。

　なぜ調和のとれた社会がよいのか，なぜすべての人間に人間らしい生活が保障されなければならないのか。それは，すべての市民が調和のとれた状態で生活すれば社会統合（social integration）が実現され，多くの社会的コストを減らすことができると信じられるからである。つまり，調和のある社会を目指す社会福祉は，安定した社会を実現するための長期的投資であるということである。

　人間らしい生活が保障される社会とは，固有のニーズをもっている個人一人ひとりが尊重される社会である。人間が今まで生きてきた地域社会の中で，他人とのつながりを保ちながら生きていくことは，人間らしい生活のもう一つの条件である。国家の援助を受ける状態になったとしても，可能な限り地域社会の中で保護する努力を行わなければならない。

　さまざまな人間の共存する社会は，同質的な人間だけの社会に比べて生命力が強い。年齢的にもさまざまな年齢層の共生，つまりエイジミックス（age mix）も人間らしい生活の一つの姿である。特別養護老人ホームに児童館などを併設することは，異なる年齢層の人間との交流が，高齢者にも児童にも望ま

しい経験になるという認識の下で行われる努力である。
　また，人間に相応しい社会には，市民の間の社会的連帯の価値が重視される。社会的連帯というとすぐに，高所得者が低所得者のためにより重い負担をするという再分配の仕組みを連想するかも知れない。それは垂直的連帯というものである。むろんそれも重要であるが，同じ所得水準の人々の間にも扶養家族の少ない者，より健康な者がそうではない者のためにより重い負担をするという，いわば水平的連帯もきわめて重要である。共に生きる者としての友愛と協力こそ，真の社会的連帯である。

理想的福祉社会の実現

　社会科学は価値実現の学問といわれている。したがって社会福祉とは，社会福祉の価値—社会福祉が大切にしている理念—が社会に実現できるようにするための学問であり，かつそのための組織的実践である。
　社会福祉にとって最も理想的な社会とはどのような社会なのか。フリードランド（W.A.Friedlander）は人間の尊厳，自発性の尊重（自己決定），機会の均等，社会連帯という四つの要素を社会福祉の理念として提示しているが，その四つの理念は多くの人々によって提起されてきた内容をまとめたようなものであり，これ自体がフリードランド独自の見解であるというわけではない。したがって，ここにおいては社会福祉の理念に関する多くの意見を紹介する代わりに，社会福祉がその理想としている社会像について筆者の意見を述べることにする。これもまた筆者独自の見解というよりは，今まで提示されてきたさまざまな意見の共通的なところを，本書の趣旨に関連づけながら要約したものである。それは次の三つの特徴を持つ社会である。

　　人間らしい生活の質が保障された調和的社会。
　　個人の存在とニーズが尊重され，地域社会との関係の中での生活が保障される
　　　社会。
　　多様な社会成員が社会連帯意識によって結ばれている社会。

3．社会福祉サービスの供給構造と公私の関係

(1) 社会福祉供給の原理

ニーズに対する資源割当

市場経済は需要と供給の原理によって動く。ニーズとはある財貨やサービスを必要とする状態のことをいうが、需要（demand）はそれにサービスや財貨の入手に必要な支払い能力を整えたものである。ある財貨やサービスを購入する意志があり、かつ支払い能力が整ったときに初めて、需要となる。

反面、社会福祉は図5-1に示されているように、社会的ニーズに対する資源の供給という原理で動くメカニズムである。

市場経済の下では、特定のニーズが発生しても支払い能力がなければ必要な財貨やサービスを手に入れることができない。社会福祉においても、基本的にはこうした市場経済体制を認めている。しかし、必要とするサービスが何かによって、特定のニーズに対しては支払い能力に関わりなく、すべての人々にサービスの保障を目指す。

次の二つの事例を見よう。支払い能力がなく、財貨やサービスが利用できない二つのケースである。

事例①：ピアノが必要であるが、支払い能力がなくて購入できない。

事例②：病気になって診療を受ける必要があるが、支払い能力がなくて医療サービスが受けられない。

社会福祉はこの二つの問題を、全く性格を異にする問題とみなす。事例①の場合は社会福祉が介入する問題とみなさない反面、事例②の場合は、社会福祉が対処しなければならない問題とみなす。ピアノが必要な状態は社会的ニーズ

| 市場経済の原理 | 需要————供給 |
| 社会福祉の原理 | 社会的ニーズ————福祉資源の割当（供給） |

図5-1　社会福祉メカニズムの原理

ではないが、医療が必要な状態は社会的ニーズであるからである。

社会的ニーズと社会福祉資源

社会福祉は人間のニーズに対して資源供給の形で行われるが、すべてのニーズに対して資源を供給することはできない。人間のニーズの中で、支払い能力の有無に関わりなく充足しなければならないとされるニーズが社会的ニーズ (social needs)、あるいは基本的ニーズ (basic needs) と呼ばれるものである。もし、社会的ニーズが人間の支払い能力によって充足されることも充足されないこともあるとすれば、言い換えれば、そのニーズが完全に市場経済に任されているのであれば、深刻な不平等の問題を引き起こすとみなされる。

社会的ニーズは、人間が社会生活を営むためには不可欠な基本的条件である。その代表的な例が所得保障のニーズ、教育、医療、居住、介護のニーズなどである。こうしたニーズは手段的ニーズ (intermediate needs) とも呼ばれるが、それは、「ある人間の究極的目標の達成において手段になるニーズ」(Foster, 1981) であるからである。看護師を目指す者が看護大学での学びという教育的ニーズを持つことは、学びそのものが究極的目標ではなく、自分の究極的目標を達成するための手段として、教育ニーズを持っていると判断するのである。病人による医療サービスの利用も、同じく手段的意味の行為である。

こうした社会的ニーズを満たすために投入されるものを、社会福祉資源 (resources) という。最も重要な福祉資源は、やはり公的資源である。しかし、高齢化の進行、低成長の経済状況の下では公的資源の確保には限界があるので、民間資源の活用も必要となる。宗教界が持っている資源の活用も、より必要とされているのである。

(2) 社会福祉サービスの供給主体

社会福祉サービスの供給主体は、大きく分けて四つの部門から構成される。それは、公的部門、民間非営利部門、非公式部門、民間営利部門である。

公的部門

　社会福祉サービスの主体として最も重要な役割を果たしているのは公的部門である。中央政府は主に，国民の最低生活保障のための制度を実行し，地方自治体は中央政府との協力体制の下で，地域の特性を活かした福祉サービスを提供するというのが，理想的な役割分担とされている。

　日本国憲法は第25条において，国民の健康で文化的な最低限度の生活を営む権利，社会福祉，社会保障，公衆衛生の向上および増進に努める国家の責務を規定している[76]。

　国家は以上のような憲法の抽象的規制を具体的に実現するために，さまざまな社会福祉制度を運営している。その一つが生活保護制度であるが，生活保護法の第1条（目的）は，同制度が日本国憲法第25条に規定された理念に基づいた制度であることを明らかにしている。また国家は，国民がある理由によって人間らしい生活を営むことができなくなったときには，一定水準の生活保障を国家に要求する権利，すなわち生存権を保障している。

　産業化によって福祉問題が爆発的に増加する前までは，国家は社会福祉制度の導入・拡充に消極的であった。国家による生活保障は労働意欲を損ない，経済発展には障害になるとの認識も強かった。その時代には，福祉ニーズを持った人々は，家族を中心とした非公式的部門の非商品のサービスに頼るか，それとも市場を通じて商品化されたサービスを購入するかという二つの方法しかなかった。公的部門はこの二つの手段を持っていないと証明されたごく少数の人々のみをその対象にし，限定的に福祉援助を提供したのである。こうした形の福祉を，残余的福祉（residual welfare）ないし福祉の残余モデルという。

　しかし，福祉問題の拡大によって，公共部門はすべての国民を対象にし，福祉問題に苦しんでいる当事者の救済はもちろんのこと，その予防までを講じる形の福祉へとその姿を変えてきた。こうした形態の福祉を，制度的福祉（institutional welfare）ないし福祉の制度的モデルという。

---

(76)　韓国においても同様で，大韓民国憲法第10条においては「幸福を追求する国民の権利」，「国民の基本権を保護する国家の義務」が規定され，第34条には「人間らしい生活を営む国民の権利」，「社会保障と社会福祉の増進に努める国家の義務」が規定されている。

民間非営利部門

　社会福祉の歴史をみると，多くの民間福祉団体が宗教的動機から結成され，援助を必要とする人々の救済を行ってきた。公的福祉制度の中には民間福祉の実践を制度化する形で生まれたものが少なくなく，そうした傾向は現在まで続いている。

　民間組織と公的組織との区別は，いつも明確であるわけではない。多くの民間組織が，公的福祉事業を委託運営する場合があるからである。最近は，利潤を追求する企業と非営利組織の明確な区別が困難になる状況も起こっている。なぜなら，民間企業の運営原理をベースにする組織ではあっても，その目的が，社会問題の解決や社会的雇用の創出にある，社会的企業（social enterprise）などの民間組織が登場しているからである。社会的企業の拡散には，純粋な民間レベルでの努力が大きく貢献したが，社会的企業を育成するための公的支援もその背景にある。

　前者の代表的な例は，マイクロクレジット事業である。2006年，ノーベル平和賞を受賞したユーヌス（M. Yunus）によって始まったこの事業は，貧民に低金利の少額貸付を行い，貧民の自立を支援する事業である。貧困の解消を目的としたこうしたソーシャルビジネスは，基本的にビジネスのベースで運営されているが，事業のために投入された資源を回収することを経営目標としているという面において，利潤の極大化を求める経済的ビジネスとは異なるものである。

　一方，イタリアや韓国においては社会的企業を育成するための法律を作り，それに基づいて公的支援を行っている。2007年から施行されている韓国の社会的企業育成法によると，「社会的企業とは社会的弱者に雇用や社会サービスを提供し，地域住民の生活の質を高めるなど社会的目的を追求しながらも財貨やサービスの生産販売など営業活動を遂行する企業」（第2条）とされている。この事業には非営利法人や民間団体だけではなく，株式会社も参加できるようになっているので，この場合は民間機関と営利企業との区別が必ずしも明確ではない。

非公式部門

　非公式部門（informal sector）とは，家族を中心とする第一次集団のことをいう。公的福祉が出現する前までは，福祉ニーズの大半は当事者の個人やその家族によって満たされてきた。公的サービスの対象は，家族による扶養が不可能であると証明された一部の人々に限られた。その後，公的福祉は拡充されてきたが，それは福祉供給者としての家族の役割の多くを，国家が担うようになったことを意味する。

　しかし，国家福祉が高い水準で実現されている国においても，福祉供給者としての家族の役割は依然として大きい。たとえば，高齢者介護において公的介護サービスが最も充実していると知られているスウェーデンにおいても，家族による介護は全体の介護供給量の過半数を占めるといわれている。また，介護サービスの対象者の選定においても，介護ができる家族構成員が同居・隣居しているのか否かは，高齢者の介護サービス受給の優先順位に大きな影響を与えるというのが現実である。

　儒教とカトリックの影響がそれぞれ強く残っている東アジアと南ヨーロッパには，家族主義の傾向があると指摘されてきた。家族主義とは家族の介護や扶養，育児などの問題はまず家族の責任で対処しなければならないという考え方のことであり，国家責任主義に対する言葉である。この二つの地域に共通的に見られるきわめて低い出生率という現象は，家族主義の影響によるものであるといってよい。

　東アジアに見られる家族主義については，それが国家の福祉介入を回避するための言い訳の結果であるという見方も，家族による扶養が充実したゆえ，国家介入が最小限で行われてきたとの見方もありうる。おそらく前者の見方が正しいのであろう。つまり，家族主義というものは残余的福祉モデル，市場中心の福祉モデルの結果といえるものである。

　家族主義文化は，二つの側面で社会福祉の成長を抑制してきた。第一は国家福祉の抑制である。高齢者介護や育児の負担を抱えている家族に対する，公的支援を抑制してきたことである。介護等の社会的サービスが，利用者の支払い能力や家族状況に関わりなく，必要とするすべての者に利用できるようにどれ

ほどの努力を行ってきたのかは，脱商品化（decommodification）の水準として現れる。脱商品化とは，市場では社会サービスを購入できない人々に，その利用を国民の権利として認める水準を示すのである。家族主義文化が強いほど，介護や育児サービスの脱商品化の水準は低くなる。

　第二は，家族主義文化が市民参加の福祉社会の成長を抑制することによって，社会福祉の発展を遅らせてきた側面である。フクヤマ（Fukuyama, 1995）も指摘した通り，信頼（trust）のレベルと家族主義とはトレードオフの関係にある。家族主義は血縁関係が社会的結束の主な形態になる社会文化であり，それゆえ，より広い社会連帯に基づいた自発的組織の成長を抑制する。

民間営利部門

　利潤を目的とする民間企業も，制限的ではあるが社会福祉の供給者の役割を遂行してきたことを否定することはできない。福祉国家体制下では，民間営利部門は完全に市場経済部門とみなされ，社会福祉事業への参入は制限されてきた。たとえば，シルバータウンと呼ばれる有料老人ホームは，老人福祉法が規定する老人福祉施設の範囲には含まれていない。

　しかし，社会福祉供給者としての民間営利部門の役割については見直しが行われ，その役割も強化される傾向がみられる。そこには，新自由主義的グローバリゼーションの影響がある。1980年代以降著しくなったこの新自由主義的潮流は，本質的に親企業的なものである。それによって福祉国家体制においては圧倒的に重要な役割を果たしてきた公的部門が縮小され，その分，民間営利部門や非公式部門の役割が大きくなる傾向がもたらされた。福祉供給の多元化，福祉多元主義，福祉ミックス等の言葉はこうした傾向のことをいう。

　新自由主義的性格を色濃く帯びていた日本の介護保険においては，民間営利部門の介護事業参加が政策的に進められた。その重要な目的の一つは，介護サービスの供給量を増やし，介護サービスが選択できるようにするためであった。

　民間営利部門が福祉事業に参入し，その供給を増やしていくことは，福祉サービスの再商品化の傾向が強まることを意味する。それは，介護や育児など

のサービスにおいて脱商品化されていたサービスの一部を，再び市場原理に戻すという傾向のことである。したがって，経済的に恵まれていない高齢者にとってこうした傾向は，社会的サービス利用の壁を高くする要因になる。

4．民間社会福祉

(1) 民間社会福祉の概念

民間社会福祉とは

ジョンソンは多くの学者による「民間社会福祉」（voluntary social services）の定義を検討した上で，次のように定義している（Johnson, 1981：Chap. 2）。[77]

①設立の方法──その組織が政府ではなく，自発的に集まった人々によって構成される。
②運営の方法──組織は自主的に運営され，組織の規約や政策を自ら決定する。活動の内容，提供するサービスなどを決定するのは組織の構成員である。
③財源調達の方法──組織の資金のなかで，少なくとも一部は民間の財源でまかなわなければならない。
④目的──組織の目的は非営利的でなければならない。主な目的が利潤を追求することにある組織はこれに含まれない。

以上のような特徴を持っている民間組織が主体になって組織的に行う社会福祉活動が，民間社会福祉である。ただ，民間社会福祉という概念は，現代社会において公的社会福祉に対する概念として使われていることに注意しなければならない。つまり民間社会福祉は，公的社会福祉のパートナーとしての役割を果たすときに，その意義が認められるということである。公的社会福祉が全くない状態で民間福祉だけが存在するということは，社会福祉以前の段階に他ならない。したがって，民間社会福祉活動を理解するためには，それが公共社会

---

(77) 朴光駿（2004a：112）から再引用。

福祉と，どのような形で役割分担をしているのかという点に焦点を当てる必要がある。

民間社会福祉と慈善事業

　民間社会福祉は民間組織が主体になって行う福祉活動という意味であるが，福祉サービスを提供する原理においては，公的社会福祉のそれと同様である。

　ある活動や事業が社会福祉といえるか否かを区分する基準の一つは，それが見知らぬ他人（stranger）に対する援助活動なのか，それとも個人的人間関係に基づいた援助活動なのかという基準である。社会福祉は援助を提供する者と援助を受ける者との社会的距離を想定しているものである。もしその援助行為がすでに結ばれている人間関係の一端として行われるとしたら，それは社会福祉とはいえなくなる。家族間に行われる援助を社会福祉とみなさないのも，この理由からである。

　民間の福祉活動が社会福祉として認められるためには，科学化と組織化がその重要要件になる。財源の確保と実践活動における組織化が前提された活動が民間社会福祉活動であるが，その組織化の核心は対象者選定の組織化であった。援助対象者を選定する科学的で公式的基準の有無によって，民間社会福祉であるか否かが決まるということである。それはニーズの多少や緩急を調べて，サービスの必要度にしたがってサービスが提供されることを意味する。福祉援助の動機がどこにあるのかに関わりなく，その福祉受給者の選定基準を持たずに，援助を求める者に無差別的に，あるいは先着順に援助を提供することは，民間社会福祉とはいえない。それは慈善行為（charity）と呼ばれる。

　社会福祉学の分野においては，近代的社会福祉の始まりを，16世紀末から形成され1601年に完成したイギリス救貧法（English Poor Law）とみるのが定説である。その根拠は二つである。第一は，救貧法が歴史上初めて貧困救済に対する国家の責任を明示したという点であり，第二は，貧困救済の対象者を選定するための明確な選定基準を備えていた点である。そうした選定基準を持たず先着順に提供される国王の慈善活動は，救貧法のはるか以前からもあった。

　こうした原理は，民間社会福祉の概念規定においても同じく適用される。一

一般に民間社会福祉の出発は，19世紀の慈善組織協会（COS）とセツルメント運動（Settlement Movement）とみなされる。COSは限定された福祉資源を有効に活用するために，自分の援助に値する援助対象者の選定基準を設け，その基準を可能な限り厳格に適用しようと努めた。COS以前にも教会の慈善活動は長い歴史を持っていたが，それは宗教的慈善であった。社会福祉と慈善を区別することの意味については，次節で再び論議することにする。

民間性のスペクトル

一定規模以上の福祉サービスを供給している民間社会福祉施設や組織の中で，施設運営や福祉事業費のすべての経費を民間財源でまかなう，純粋な意味での民間福祉団体はきわめて少ない。大半の場合には運営財源や設立費用の一部あるいは全部を，公的財源からの支援に頼っている。したがって，何が民間社会福祉なのかを考えるときには，それが民間社会福祉か否かという両者択一的にみるよりは，その事業・活動の民間性がどの程度なのかという，連続的概念として把握することが望ましい。

図5-2に示されているように，民間の設立に民間の財源によって運営されるのが完全な民間性のケースであり，公的設立に公的財源は完全な公共性である。その二つの形態を両極にして，さまざまな民間性のスペクトルが存在している。民間が設立して一部の民間支援を受ける場合，公共設立の福祉施設や機関を委託運営する場合など，民間性の高低の形として現れるのである。

民間設立／民間財源の運営	民間設立／一部民間財源の運営	公共補助による民間設立／公的事業の民間委託	公共設立／公的事業委託運営	公共設立／公共運営
⇐民間性高い		民間性のスペクトル		民間性低い⇒

図5-2　社会福祉事業の運営主体と民間性のスペクトル

（2） 社会福祉における公私協力

民間社会福祉と関わる福祉領域

公的福祉は社会保険制度，公的扶助，社会福祉サービスなどから構成されているが，その中で宗教福祉を含む民間福祉とより密接に関わる領域は何かをみよう。

社会保険と公的扶助から成る社会保障制度は国家の統一的運営が要求される分野であり，公的部門の責任の下で主に現金給付として提供されるので，民間福祉領域との連携可能性の低い部門である。民間福祉領域とも協力ないし連携が可能であり，かつ必要とされる部門は社会福祉サービスの領域である。

社会福祉サービスは主に，対面的状況の中でサービスが提供される。この領域は老人，障害者，女性，一人親世帯，貧困者などを対象にし，援助が必要な状況が発生したとき，サービスが提供されることになっている。

過去においては，福祉サービスの受給に所得制限が設けられることもあった。たとえばサービスのニーズを持つ高齢者であっても，所得が一定水準以下の場合のみサービスが提供されることになっていた。現在は，ほぼすべての高齢者に福祉サービスの利用が保障されるようになっているが，サービス利用者には一定の利用料を徴収することが一般的になっている。

図5-3は，社会福祉の制度的範囲の中で，民間福祉との連携ないし協力が要求される領域を示している。

概念	構成要素		関連の法律	給付	連携可能性
社会福祉（広義）	社会保障	社会保険	社会保障基本法，国民年金法，介護保険法等	主に現金給付	連携可能性低い
		公的福祉	生活保護法等		
	社会サービス		児童福祉法，老人福祉法，障害者福祉法等	現物・サービス	連携可能性高い

図5-3　社会福祉の制度的範囲と民間福祉との連携可能性

直接サービスとしての社会福祉サービス

社会福祉サービスの関心は人間の個別的ニーズである。また，このサービスは，個人と家族の福祉と生活の質に直接影響を与えるものである。

表5-1は，公的社会福祉サービスを，サービス利用者の立場からみて間接的なサービスなのか，それとも直接的サービスなのかという基準で三つの領域に分類し，その内容を示したものである。ただ間接的か直接的なのかの境界が，必ずしも明確とは限らない。それゆえ正確にいえば，スペクトルの形で表示することが適切かも知れない。

サービス利用者にとって最も間接的なのは安全保障の分析であり，中間的性格のものとしては道路建設等のサービスがある。こうしたサービスも究極的には人間の生活の質を高めるためのものであるが，個人の立場からみると，個人一人ひとりのニーズに対応して提供される直接的サービスとはいえない。

利用者の立場からみると，直接的サービスとは介護サービスや福祉サービスなど，個別的ニーズに対応するサービスのことである。そのサービスは，利用者の個別的ニーズに応じた形で提供される。個人によって福祉ニーズが異なるからである。

こうした直接的サービスの領域においては，民間福祉ないし宗教社会福祉が自分の組織的特性を活かし，時には独自に，時には公的サービスと連携した形でサービスを提供することが期待される。

間接的サービス	中間水準のサービス	直接的サービス
安全保障，社会秩序の維持，司法権の行使など	道路建設，上下水道の整備，森林保護など	介護サービス，福祉サービス，給食サービスなど

表5-1　サービス利用者の立場からみた公的サービスの種類

5. 宗教社会福祉

(1) 宗教社会福祉の概念

宗教社会福祉の特徴と争点

　宗教社会福祉とは，宗教あるいは宗教団体が主体になって行う社会福祉活動である。宗教社会福祉の特徴は，次のいくつかに要約することができる。

①公的福祉ではなく，民間社会福祉活動の一つである。
②実践の主体は宗教，宗教人，宗教団体である。
③特定の社会福祉活動（たとえば，ターミナルケア等）の実践においては，宗教の持つ長所が活用される。
④一般の民間団体としては遂行することが難しい国際的福祉活動を，主導的に行う場合がある。
⑤宗教指導者の福祉観がどのようなものなのかによって，実際の社会福祉活動に大きな格差が生じることがある。

　宗教が主体になって社会福祉活動を行う場合には，いくつかの争点がある。第一は，宗教が長い間慣行的に行ってきた援助活動である宗教的慈善と宗教社会福祉は，どう異なるのかということである。宗教的慈善行為も宗教社会福祉であるという見解もある反面，それと宗教社会福祉は区分しなければならないという立場もある。この問題は，仏教社会福祉の概念定義をいかにするのかということと関わる問題である。
　第二の争点は，宗教社会福祉の究極的目的がどこにあるのかをめぐる争点である。それが特定宗教の教理を伝播するための布教活動の手段になっている場合もある。たとえば『キリスト教社会福祉』と題する本には「宣教福祉」という言葉が使われており，キリスト教社会福祉の究極の目的は，キリスト教の宣教にあるとされている。

宗教が行う社会福祉事業には，宗教的教えをより広く知らせるという目的があってもおかしくなく，そうした性格を完全に排除することはできないであろう。ただ，宗教社会福祉活動であるとしても公的な補助・援助を受けている場合には，実際の社会福祉活動において宗教的要素は制限される。

しかし，宗教が主体になった救済活動はその目的がどこにあるのかにかかわりなく，国家の社会福祉の発展に大きな影響を及ぼしてきたことは否定できない事実である。宗教が国家の福祉体制に及ぼした影響に関する国際比較研究を行ったヒギンズ（Higgins, 1981）は，ヨーロッパでのキリスト教，日本での仏教が，それぞれの地域，国家の公的福祉に重要な影響を及ぼした事例であると主張している。

宗教的慈善と宗教社会福祉の区分

すべての宗教は，それぞれの教えに基づいてさまざまな救済活動を行ってきた。宗教の立場からみると，援助を必要とする人々への救済活動がすなわち社会福祉活動であるというかも知れない。しかし宗教的救済や慈善は，宗教社会福祉と区別しなければならない。両者の違いを明らかにする前に，なぜ宗教的慈善と宗教社会福祉を区別しなければならないのかという理由に言及しておきたい。

宗教的慈善を行わない宗教はないといって過言ではない。不幸な隣人を助けることは普遍的な宗教規範である。ところが，宗教の援助的慣行すべてを社会福祉活動であると認めれば，社会福祉の歴史は宗教の歴史に他ならなくなる。また，すべての宗教活動そのものが社会福祉活動であるという結論に至ってしまうであろう。

19世紀のイギリスでは多数の慈善団体が無差別的に慈善活動を行っていたので，ある人々は複数の慈善団体から救済を受ける反面，ある人々は完全に疎外されるなどの問題が深刻化した。慈善活動がそのような結果をもたらした理由は，慈善活動の動機が受給者の変化にあったのではなく，与える者自身の救済にあったからである。当時の宗教的慈善は，その慈善を行う者の幸福のための手段であって，現世における貧民の生活改善を目指した活動ではなかったの

である。

しかし，宗教の教えに基づいた慈善的行為と近代的形態の民間社会福祉を区別することに，宗教的慈善の意義や価値が，公式的福祉や民間社会福祉に比べてより低いものであるという認識があるわけではない。いかなる時代にも宗教的慈善は重要な社会的役割を果たしてきたし，その意義は決して低く評価されてはならない。ただ，宗教社会福祉を議論するためには，慈善的活動と民間社会福祉活動との区分が必要になる。むろん両活動の間には，境界が明確でない場合があることも指摘しておきたい。

宗教社会福祉とは

ある社会活動が社会福祉活動か否かを区別する基準の一つが，見知らぬ者に対する援助なのか，それとも個人的つながりを持った者に対する援助活動なのかであることは，すでに指摘した通りである。一方，慈善活動と民間社会福祉とを区別する重要な基準は，それが組織的活動なのか否かにあるということも指摘した。この二つの基準に基づいて援助活動の性格を組み合わせて類型化すると，次の四つの類型になる。

　　類型1　顔見知りの者に対する組織化されていない援助。
　　類型2　顔見知りの者に対する組織化された援助。
　　類型3　見知らぬ者に対する組織化されていない援助。
　　類型4　見知らぬ者に対する組織化された援助。

以上の四つの類型は，図5-4に示されているように，それぞれ相互扶助，

援助の対象 活動の形式	個人的つながりがある人	福祉ニーズのある見知らぬ人
個人的・恣意的	宗教人同士の相互扶助 **(類型1)**	宗教的慈善，施恵 **(類型3)**
組織的・科学的	宗教人の互助会 **(類型2)**	宗教社会福祉 **(類型4)**

図5-4　宗教組織の福祉活動の類型化

互助会，宗教的慈善，宗教社会福祉と名づけることができる。つまり宗教社会福祉は，「宗教がその主体になって行っている福祉活動であって，福祉ニーズを持っている見知らぬ者を対象にし，組織的に行われる援助活動」である。この類型化のフレームワークをもって宗教社会福祉とその他の福祉活動とを区別することは，宗教社会福祉の本質を理解することに役立つと思われる。

（2） 宗教社会福祉実践における倫理的葛藤

社会福祉の動機をめぐる葛藤

社会福祉の動機については，公的社会福祉と民間社会福祉に分けてみる必要がある。公的福祉の動機は国家の政策判断の問題であるが，民間社会福祉においては，その実施主体で働く福祉専門職の動機と関わる。

公的社会福祉の動機には，福祉問題の現実的解決という社会福祉的動機だけでなく，政治的，経済的動機もある。政治的動機とは，特定の社会福祉プログラムの施行が貧困階層と一般階層との社会的葛藤を防止し，社会的コストを最小化しようとする動機のことをいう。この動機は，社会統合の動機ないし社会統制の動機と呼ばれている。

経済的動機は，社会福祉制度の充実によって確保される安定的生活が，持続的経済発展における必要条件であるという仮定に由来する。不況の時期には低所得者に対する所得支援を強化することによって，彼らの購買能力を高めることを目指す福祉プログラムが施行される。それは，不況の悪循環を断ち切ることによって経済的回復を図るものである。

以上のような公的社会福祉の動機が，民間社会福祉としての宗教社会福祉の組織や実践現場に直接的影響を与える余地は少ない。しかし，民間社会福祉としての宗教社会福祉においては二つの動機が衝突する可能性があるが，それは社会福祉の職業的動機と宗教的動機の間の葛藤である。

社会福祉施設などを設置運営する宗教組織の場合，その活動の第一の動機は宗教的教えにある。聖職者にはその教えに献身することが求められる。しかし，そこで働く専門職としてのソーシャルワーカーなどが社会福祉活動に従事する

動機は，宗教人のそれとは異なる。福祉専門職の動機はいわば職業的動機である。医科大学の一次的設立目的は，シュバイツァー博士のような人物を養成することではない。医科大学が養成する医師の中でシュバイツァー博士のような偉大な人物が出てくる可能性はあり，それは望ましいことである。しかし，医科大学という公的組織は，専門的職業としての医師を養成することを，その一次的目的としている。

社会福祉の専門職を養成するための社会福祉系大学の設立も同様である。社会福祉学徒の一次的動機は，ソーシャルワーカーという福祉専門職である。職業の専門性を示す指標は多様であるが，中でも重要な指標は労働条件である。かつて1960年代に福祉の専門性を論議したウィレンスキーら（Wilensky & Lebeaux, 1965）の研究をみると，専門性の水準を表す最も重要な指標として，賃金水準をあげている。専門職の要件の一つは社会的認定（community sanction）であるが，それは賃金水準を含む社会的地位に対する地域社会の評価に他ならない。

宗教的理念の実現を目的とする宗教社会福祉組織において，設立者の宗教的動機と専門職の職業的動機が葛藤を引き起こす可能性は常に存在する。福祉専門職が専門職としての社会的評価を獲得していく過程をみると，「理論で武装した社会福祉新世代と，献身と経験で武装した旧世代との葛藤」[78]が起こる段階があるが，その可能性は宗教社会福祉施設においてより大きくなる。

宗教福祉組織で働く福祉専門職が，賃金を含む労働条件や社会的地位への関心を大いに示すことは，決して組織の設立理念や宗教的教えに対する献身が足りないからではないということを理解することが重要である。福祉専門家には社会福祉の宗教的動機に対する理解が，宗教施設運営者には社会福祉の職業的動機に対する理解が必要であり，それぞれの動機は互いに尊重されなければならない。

民間機関の自律性と公的な統制

宗教界が運営する社会福祉施設であっても，公的支援を全く受けない場合は

---

(78) この点に関しては，朴光駿（2007b）の論文を参照すること。

少ない。多くの場合，施設運営費や人件費の一部，あるいは全部を公費でまかなっているのである。

　宗教界が社会福祉施設の委託運営者になった場合，政府や施設利用者はその施設に期待することがあるが，そうした期待はたびたび宗教界の運営指針と相容れないものになる場合もある。

　民間福祉サービスの最も重要な長所の一つは，公的部門が対応することの難しい新しいニーズを発見し，それに対処できるということである。したがって宗教界の施設の場合，その宗教独自の問題解決方式やサービス提供方式を開発する動機を持つ。しかしそれによって宗教的色彩が色濃くなると，公的な統制が行われる可能性もある。

　もともと，こうした葛藤は宗教社会福祉に完全な民間性が保障されていないことにその原因がある。この問題を解決するためには，施設の設立・運営に関わる経費を，宗教界独自の財源で確保しなければならない。宗教社会福祉が社会的認定を得るためには，宗教の独自性が確保できるようなモデル的福祉施設を設立し，宗教的理念に基づいた宗教独自のプログラムを開発し，社会福祉の一つのモデルとして社会に提示することが求められる。それこそ宗教社会福祉の重要な社会的役割である。

提供されるサービスの質に関する問題

　宗教界が主体になって提供する福祉サービスは，その他の公的サービスより質の高いものであるべきなのか。この問題は，なぜ宗教界が社会福祉サービスの委託運営を希望するのかという問いに関わる。

　公的サービスの基準は，国民最低基準（National Minimum）である。それは，それ以下に落ちることを容認しない最低限の保障水準を制度化したものである。中央政府の基準に地方政府がより高い付加的基準を提示し，その実現のために追加的財政支援を行う場合も少なくない。

　宗教社会福祉施設が提供する福祉サービスは，少なくとも公的サービスのレベルよりは高いものでなければならないという社会的期待があるかも知れない。したがって可能な限り，国民最適基準（National Optimum）に近い水準のサー

ビスを目指す必要に迫られる。それにかかる追加的費用の負担は，宗教界が負わなければならない。

　宗教界による社会福祉の付加的サービスは，公的サービスの基準より質の高いサービスの提供に限るものではない。政府の基準に含まれていないサービスを独自に追加し，施行することも考えられる。たとえば，社会福祉施設入所者たちに，旅行の機会を提供するサービスなども考えられる。旅行経費の補助や，施設外の宿泊費等の援助を介護サービスの内容に追加して施行することも，検討に値する。もし宗教界が先駆的にこうしたサービスを実施し，そのサービスの大切さが認められ，それが公的サービスの基準に含まれるようになると，それこそ宗教社会福祉が公的社会福祉を先導する良き事例になるのである。

　宗教社会福祉の重要な役割の一つが，価値守護者としての役割である。たとえば，仏教系の保育施設では平和的な食生活を身につけるために，食卓シートを使うことなどを実践することも考えられる。追加的費用が発生するであろうが，それでもあえてそれを実践することは，仏教が追い求める平和的生活という社会的価値を守り，それを社会的に実現していく努力として評価されるであろう。

第6章 「仏教的」社会福祉の論議

1. 社会福祉に対する宗教の見方

宗教の立場からみた社会福祉

　ブッダ入滅後，ブッダの教えは長年にわたって多くの国に伝播された。その過程で，その教えに対するさまざまな解釈が行われ，多くの仏教宗派が生まれた。したがって，仏教を受け入れたそれぞれの国において，現在の仏教の姿が本来のブッダの教えと完全に一致しないといっても決して不思議なことではあるまい。また社会福祉と呼ばれている社会制度に対する考え方に対しても，仏教宗派によって異なるところがあって当然のことである。すべての宗教と同じように，仏教もその第一の目的を社会福祉活動とする組織ではない。仏教からみると，社会福祉は仏教本来の関心領域の外に存在する何かであるとみなされてきたかも知れない。

　西欧社会の社会福祉の発展に大きな影響を及ぼしてきたキリスト教においても，その宗派によって社会福祉に対する考え方が異なる。社会的不平等に対する態度にたとえてみよう。キリスト教の教えは，人間に対して人道的で平等な待遇をすることという主張もある。しかし，もう一方では，社会に存在する不平等の現象は神によって創られたものであり，それゆえ不平等は，社会の中でそれなりに重要な役割を果たすものであるという見解も根強く存在する。こうした見解の支持者は，社会的不平等の問題に人間や社会が介入しようとすることは，キリスト教の教えに背くことであると主張する。

　資本主義の発展に及ぼした宗教の影響を研究したトーニ（R.H.Tawney）は，宗教の社会制度・経済的現象に対する立場を四つに分類した（図6-1参照）。宗教は社会経済問題に一切関与してはならないという立場がある反面，それらに積極的に関わるべきであるという立場もある。公的社会福祉に対する宗教の

```
┌─────────────────────────────┬─────────────────────────────┐
│ 人間救済のためには，社会       │ 社会経済制度は宗教とは無       │
│ 制度との関係をできる限り       │ 関係，関心を寄せるべきで       │
│ 避けるべき。                │ はない。                   │
│                             │                             │
│            社会経済制度に対する                            │
│                宗教の態度                                 │
│                             │                             │
│ 社会経済問題解決のための       │ 社会的不平等などの問題は，     │
│ 社会改革に，積極的に関わ       │ 精神的修行を通じて解決す       │
│ るべき。                   │ べき。                     │
└─────────────────────────────┴─────────────────────────────┘
```

図 6-1　社会経済制度に対する宗教の態度（Tawney, 1966 をもとに筆者作成）

影響に関する研究（Higgins, 1981）によると，社会制度に対する宗教の態度は，宗教によって異なることはもちろんのこと，ある一つの宗教の中でも宗派等によってさまざまな態度が同時に現れていることを指摘している。仏教社会福祉は何か，社会福祉に対する仏教の見方とは何か等の問題を論議する際にまず認識しなければならないことは，仏教も社会福祉に対する統一した見解を持っている同質集団ではないということである。

二つの分類基準

ここでは次のような二つの分類基準に基づいて，社会福祉に対する仏教の見方を類型化してみよう。

（1）仏教の目的は何か
（2）社会福祉という科学的援助実践方法の価値を認めるのか

第一に，仏教の目的がどこにあるのかという問題である。
仏教の目的は，「上求菩提下化衆生」という言葉に集約されているといわれている。上求菩提とは，覚りを開くために智慧，菩提を求め修行することであ

り，下化衆生とは，衆生を教化することをいう。覚者ブッダの第一の関心事は衆生の救済にあったので，この二つの目的は別々のものではなく，覚りの目的がすなわち衆生の救済であり，衆生の救済こそ覚りであるという教えであったと思われる。

　覚りと衆生の救済，そのどちらを優先するのか，仏教は覚りの宗教であるのかそれとも救済実践の宗教であるのかをめぐる見解は，仏教者によっても，そして在家信者か出家者かによっても異なるであろう。その判断においては，ブッダの教えの特徴が人々の幸せに導く実践を行ったこと，偉大なる教えをブッダ自らが徹底して実践したことの意義を重視しなければならないと思われる。

　第二に，ブッダの教えを社会的に実践する方法に関する問題である。仏教界が社会福祉を実践する際に活用する方法は二つ考えられる。一つは寺院や仏教者が今まで伝統的，慣行的に行ってきた救済活動をそのまま踏襲することである。この場合，寺院が伝統的に行ってきた救済活動は，社会福祉に他ならないとされる。もう一つは，社会福祉という学問，科学的実践方法を認め，その実践方法を導入しようとすることである。

社会福祉に対する仏教の四つの立場

　前記の二つの基準からみると，それぞれの基準に，二つの対立する立場があることが確認される。仏教が社会福祉に対して示す立場は図6-2に示されているように，次の四つの組み合わせとして現れる。

　第一に，仏教の目的は覚りにあり，寺院伝統の救済的慣行がすなわち，社会福祉であるという立場である。この立場からみると福祉活動は仏教本来の役割ではなく，福祉問題は精神的修行によって解決できるとされる。

　第二に，仏教の目的は覚りにあるが，福祉問題は福祉専門家によって行われるものという立場である。この立場からみると，福祉活動は仏教外部の領域になる。したがって，福祉問題は政府や福祉専門家たちに任されるべきであり，仏教自らが取り組むべき問題ではないということになる。

　第三に，仏教の目的は衆生の救済にあるが，社会福祉は伝統的に，寺院や仏

```
              仏教的慣行がよい方法
                    ↑
    ┌──────────────┐  ┌──────────────┐
    │福祉活動は仏教本来の│  │仏教は福祉活動にかかわ│
    │役割ではない。    │  │るべき。       │
    │修行によって問題解決。│  │寺院での孤児養育等が │
    │           │  │すなわち福祉。    │
    └──────────────┘  └──────────────┘
仏教の目                            仏教の目的は
的は覚り ←─────────────────────→ 衆生の救済
    ┌──────────────┐  ┌──────────────┐
    │福祉は仏教外部の領域。│  │仏教は福祉に積極的であ│
    │政府や福祉専門職のしご│  │るべき。       │
    │と。         │  │科学的福祉実践方法を │
    │           │  │導入すべき。     │
    └──────────────┘  └──────────────┘
                    ↓
             科学的福祉実践の導入が必要
```

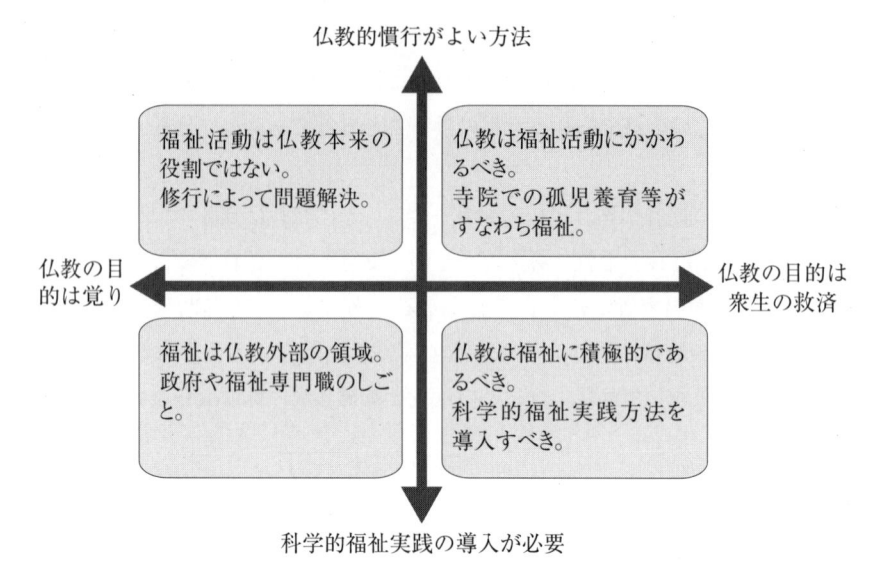

図6-2　社会福祉に対する仏教の四つの立場

教者が行ってきた慣行的救済事業に他ならないという立場がある。この立場からみると，仏教は社会福祉に積極的に取り組むべきであるが，寺院で伝統的に行ってきた子どもの救済などがすなわち福祉であり，社会福祉に積極的に関わるということは，今までの伝統的援助事業を増やしていくことになる。

　第四に，仏教の目的は衆生の救済にあり，仏教の社会福祉活動には科学的な実践方法が必要であるという立場がある。この立場は，仏教は福祉問題により積極的に取り組むべきであるが，社会福祉活動には社会福祉の科学的実践方法を取り入れなければならないということになる。

　以上の四つの立場の中では，第四の立場が社会福祉との関係において最も理想的なものである。しかしいうまでもないが，これは，仏教の目的は衆生の救済にあることだけが正しいということを意味するのではない。社会福祉と仏教の融合可能性を考えるのであれば，社会福祉は第四の態度を堅持している仏教組織や仏教者と，優先的に協力することが重要であることを指摘しておきたいだけのことである。

　現代仏教がたとえ第四の態度を持っているとしても，仏教界が社会福祉に取

り組むためには多くの福祉専門家を必要とする。仏教の教えに共感し，その教えの原理を理解したうえ，社会福祉の専門知識や技術を備えた福祉マンパワーを養成することは，仏教社会福祉の活性化の前提条件になる。

福祉問題に対する仏教界の意思表明

　社会福祉問題に対する仏教の立場が一つではないということは，再論するまでもない。しかし，たとえば現在深刻さを増している自殺問題に対して，仏教が自分の明白な立場を社会に表明してきたのかという問いは，仏教社会福祉を議論することにおいても重要である。というのは，それは仏教の社会参加の態度や意思を理解することの，重要な尺度になるからである。

　たとえば，カトリックは伝統的に離婚や堕胎，避妊などに明らかに反対する立場を堅持してきた。国民の 95％がカトリックの信者であるアイルランドにおいては，離婚や堕胎，避妊に対して強い統制が行われてきた。避妊器具の配給を制限的な形で施行したのは，1979 年になってからである（Higgins, 1981：82）。スペインの場合，フランコ政権の下では避妊が禁止されていた。国民の94％がカトリックの信者であり，離婚・堕胎・避妊に対して厳しい態度を持っている。堕胎は公的に禁止しており，離婚が法的に認められたのは 1981 年，離婚法によってである。

　こうした立場は，当該国の公的福祉制度のあり方にも大きな影響を及ぼしている。カトリックは家族主義の傾向が強く，出産と育児などの負担も家族に集中している。カトリックの伝統が強く残っているとされる南ヨーロッパの国々におけるきわめて低い出生率は，まさにその傾向の結果であり，それは東アジアの状況と類似している。

　ところが，日本を含む東アジアと南ヨーロッパは家族主義という共通の伝統を持っているにもかかわらず，たとえば自殺率については極端な違いがある。東アジアは現在，世界でも最も自殺率の高い地域になっているが，南ヨーロッパの自殺率はきわめて低い。カトリックは自殺を禁止する明確な立場を堅持していることに，その原因があるとされる。

　日本の場合，自殺問題の防止のための仏教僧侶による実践活動は，さまざ

な形で行われているようである。そのような実践活動を組織化するとともに，教理的な側面において，仏教が自殺問題をどうみるのかに関する明確な立場を表明することが求められる。この点については，第8章でより詳しく検討する。

2．社会福祉の観点からみた仏教の人間理解

　仏教からみると，人間はまず苦悩する存在である。宗教としての仏教の関心事は，その苦悩をどう断ち切るのかにあるといってよい。ところが，社会福祉からの関心は，社会的動物としての人間である。したがって，仏教と社会福祉の融合を模索する本書においては，仏教そのものの人間観というものよりは，仏教が社会的動物としての人間をどう見るのかに注目する。

　社会福祉の観点からみると，仏教は人間を次のような四つの特性を持っている存在とみなす。また，そのような見方が最も正しい人間理解の方法であると確信している。（1）人間らしい生活が求められる存在，（2）無数の関係網の中の存在，（3）社会的環境の影響を受けやすい存在，（4）固有の生活歴（life history）を持つ存在。

（1）　人間らしい生活が求められる存在

尊い存在という意味

　ブッダの人間観が，何よりも人間が尊い存在であるということである。それは言い換えれば，人間らしい生活が求められる存在ということである。

　人間らしい生活とは何か。人間らしい生き方の構成要素は二つある。その一つは，すべての差別からの解放である。公的社会福祉が早くから発展したイギリスの歴史的経験をみると，国家が福祉支出を減らすために，社会福祉を対象に差別的処遇を公然と行った時期もあった。ポーパー（pauper）と呼ばれていた救貧法の対象者には，その印たるバッジをつけることを強制したこともある。それはスティグマ（stigma, 烙印）というが，それは国家への依存を減らす効果があると考えられたからである。それは抑制政策と呼ばれているが，そうし

たやり方が，結果的にはより大きな社会的コストを招くという認識から政策的改善が行われ，社会福祉も発展してきた。社会福祉発展の歴史はスティグマ撤廃の歴史と呼ばれるのは，こうした歴史的経緯によるものである。

社会には国家政策による差別以外にも，さまざまな慣習的差別が存在する。平等社会は福祉社会の基盤であるが，平等的生活様式に満ちた社会においては，少ない福祉資源の投入によっても国民のニーズが効率よく満たされることがある。逆に人間差別の文化の強い社会においては，福祉資源が投入されてもそれに見合った効果が出るとは限らない。

人間らしい生活のもう一つの条件は，その客観的生活条件である。人間の生活の質とは客観的条件の問題ではなく，主観的判断の問題であるとの見方もある。しかし，人間らしい生活の基本は，最低水準の物質的充足である。その上，人間が自分の生き方を選択することができること，それが生活の質の尺度である。

第三世界の都市スラムには水道が行き届かず，地下水も汚染され，飲み水を雨水だけに頼っている場合がある。一方では，自然環境が適切に守られている国の中には，水道があっても雨水を飲み水として使っているところもある。後者の社会の場合は，雨水でなくても，地下水や水道を飲み水にすることができる。つまり，多数の選択肢が保障されているのである。そうした選択の幅が広ければ広いほど，人間の生活は豊かになる。生活の質とは当事者の主観的判断だけによって認められるものではなく，最低水準の客観的生活条件の充足がその基本条件になる。

人間はそうした二つの条件の下で生活しなければならない存在であること，それはまさに，ブッダの人間観であった。

二つの条件に対するブッダの考え方

ブッダが当時のインド社会のカーストを完全に拒否したことは，再論するまでもない。生まれによって人生が決定づけられる社会を拒否したのである。ブッダは，人間差別が被差別者だけでなく，差別する側の人間をも不幸にするものであると説いた。

平等社会は，ブッダ出家の最も切実な動機の一つである。如何なる者も社会で生存できる条件を作ること，それこそ平等社会であることをブッダは生涯説き，実践をもってその教義を広めた。

　第1章で，ブッダ思想の特徴の一つは人間発達に対する深い信念であったこと，そしてそれが，発達保障の思想的基盤になることに言及した。ブッダにとって差別とは，人間の限りない発展可能性を抑制するものであった。人間の能力発揮を封じ込める身分差別を撤廃すれば，人間本来の能力が十分に発揮できるという考え方である。

　次は，客観的な物質的条件に対するブッダの考え方についてである。

　ブッダは決して貧民を貶すことはなかったが，貧困な生活をよき生活と賞賛したことはなく，貧困を人生の幸福の条件とみなすこともなかった。それは，宗教としての仏教の持つ思想的特徴の一つと思われる。ブッダは，正しい方法によって財を獲得することはよいといい，財を獲得すべき理由して，次の五つをあげている（中村元，2004：73〜74）。

　　第一，自分，父母，妻子などを楽しましめ，豊かにならしめ，正しく幸福をまもる。
　　第二，友人や知己を楽しましめ，豊かにならしめ，正しく幸福をまもる。
　　第三，その財を以て火，水，国王，盗賊，好ましからぬ相続者からのあらゆる災害のある時，財によって防御していて，自分を無事安全ならしめる。
　　第四，その財を以て五つの献供(けんく)，親族への献供，客人，亡き祖先，国王，神々への献供をなす。
　　第五，修行者，バラモンが驕り怠惰を離れ，忍び，やわらぎに安住し，自己を一つのものとして調え，自己を一つのものとして安泰ならしめるならば，このようなあらゆる修行者，バラモンに対して高きに進み天国に生まれ，楽の果報あり天国の妙を招く施物を捧げる。

（2） 無数の関係網の中の存在

縁起の存在

　ブッダの関心の中心には人間がある。ブッダにとって神という存在は関心事ではなかった。ブッダは人間の問題は命の問題であり，その命は，無数の他の命と密接に関わっていると説いた。

　ブッダの縁起思想は，人間という生命体が，時間的そして空間的に完全に独立して存在するのではなく，無数の関係網の中で生きているという教えである。一言でいえば，人間は相互依存的存在であるということである。人間を縁起の存在としてみなすことは仏教社会福祉の論議においても重要であり，実際に多くの仏教社会福祉の論客たちも，仏教の最も核心的教理としてこの縁起思想をあげている。

　まず，時間の次元から縁起をみると，現在の物事は過去の物事から発露したものであり，現在の物事は未来の物事の原因になるという考え方である。言葉通りに因縁生起である。

　空間的にみると，縁起とは現在因縁生起しているすべての存在や生命はつながっているという考え方であり，これを相依相関相資（水谷幸正，1999）という。

　図6-3は，時間的・空間的縁起を示したものである。時間的にみると，人間は過去と未来の間に存在し，空間的にみるとおびただしい生命体との関連の

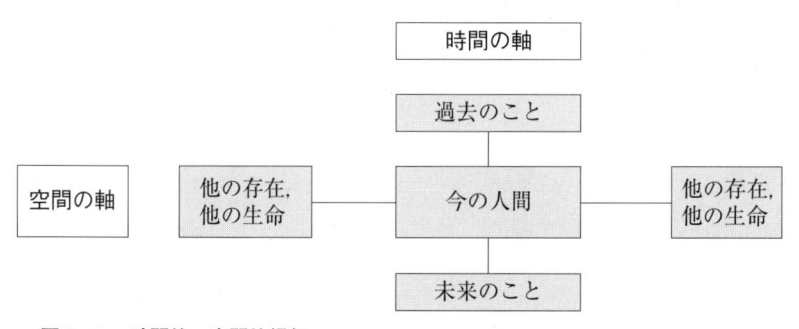

図6-3　時間的・空間的縁起

中で生きている。その関係性はあまりにも複雑なので、それを具体的に示すことは不可能である。

たとえば、われわれの身体は親の身体から生まれたものであり、父母はまたそれぞれの父母の身体から生まれたものである。そのように10代を遡れば、われわれの身体は1,024人の親の身体と関連することにある。20代を遡れば100万人以上の先祖と、30代まで遡れば10億人以上の先祖と関わることになる（村石恵照，2005：7）という。

共生の存在

人間が無数の関係の中に存在するということは、人間が自分以外の生命があるからこそ存在できるという考え方である。共に生きる社会という理想は、仏教の縁起思想をもってその正当性を説明することができる。

共生という言葉の仏教的意味については、二通りの解釈がある。それは、共に生きるという解釈と、生を共にする、同じ生（命）を共有するということである。両者の解釈の区分は必ずしも明確ではないが、後者の解釈がより仏教的であるといえるかも知れない。水谷幸正（1999）は、共生の「生」は「生命の生」であると主張する。人間も人間以外の存在も、同じ命を共有しているという考え方である。

共生という考え方の出発点は、相互依存性の自覚である。この考え方からみると、自分のみの幸せというのはそもそも成り立たないものである。仏教の観点からみると、自分の幸せは他人の幸せであり、他人の幸せを増やさない限り自分の幸せも増えないはずである。したがって、自ら、より理想的な人間になろうと努めることは、よりよい社会の条件であると同時に、社会構成員としての義務にもなるのである。

(3) 社会的環境の影響を受けやすい存在

善智識の重要性

　ブッダは，人間が社会環境の影響を大いに受ける存在とみなす。それゆえ修行において，善智識つまり善き指導者，善き友の存在が欠かせないということを繰り返し強調している。社会福祉の用語でいえば，善きスーパーバイザー（superviser）の存在の重要性を指摘したような教えである。人間との付き合いは，草のひもで腐った魚を束ねると，そのひもに腐った臭いが染み込まれることの如し，と説かれている。反面，賢者との交流は，木の葉っぱで線香を包んでおくと，その葉っぱに香りが染み込まれることに喩えられた。ブッダが修行における善智識の重要性を如何に強調したのかは，次の説法からうかがうことができる。

> アーナンダ：私どもが善き友，善き仲間を有するということは，聖なる修行のすでになかばを成就せるにひとしいと思いますが，いかがでしょうか。
> ブッダ：アーナンダよ，そうではない。そのような考え方をしてはならぬ。アーナンダよ，善き友，善き仲間を有するということは，これは聖なる修行のなかばではなくして，<u>そのすべてであるのである</u>。アーナンダよ，善き友をもち，善き仲間の中にある比丘においては，八つの聖なる道を修習し，成就するであろうことは，期してまつことができるのである（『相応部経典』45.2。下線部は引用者）。

　この説法には，人間を社会環境から影響を受けやすい存在としてみなしているブッダの態度が現れている。存在が意識を規制するという考え方に近い。ブッダは，比丘として守らなければならない生活態度として七つの生活指針を提示したが，その中に，悪友を持たないことという項目が含まれている。[79]
　指摘しておきたいのは，人間が社会環境の影響を強く受ける存在であるとい

---

(79) 次のような項目が含まれている。不必要な行動や談話をしないこと，過度な睡眠をとらないこと，過分な人付き合いを楽しまないこと，悪友を持たないこと，など。

うことは事実であるが，しかし，社会環境がその影響下にあるすべての人間に，同じ程度の影響を与えることはないということである。その影響力においては大きな個人差がある。

環境の影響における大きな個人差

　人間は社会環境の影響を受ける存在であるが，その環境が人間を決定づけるものではない。環境の影響は人間個人の差によって，あるいはその時その時の身体的・精神的状況によって，さまざまな形になる。この認識は，いわゆる犠牲者非難（blaming the victim）という，社会的態度の排除を可能にする。犠牲者非難とは，問題の責任をその問題の犠牲者に押しつける考え方である。

　人間のある言動は，それによって影響される人の主観的評価によって善悪が判断されることもある。ハラスメント（harassment）の例でみよう。セクシュアル・ハラスメント，アカデミック・ハラスメント，パワー・ハラスメントなどがそれである。自分の優越的地位を利用して，相手の気持ちに構わず持続的嫌がらせをし，それを受け入れなかった場合は不利益を与える卑劣な行動である。ところが，どの行動がハラスメントなのかを判断するのは，その当事者である。一人の上司が二人の部下に同じ問題行動を示したとしても，それを嫌がらせであると感じた人にとってはハラスメントであり，そう感じなかった人にとってはハラスメントではないのである。

　自分の言動によって引き起こされた他人の行動すべてに対して，責任を負うべきであるという極端なことをいうのではない。その影響を予測することは不可能であり，それを具体的に示そうとする試みは愚かであるということは，仏典にも説かれている。重要なのは，同じ環境に置かれても，同じ話を聞かされても，その影響は人によって大きな差が出てくるということに注意し，常に行動を慎むことである。ブッダの対機説法というものも，結局，自分の説法に対して聴衆がどのような影響を受けるのかを考えたうえで行う説法であった。

(4) 固有の生活歴を持つ存在

機根の意味：固有の文化的背景を持つ存在

　ブッダの対機説法は，相手の資質など機根を考慮して行う説法である。ここで機根というのは，単に個人の知的能力や水準などの狭い意味での資質を意味するのではなく，人間を固有の生活歴を持った存在としてみる，視野の広い見方である。わかりやすくいえば，説法を聞く人を，多様な文化的・教育的・社会経済的環境の中で成長し，その中で生きている人間として把握することであり，無分別智をもって人間をみることである。

　機根はいわば，器のようなものである。器の大きさによって，それに入れる水の量が決まる。説法によって得られる学びも，その器の大きさによって決まるものである。ところが，器はよく大小という優劣的見方でみられるが，器そのものの多様性までを含む，より広い意味で理解することが重要である。水汲みの目的も人によって異なる。というのは，この機根という概念は，ともすると人間の外面的優劣を表す概念として受け取られがちであるからである。しかも権威主義的傾向の強い社会であるほど，それを優劣の概念としてみなす傾向が強いと考えられる。

　金ホスン（2009：205～206）は，機根という言葉が，教えの深浅や優劣と関連づけられて理解される傾向があることを指摘している。機根を上機根，下機根などと使い分けることがそれである。しかし，機根を考慮したブッダの説法とは，聞き手の個人的知的水準や力量以上のものがあり，それは何よりも，聞き手の宗教的・文化的多様性に対する配慮を意味するということを，次のように主張している。

> 　ブッダは自分の説法を聞く人の機根をその時代的背景や地域的背景などを排除し，彼らの知的水準だけに基づいてみていたわけではない。ブッダの弟子たち，ブッダの説法を求めていた人々はバラモン教やジャイナ教の背景を持っていた。それだけにブッダの説法はそうした宗教的・文化的背景を考慮した上で行われたものであった。多様な宗教的・文化的背景こそ説法を求める人間の時間と空

間としてのコンテキストに他ならないからである。

現在の状態に対する理解が必要とされる存在

以上の論議に基づいてみると，ブッダの対機説法は，聞き手に関して次のような四つの理解を前提にした説法である。

聞き手の言葉に対する理解
聞き手の文化・宗教に対する理解
聞き手の理解能力に関する理解
聞き手の現在の状況に関する理解

ブッダの対機説法は応病与薬の説法，問題解決の説法である。以上の四つの理解は，社会福祉実践においても，クライエントの問題解決のためには欠かせないものである。[80]

社会福祉の領域の中で，ある問題を抱えている個人や集団に対して，個人的あるいは集団的援助を行い問題を解決していく過程を論議する学問分野を，社会福祉実践論という。その中で個人の持つ問題を解決していく過程が，ケースワーク（Case Work）である。ところが，ブッダが多くの対機説法を記録した経典をみると，ブッダの説法は，現代社会福祉援助技術論で提示されている，ケースワーク的援助の原理を網羅しているといっても過言ではないほど，示唆に富んだ内容に満ちている。

ケースワークは，面接から始まり面接で終わる過程といわれる。面接においてはケースワークの目的が問題解決にあるゆえ，ケースワーカー（Case Work-

---

(80) 福祉サービスの利用者は，クライエント（client）と呼ばれてきた。法律の分野では依頼人，相談の分野では来談者，つまり相談を求めてきた者と訳されることもある。ローマ時代の言葉にその語源を持っていて，「援助を求めてきた者」の意味がある。それゆえ，クライエントという言葉を使うことになると，社会福祉実践が多少，消極的活動のようなニュアンスを与えるという指摘がなされてきた。ソーシャルワーカーはクライエントが援助を求め，訪ねてくるまでオフィスの中で待っている存在と想定されるからである。そのことから，積極的に問題を発掘していく（reach out）積極的，攻撃的ソーシャルワークが求められている。それに，消費者主権という傾向が社会福祉分野にも押し寄せてきたこともあり，クライエントという用語の代わりに，サービス利用者という言葉がより多く使われるようになっている。

er）は面接を通じて，クライエントの問題解決に役立つ情報を収集する。そのために，まずワーカーはクライエントを理解し，クライエントが自分の問題をどのように認識しているのかを理解しなければならない。問題解決につながる重要な情報を集めるため，あるいは聞き出すために観察，傾聴，質問など，さまざまな援助技術が駆使される。つまり，クライエントの行動を観察しながら，その話を傾聴し，必要な場合，質問を通じて問題の本質や原因を見きわめていくことが，ケースワーカーにとって最も重要な技術である。ところが，そうしたコミュニケーション過程において注意すべきは，クライエントの行動，話や言葉の意味については，クライエントの立場から理解しなければならないという点である。交わされる言葉の意味は，クライエントの用語で理解することが求められるのである。

　人間の行動は，その人間の状況に対する感情的理解が前提になる。そのことをブッダ自らが実践をもって示す事例の一つを紹介したい。ブッダが覚りを開いた数年後[81]，祖国に戻り，夫人に再会した際に示した態度がそれである。父親と養母と再会した後，夫人ヤショーダラーのところに向かいながら，ブッダは同行した二人の弟子サーリプッタとモッガラーナに次のように注意を喚起している。

> 私は何ものにも縛られていない。しかし，ヤショーダラーはそうではない。長い間私に会えなかった悲しみで彼女の心は一杯なのだ。思い切りその悲しみを吐き出させてやらないときっと彼女の心は引き裂かれてしまうだろう。彼女は私にしがみついてくるだろうが，そなたたちはそれを止めてはいけない。[82]

固有の言葉を持っている存在

　相手を理解するということの前提は，相手の言葉を理解することである。人間とは固有の言葉を持ち，固有の意味でそれを使う存在であるからである。そ

---

(81) 出家以来，ブッダが祖国に戻ってきた時期については，6年目であるという説，7年であるという説，12年であるという説などがある。6，7年が一般的な見解のようである。
(82) この場面については，デイヴィーズ（赤沼智善訳，1911：85）などでも紹介されているが，ここではアンベードカル（山際素男訳，2004：115〜116）から引用した。

のことの大切さについて，アメリカのケースワーク関係のテキストには次のような例が出されている。

　銀行の貸付担当者：あなたに残っている牛はもし売るとしたらどれほどの値段になりますか。
　農夫：牛は売りません。私が如何に大事に育てたものか。

　この状況は，この農夫が「牛」という言葉と「売る」という言葉が並んで使われていることを極端に嫌がっていることに，銀行の貸付担当者が気づいていない状況の例として提示されているものである。相手の言葉を理解することは，ケースワークの分野においてはとくに重要な原則的態度として強調されてきた。
　援助を求める人（クライエント）とソーシャルワーカーが，対面関係の下で行われる問題解決過程であるケースワークには，いわゆる七大原則がある。クライエントには七つの共通したニーズがあるゆえ，ソーシャルワーカーはそれぞれのニーズに対応する形で，七つの原則的態度を持たなければならないということである。これは，ケースワーク関係論と呼ばれるものである。
　ソーシャルワーカーがクライエントに対して堅持しなければならない態度の第一の原則は，個別化（individualization）である。具体的には，クライエントが持っている問題は，自分が今まで見てきたある類型に当てはまるようなケースではなく，いかなる問題とも異なる，その人固有の問題であると認識することである。ソーシャルワーカーがクライエント一人ひとりに対して，彼らの問題は多様な文化的，社会的，経済的背景も持った問題であると認識することが，個別化という原則的態度である。
　対機説法によるブッダの問題解決過程をみると，ブッダの態度には，この個別化という原則が徹底して実践されていることがわかる。これは，人間とはさまざまな背景を持っている存在，社会的動物としての存在であるという認識から生まれるものである。
　ブッダは自分の言葉，インド北部の民衆言語，マガダ語で説法した。当時，サンスクリット語はバラモンの自慢の言葉であったが，ブッダは民衆の言葉で

説法するという自分の態度を変えることはなかった。ヴェーダ語で説法するようにという弟子たちの要請があっても，それを退けた[83]。これは，説法を聞く人の立場で物事を考える態度，相手の言葉で物事を理解しようとした態度そのものである。

3．仏教社会福祉の概念をめぐる論議

二つの通俗的見解

偏見は，自分の持っている何かに対する行き過ぎた自負から生じることが多い。仏教と社会福祉という二つの学問領域においても，それぞれの学問が自分の学問に対して必要以上の自負を持っているとしたら，学問的協力関係の構築は難しくなる。他の学問のアイデンティティを認めない態度は，自分の携わっている学問しかわからない偏狭さにその原因がある場合が多い。

仏教社会福祉という用語は日本と韓国，台湾等で使われて久しいが，その意味は必ずしも明確ではない。学問としての仏教学と社会福祉学は，それぞれ人文学と社会科学の一分野である。この二つの学問は，それぞれの領域においては独立学問として認められているが，この二つの領域が重なる仏教社会福祉が何かについては，それを仏教学からみるか，それとも社会福祉学からみるかによって，その意味合いが異なる。

仏教社会福祉を議論するためには，仏教や社会福祉に対する通俗的常識を点検する必要がある。仏教界が社会福祉に対して持っているもの，そして社会福祉界が仏教に対して持っているものを検討しなければならない。本書のテーマと関連して考えられる，二つの通俗的見解を示してみたい。

　　その1：寺院で行っているさまざまな救済活動がすなわち社会福祉であり，したがって，仏教社会福祉の歴史は仏教の歴史ほど長い。

---

[83] その要請に対するブッダの言葉は次の通りである。「修行僧たちよ，ブッダの言葉をヴェーダ語に変えてはならない……私は自分の言葉でブッダの言葉を学ぶことを許す」（中村元，2004：231〜232）。

その2：仏教は自分の解脱を目指す宗教であり，仏教社会福祉は結局それを実践する人自身のために行うものである。

　以上のような考え方が仏教界や社会福祉界において見られるとしたら，仏教と社会福祉の融合は難しいかも知れない。結局，仏教的社会福祉を論議することは，こうした類の通俗的見解を克服することに関する論議になるのであろう。そのためには，仏教学と社会福祉学の学問的対話が求められる。
　仏教学分野の碩学として広く知られている研究者が社会政策に関して言及したことが，社会事業や社会政策の分野で批判されたことがある[84]。学問の世界でも，宗教の世界でも，自分の携わっているものに対する強い自負は，他の学問や宗教に対する理解不足を招きかねないという事実を喚起する必要がある。

解明されていない仏教社会福祉の概念

　日本で仏教が主体になった組織的社会福祉事業が始まったのは，19世紀末頃であると知られている。たとえば，浄土宗の僧侶で仏教社会事業の開拓者であった渡辺海旭（1872~1933）は，1916年，「現代感化救済事業の五大方針」と題する自分の論文において，①感情中心主義から理性中心主義へ，②一時的・断片的事業から科学的系統的事業へ，③救恤から共済へ，④奴隷主義，乞食主義から救済者の人格を認める人権尊重主義へ，⑤応急的慈善事業から予防的慈善事業へ（菊池正治，2006）という，五つの方向転換の必要性を主張した。これは仏教福祉の分野を超えて，日本の社会福祉界全体に社会福祉の正しい方向性を提示したものである。また，戦後の混乱期には貧困者の救済に仏教界が積極的に取り組んだこともあり，仏教主体の社会福祉事業は相当な歴史を持っ

---

(84) これは，中村元（1949：188~189）の次のような見解である：「もともと社会政策とか慈善事業ということは本来東洋社会においてまず盛んに行われたものであって，西欧においてははるかに遅れてあらわれたものである……史的人物としてゴータマ自身も病人の看病などに献身的であったことが伝えられている……アショーカ王は貧しい人々に給与するために施しの家を設立した。仏教による社会政策，すなわち貧民を救済し，病人の療養を行い，さらに獣畜さえも憐むというような事業は，その後インドでは一つの伝統となって長い間行われた」。孝橋正一（1968：221）は，この見解は社会政策分野に対する仏教学界の誤解を代表するものの一つであると指摘している。

ているといえる。

　しかし現在においても仏教社会福祉とは何か，はたしてその実体はあるのかという疑問が解消されていないのが現状である。日本で仏教社会福祉とは何かということに関する論議が行われるようになったのは，1960年代以降のことである。1965年の日本仏教社会福祉学会の創立は，その契機になったと思われる。仏教組織が行う福祉活動の領域が広がり，科学化，組織化が進むことによって仏教主体の福祉活動が現代的福祉活動として認められるようになり，社会福祉を仏教教理から解明する必要に迫られたのである。

　しかしそれ以降の論議によって，仏教的社会福祉とは何か，その実体はあるのか，あるとしたらどのようなものなのか，という疑問が解明されたとは思えない。多数の研究者が参加した当時の論議は，結論が出ないまま封印されている状態にあると思われる。その理由は何か。学問としての社会福祉学が西欧社会から発展したこともあり，その社会福祉実践には西欧的人間観・世界観が内在されているが，それを仏教的人間観・世界観に基づいて解明し直し，仏教思想と社会福祉との融合可能性を試みる学問的成果を出すことまでには至っていないことに，その原因があると判断される。

仏教社会福祉の概念論議

　長崎陽子（2002）は，1960年代以降提起されてきた仏教社会福祉の概念定義に関わった多数の研究者の見解を総合的に検討している[85]。その概念規定は大きく二つに分けることができる。それは，（1）仏教の観点からみた概念定義，（2）社会科学ないし社会福祉の観点からみた概念定義，である。ここで注意しなければならないのは，仏教と社会福祉という二つの概念そのものにも統一的見解がなく，しかも仏教社会福祉という言葉以外に，仏教福祉や仏教社会事

---

(85) 長崎氏が検討対象としているのは水谷幸正，上田千秋，孝橋正一，西光義敞，田宮仁，硯川真旬，上田千年，高橋憲昭，高石史人，中垣昌美の概念定義である。仏教社会福祉あるいは仏教福祉に関わる論客の大半がここに含まれている。その他の論客として注目すべきは，守屋茂（1966），森永松信（1975），清水教惠（1977），三宅敬誠（1999），長谷川匡俊（2000）などの見解である。なお，近年の論議としては，清水海隆（2003），志田利（2005），長上深雪（2008）などの著作がある。

業という言葉を使う研究者もあり，さらに仏教福祉と仏教社会福祉の二つの用語を同一のものとしてみなす論者もあれば厳格に使い分ける論者もあるなど，論点がきわめてわかりにくくなっているということである。

　まず，仏教社会福祉は人文科学としての仏教学の範疇に入るものであるという立場であり，その代表的論者の一人が水谷幸正（1981）である。水谷は，仏教社会福祉学は社会科学の一分野としてではなく，仏教の必然的展開としての社会福祉を解明しようとするものであると規定している。そして実践仏教学という言葉にこそ，仏教社会福祉の意義が発見できると主張した。仏教社会福祉は社会科学的認識を必要とする領域ではあるが，仏教が本来，内部的に持っている姿を社会に現したものが，仏教社会福祉に他ならないという立場である。

　仏教の立場からの論議には，さらに仏教福祉は社会福祉とは同質のものではなく，仏教の範疇であり，それは仏教理論からの展開であるという主張もある。たとえば，仏教福祉は自他ともに，平等利益にして生きていく大乗仏国の実現を目指す理念，目標概念であり，それはすなわち，仏教において衆生が求める福祉追求の概念（硯川真旬，1998：48）であるとの主張である。

　一方，社会科学の立場から仏教社会福祉にアプローチする論者たちは，仏教の実践領域がすなわち仏教社会福祉であるという見解が仏教界によって共有されていること自体が，日本の仏教界に，社会的現象を社会科学的に探求しようとする姿勢，社会構造を理解しようとする姿勢が欠けていることの証しであると指摘する。この立場からは，仏教社会福祉は社会福祉の一領域であり，社会福祉は社会の構造的社会問題への対策であるので，そうした問題の解決を目指している関連制度（社会保障制度や社会政策など）との関係性の中で，仏教社会福祉が理解されなければならないとされた。その代表的論客の一人，上田千秋（1983）は，仏教社会福祉があくまでも社会科学の一領域として存在するという立場から，次のように述べている。

　　現代社会における社会問題対策の一つである仏教社会事業の性格・機能の正しい位置づけは，他の社会改良主義的対策体系としての社会政策と社会保障政策との間に一定の理論的・実践的関連を保ちつつ，社会事業を含むそれらを，総

じてその社会的・経済的限界まで最大限に拡充させる必要がある。

　この指摘の意味は，社会問題の対策の一つが仏教社会福祉であるゆえ，仏教社会福祉が何かというのは，仏教社会福祉の社会的役割を考察することによってわかるということである。

仏教社会福祉の概念論議の意義
　仏教社会福祉の概念論議に関連して，筆者は次のような問題提起をしてみたい：「現在日本において仏教社会福祉のアイデンティティが明確でないということは，はたして仏教社会福祉の概念定義の不徹底さにその原因があるのか」。これは逆に言えば，仏教社会福祉の概念規定を的確にすることによって，仏教社会福祉のアイデンティティが確保できるのかという疑念である。
　もし，そのアイデンティティが明確でないとしたら，その真の原因は，その概念定義の不徹底さにあるのではなく，仏教社会福祉という名に値する研究モデル，ないし福祉実践モデルの乏しさにあるのではないか。したがって，ここで仏教社会福祉の概念をめぐるさまざまな見解を，筆者の観点からさらに分析・類型化を試みても，それによって仏教社会福祉の本質が見えてくるとは思えない。
　しかし，仏教社会福祉の概念をめぐるさまざまな見解を検討することの意義がないわけではない。その意義は何よりも，社会福祉から仏教社会福祉にアプローチする論者の場合はいうまでもなく，たとえ仏教即福祉という立場に立って仏教（社会）福祉を展開する論者の間でも，仏教界が主体になって福祉事業を進めていくためには，社会科学的認識や社会福祉の方法を取り入れる必要があるというコンセンサスの形成に寄与したということである。
　仏教社会福祉の学問的体系化を推し進めることにおいて，仏教界が守らなければならない最も重要で基本的な立場は，「社会科学的方法に対する干渉をしないこと」（田宮仁，1983）であるというのは適切な指摘である。また，仏教社会福祉が大乗仏教精神（菩薩の精神）による社会福祉活動であると規定している論者（森永松信，1975）も，仏教社会福祉活動には現代社会の社会現象や社

会問題に対する科学的洞察，社会科学的知見が欠かせないということを，次のように述べている。

> 仏教社会福祉にかかわる必要な点がある。第一に，仏教者は激動してゆく現実社会の実態と諸情勢についての本質的把握をなすことである。もとより近代的な慈善事業型の残存が，そのままであってはならないし，それにともなう実践的方法の創意工夫による措置と経営がなされなければならない。

また，社会事業の究極の目的は救済にあるが，それは社会的救済だけでなく，宗教的救済をも含むという立場を堅持している論議もある。守屋茂（1966：220）は，仏教社会事業は社会科学的立場に立って行われる種々の施策を必要とすることを前提にした上，次のように述べている：「仏教社会事業の核心は社会科学的立場に立つ社会事業に単に仏教的要素を導入することではなく，仏教学によって明白にされた直感的自覚を必要とするものである」。

仏教と社会福祉の関連性に関する具体的論議

仏教社会福祉のアイデンティティを確保するためには，社会福祉に対する仏教独自の見解とアプローチの提示が不可欠である。独自の価値と認識方法に基づいた福祉実践モデルが提示されない限り，仏教社会福祉の概念をいくら精巧に定義しても，それは実体のない空しい論議になってしまう。人間平等というブッダの偉大なる理念が，もし仏教界の福祉実践現場で目に見える形で実践されているのであれば，仏教社会福祉が何かを把握することができるが，そうでなければ空しいものになってしまう。

したがって，仏教社会福祉の概念定義を行わずに仏教社会福祉を研究するといっても，それは決して批判に値しない。モデル的な研究成果そのものが，すなわち概念定義の役割を果たすからである。たとえば，福祉研究の一分野である福祉国家研究においては，福祉国家の概念定義をせずに福祉国家に関する立派な研究成果を提示した場合も少なくない。

この点を考慮した場合，仏教福祉をめぐる論議の中で注目に値するのは，長

福祉の要素＼仏教の要素	仏教の思想・理念・信仰	仏教の教えの体現者 (僧俗仏教者・仏教寺院・仏教団体など)
抽象的・理念的・規範的な福祉	A 仏教思想・理念による福祉理念の基礎づけ	B 成立不可能
具体的・実践的・現実的な福祉	C 仏教の思想・理念に基づく科学的な社会福祉実践	D 仏教者による社会福祉政策・援助過程への参入

図6-4　仏教と社会福祉の結合（長谷川匡俊，2000：83～85をもとに筆者作成）

谷川匡俊の論議である。長谷川によれば，仏教と福祉にはそれぞれに二つの要素が含まれているという。仏教には，（1）仏教の思想や理念と信仰，（2）仏教の教えを体現している僧俗仏教者，仏教寺院，仏教団体など，という二つの要素があり，福祉にも，（1）抽象的・理念的・規範的次元における福祉（目的概念としての福祉），（2）具体的・実践的・現実的次元における福祉（実体概念としての福祉），という二つの要素がある。そのそれぞれの要素をクロスさせれば，図6-4に示されているように，A・B・C・Dの四つの組み合わせができる。ただし，事実上「B」のパターンは成立しないので，A（仏教の思想・理念による福祉理念の基礎づけ），C（仏教の思想・理念に基づく科学的な社会福祉実践），D（仏教者による社会福祉政策・援助過程への参入）の組み合わせになるが，そのA・C・Dの領域において仏教福祉の存在理由を問い，各領域でどのような問題提起ができるのかを例示している（長谷川匡俊，2000：83～87）。

この論議において，仏教福祉とは仏教に基づく福祉であると簡略に定義されているが，にもかかわらず，この見解は研究と実践の両面において，仏教福祉の具体的な内容を把握することに重要な示唆を与えている。これは，仏教社会福祉のアイデンティティを確立するためには，その概念定義にこだわるよりも，ブッダの教えに基づいた仏教特有の福祉実践，仏教と社会福祉の融合可能性を，具体的に示すことが大切であることを示唆している。

4．仏教社会福祉の理念

　仏教社会福祉の理念は，何よりも人間平等の実現である。ただ，それについては第2章にて詳しく考察したので，ここでは，人間平等の理念以外に，仏教社会福祉の理念として次の二点をあげ，詳しく検討したい：（1）人間による慈悲の実践，（2）共生社会の実現。

（1）　人間による慈悲の実践

慈悲と四無量心

　慈悲は仏教の核心思想の一つである。慈はサンスクリット語で友情や同志の意味を持つ言葉で，人に利益や安楽を与えることを意味する。ただ，特定の人々に対してのみそうしたこころを持つのではなく，すべての人にそのようなこころを持つということである。悲は衆生から不利益と苦痛を除去することを意味する。慈悲は抜苦与楽と表現される。慈悲のこころは，経典では次のように表現されている。

> あたかも，母が己が独り子の命を賭けても護るように，そのように一切の生きとし生けるものどもに対しても，無量の慈しみのこころ（意）を起こすべし。また，全世界に対して無量の慈しみのこころを起こすべし。
> 立ちつつも，歩みつつも，坐しつつも，臥しつつも，眠らないでいる限りは，この慈しみの心づかいをしっかりとたもて。この世では，この状態を崇高な境地と呼ぶ（『スッタニパータ』149～151）。

　慈悲をより具体的に拡大したのは，四無量心である。それは，仏と菩薩が持たなければならないとされる，四つの無量の心のことである。ここで無量とは，仏と菩薩の慈悲が無量であるという意味ではなく，無量の衆生に無量の幸せを与えるという意味である。その内容は次の通りである。

慈：人に楽を与えようとするこころ，与楽のこころ

　　　喜び，利益，楽しさを分かち合おうとするこころ

悲：苦痛に対する深い同情心，抜苦のこころ

　　　人から苦痛をなくそうとするこころ

喜：人が幸せで安楽になることを喜ぶこころ

　　　他人の布施に喜ぶこころ

捨：誰にも平等に接するこころ

　　　自分を捨てるこころ

人間に対する人間の行為

　慈悲は絶対者が人間に行う行為ではない。それは神による救いではなく，その主体はあくまでも人間である。また慈悲の対象も人間である。衆生は人間だけではなく，感情を持つ生命体，そして命を持つすべての存在を意味する。したがって，慈悲の対象も衆生全般に及ぶ。

　ブッダの出家動機は苦痛からの解放であったが，それは一身の解放ではなく，生命あるすべての存在の苦痛からの解放であった。覚りによって苦痛を超越した人間ブッダが，苦痛の中にある衆生を救済するために苦痛の世界に戻ってきたこと，それこそ慈悲の本質である。

　慈悲思想は，大乗仏教においてとくに強調された思想である。しかし，ブッダ思想の原点は出家にあり，その精神は大乗仏教においても，本質が変わることなく継承されていた。大乗仏教においてはブッダ以外に多くの仏が想定されているが，その諸仏も人間ブッダと同じように人間に対する慈悲を持ち，苦悩する人間の救済を目指す。それゆえ，人間の苦悩の数ほどの多くの仏が作られるようになったのであろう。疾病の苦痛，地獄の苦痛，死の苦悩からの救済を行うとされる薬師仏，地蔵仏，阿弥陀仏などがその代表的存在であるが，いかなる姿の仏であっても，その根本の性格は慈悲である（増谷文雄・梅原猛，1996：292）。

　むろん，人間はブッダあるいは諸仏とは異なり，衆生を助けようとしても直ちに問題を解決する能力を持っているわけではない。にもかかわらず，慈悲は

人間の行為である。人間を助けようとするこころ，ある問題に悩まされている人間の苦痛を解消し，安楽が得られるように助けようと努力するこころ，そのこころが慈悲である。

生命の尊重と平等の精神

　安居とは，雨期を意味するサンスクリット語の漢訳であるという。雨期の期間中に遊行をやめて一定の場所で修行をすることであり，夏安居，雨安居といわれている。ブッダの時代に始まったということであるが，それは雨期には昆虫などの小動物の活動が活発な時期であり，外を歩いているうちに，それらに対する不本意な殺傷の可能性があるので，外出を慎むということがその本来の目的であるという。

　すべての命あるものを尊重すること，慈悲精神の原点はそこにある。すべての生き物の苦痛の中で，何よりも大きな苦痛の一つが死の苦痛であろう。殺生は衆生に最も大きな苦痛を与える行為であるので，慈悲実践の前提は，まず不殺生を守ることである。道を歩いているときでも，生物に対する不本意な殺生を避けるために足元を察知しながら慎んで歩くこと，それは慈悲の実践の始まりといえるものであろう。

　サンスクリット語のアヒンサーは，不殺生，非暴力を意味する。不殺生はブッダの教えの中でも中核をなしていて，慈悲と深く関わっている。しかし，不殺傷とは何かについては議論がある。殺傷の意味を拡大してみると，殺傷のない生活とは現代社会では不可能であるからである。すでにドイツ仏教協会は数十年前に，五戒（不殺生・不偸盗・不邪淫・不妄語・不飲酒）から不殺生を除外する決議を行ったという。ブッダはアヒンサーに対し，いかなる定義も行わなかった。それが仏教の不殺生の教義をめぐるさまざまな論議の一因をなしている。ここでは，ブッダの他の説法を通じて，間接的にアヒンサーの教義を考察してみたい。

　ブッダは布施として提供された肉を拒否しなかった。その一方，動物を宗教的な儀式のいけにえ（生贄）にすることには強く反対した。この二つの態度が意味するのは何か。

ブッダの態度には，中道の教えが反映されているように思われる。当時のバラモン教は祭礼の儀式に動物をいけにえにしていて，ブッダはそれを強く批判した。一方，ジャイナ教の場合は，不殺生の戒律を厳格に実践しようとしていた。ブッダはこの両極端を受け入れなかった。不殺生を規則として具体化したのではなく，不殺生を一つの原則とする姿勢を示した。原則とは生活の方便である。結局，ブッダの選択は中道であったといえる。ブッダにとってアヒンサーとはすべての生き物を愛することであり，すべての生き物が，幸せで安楽であるようにすることであった。

慈悲思想には人間平等が前提されている。人間も他のいかなる衆生も，一つの命を持つものである。すべての生命体と同体であるということを自覚することが，慈悲の出発点である。衆生に対するこうした見方は，衆生を見るものの立場から考えるのではなく，衆生の立場から衆生の苦痛を考えるのである。

慈悲の科学的実践

慈悲思想の核心は，その実践にある。ところが，慈悲の実践が社会福祉的行為として認められるためには，二つの条件がある。

その一つは，慈悲を組織的に実践することである。困っている人を偶然に発見し，金銭を与えたという行為は組織されていない行為であり，個別的な施しである。慈悲の組織的実践とは，多数の仏教人や仏教団体によって行われている活動の調整を必要とする。調整とは，援助を必要とする人が援助対象から脱落しないように努めること，そして多数の団体などから重複的に援助を受けることがないように努めることである。それは社会福祉資源を組織的に，そして効率的に活用するための努力である。

慈悲の実践が民間社会福祉として認められるためのもう一つの条件は，対象者選定の基準である。対象者の選定は援助を必要とする程度，すなわちニーズ

---

(86) ブッダはいかなる場合でも肉や魚，塩などを食することを禁止しなければならないというデーヴァダッタ（提婆達多）の主張を退けた。デーヴァダッタはサンガの分裂を画策した人物である。その契機は，五つのきわめて厳しい戒律をサンガが受け入れるように提案したが，拒否されたことであった。彼の提案した五つの戒律には，他人に招待されその家に入ることの禁止，在宅信者などから服を受け取ることの禁止などが含まれていた。極端な戒律であったと思われる。

の状況を査定し，その大小や緩急を考慮して援助を提供することを意味する。社会福祉資源は有限である。希少性があるゆえに資源と呼ばれる。福祉対象者の選定基準を持つということは，限られた資源を科学的，組織的に活用するための努力であり，それこそ民間社会福祉の核心的特徴である。

といっても，社会福祉活動がさまざまな形や状況で行われていることを考慮する必要がある。というのは，たとえば仏教寺院や僧侶による自殺相談などのような活動は，危機介入（crisis intervention）の実践であり，ニーズを持っているクライエントには，無条件の援助が提供されなければならないからである。

（2） 共生社会の実現：利他的実践と菩薩道

大乗仏教の核心思想

大乗仏教は菩薩の宗教（梶山雄一，1984）とも呼ばれているように，菩薩道は大乗仏教の核心的教理である。だからといって，初期仏教に菩薩思想がなかったわけではない。衆生を智慧の生活に導こうとするブッダのこころ，それが慈悲の原型である。

菩薩とは，サンスクリット語の「bodhi-sattva」を漢語に音訳したものであり，bodhi は覚りを，sattva は衆生を意味するという。菩薩は，覚りを追い求める衆生という意味になる。ただ，菩薩の意味は初期仏教と大乗仏教によって異なる。

初期仏教においては，覚りを開く前のブッダを菩薩と称した。ブッダ前生の物語である『ジャータカ』においては，ブッダの前生を菩薩としている。

大乗仏教において菩薩という言葉は，声聞や独覚に対比される概念として使われた。前者の二つのケースは自分自身の覚りに執着する者であるのに対して，

---

(87) 声聞とはブッダの教えを聞いて覚りを得た者，独覚は自ら覚ったことについて他人には説かない者のことである。この両者は二乗と呼ばれる。大乗仏教においては，こうした類型の修行者は覚りを開くことができないとしている。このような理由で大乗仏教が部派仏教を「小乗」と貶したことについては，すでに指摘した通りである。極端には「犀乗」（Radhakrishnan & Raju ed.／勝部真長・広瀬京一郎編訳，1978：204）ともいわれた。サイ（犀）が孤立して生きている動物であるからだという。

菩薩はすべての衆生と共にしながら、衆生の救済を目指す側面が強調される。たとえば、大乗経典の『般若経』では、菩薩は摩訶薩（maha-sattva）と呼ばれるが、それは大きな志を持った者という意味である。サンスクリット語の「sattva」は有情や衆生を意味することもあるが、執着するという意味もあるという。したがって「bodhi-sattva」は、自分一人の覚りに執着する者という解釈も可能になる。梶山雄一（1984：101～102）によると、『般若経』では須菩提から菩薩の意味に関する質問を受けた仏は、菩薩の語意が執着しないことであることだけを強調しているが、それは初期仏教を意識したことで、自分一人の覚りに執着する声聞や独覚の存在を、否定するためであったという。このように、大乗仏教において菩薩とは、衆生と共に生きながら、すべての衆生を救済する存在であるという意味が強調されているのである。そして、すでに覚りを開いたにもかかわらず、涅槃に入ることを見送り、現世にて衆生の救済に尽力する菩薩像も作られるようになった。菩薩は自分を犠牲にしながらも、衆生救済を実践する存在である。

布施と利他主義

自分と他人の幸福は、布施という徳目の実践を通して成し遂げられる。布施は大乗仏教の核心的修行方法であり、菩薩の実践徳目である六波羅蜜（布施、持戒、忍辱、精進、禅定、智慧）の第一徳目である。『大般涅槃経』には布施のあり方が、次のように説かれている（香川孝雄，2005）：「乞う者をみて与えるのは、施しであるが、本当の施しとは云えない。心を開いて進んで人に施すのが、本当の施しである。また施して後に悔いたりその報いを求めて行うのも本当の施しではない。施して自慢するのも本当の施しではない。恐れのため、名誉のため、利益のためであってもならない。施して喜び、施した自分と、施しを受けた人と、施したものの三つを忘れること（これを三輪清浄という）が本当の施しである」。

この布施という利他行が現代社会においてどのような形として現れるのかについては、福祉社会の核心的要素の一つである利他主義（altruism）を具体的に概念化し、その社会的役割を規定したティトマスの論議と関連づけてみると、

より鮮明になると思われる。

　ティトマスは，真の福祉社会のあり方は何かというテーマを科学的かつ倫理的に論証することに尽力した，イギリスの社会政策学者である。彼は1970年に『贈与関係』（The Gift Relationship）と題する研究を公刊したが，それはイギリスやアメリカ，ソ連（当時）などにおける，人間の血液の供給方式を比較研究したものであった。

　彼は，売買を通じて血液が供給される国家と，献血を通じて血液が供給される国家を比較し，どのような血液供給方式が，より福祉社会に近い社会であるのかを論議した。ティトマスは献血行為を利他主義の一つの形態とみなし，血液供給のほとんどを国民の献血によって確保するイギリスのような国家が，より福祉社会に近いと主張した。利他主義の具体的行為とは，血液を必要とする者が誰なのかもわからず，自分の献血した血液が誰に供給されるのかもわからないが，その顔も知らない誰かが，自分と同じような社会成員であるという強い連帯意識に促されて，喜んで献血する行為であったのである。ティトマスが科学的に証明しようとしたそのような行為が，いわば三輪清浄の布施である。

　布施は他人との関係の中から，自分の行為や生活方式を求めようとする行為であり，社会連帯の表現である。それは他人の幸福を増進することによって自分の幸福を追い求める行為であり，福祉社会の不可欠の条件である。布施を行う者と布施を受ける者の立場が，逆転する可能性は常にある。現在，布施を行っている者にも，他人の布施のおかげで生きているのであるという認識が必要になる。

ホモ・ネガンスの理想型

　フロム（E.Fromm）は，人間とはどのような存在なのかという問題に対して，他の動物と区別される人間の属性とは何かという観点から，人間のいくつかの重要な特性を提示した。理性を持った存在としての人間（Homo-Sapiens），遊びが楽しめる存在としての人間（Homo-Ludens），道具を使用する存在としての人間（Homo-Faber）といったような人間像である。中でもここにおいて利他主義の属性と関連して紹介したい概念は，「ノー（No）と言える存在とし

ての人間」、つまりホモ・ネガンス（Homo-Negans）というものである。もし、イエスと言うと生に必要なすべての条件が保障されるにもかかわらず、それに安住せずノーと言える存在であるゆえ、人間は他の動物と区別される存在といえるということである。

　菩薩は衆生の救済のために、自分の究極の目標である涅槃までも見送るという誓いを行った存在である。その存在はフロムの論議でいえば、ホモ・ネガンスの理想的存在である。というのは、イエスと言えば涅槃に入ることができるが、それにもかかわらずノーと言える存在であるからである。衆生を救済するために自分の目の前の解脱を後回しにすること、それこそ利他主義を体現するための行為である。

5．仏教社会福祉の概念定義と研究モデル

(1) 仏教社会福祉の概念定義

仏教社会福祉のアイデンティティ
　学問研究において、概念定義は研究の方向と範囲を決定する。仏教社会福祉分野においても、仏教社会福祉を如何に定義するのかによってその歴史や研究の範囲が決められる。研究者がある研究対象の概念定義を試みることは、結局、自分の研究範囲を定め、研究の一貫性を保つためである。

　社会福祉実践としての仏教社会福祉は、形式的側面からみると、社会福祉事業を仏教組織や仏教者が主体になって行うものである。しかし仏教社会福祉のアイデンティティを確保するためには、そうした形式的要件を満たすことよりは、その福祉事業の内容的側面、つまり福祉事業の理念、援助実践の形態、対象者の選定、財源の調達などにおいて、「仏教的」運営原理を適用していくことが求められる。

　要するに、仏教社会福祉のアイデンティティは概念定義そのものによって担保されるものではなく、その概念定義に基づいた研究や福祉実践が行われ、それが一つのモデルとして提示されるときに初めて確保できるのである。し

がって，仏教社会福祉の研究モデルや実践モデルを提示することによって初めて，ブッダの教えに基づいた「仏教的」福祉実践とはどのようなものなのか，社会福祉に対する仏教的アプローチとは何か，他の宗教の福祉実践，無宗教の福祉実践と仏教福祉はどう異なるのかという疑問が解明されるのである。

筆者の概念定義

　仏教社会福祉を体系化していく作業の前提になるのは，何よりも相手の学問世界を認めること，相手の学問の基礎知識の習得である。しかし，現実的にみると，仏教学と社会福祉学の二つの学問領域の知識を習得することは容易ではなく，そうした研究者も限られる。また，仏教学を基礎としながら仏教社会福祉を論ずる場合とその逆の場合には，埋められない溝があるかも知れない。筆者は社会福祉学者であるゆえ，仏教社会福祉をまず社会福祉の観点から見てしまうという可能性があることを認める。筆者なりには慎重にアプローチするつもりであるが，論理的飛躍や仏教教理に対する恣意的解釈の可能性もある。

　こうした自分の立場を認識した上，ここでは仏教社会福祉の概念を次のように簡略に提示したい。本研究の範囲はこの概念定義によって限定される。

　仏教社会福祉とは，学問的領域あるいは福祉実践の領域において，次の三つを含む活動である。

1．社会科学としての社会福祉の学問的原理や実践的原理を，ブッダの教えと思想に基づいて照明し，研究すること
2．仏教的社会福祉理念を実現するための科学的，組織的活動
3．仏教思想と仏教的実践方法に基づいて行われる，社会福祉実践活動

　ただここで指摘しておきたいのは，仏教は宗教の一つであり，その一次的関心が社会福祉にあるものではないということ，社会福祉の多様な領域の中で，国家が主体になって統一的に行う福祉制度については，宗教組織が介入する余地が限られるということである。つまり，すべての社会福祉活動とすべての仏教教理が，融合できるわけではないということである。仏教と社会福祉とが融

合できる領域は，仏教思想の中では，人間ブッダの実践活動・実践思想と関わる部分，そして社会福祉の中では，主に社会福祉サービスの領域になる。

社会福祉サービスの領域は，たとえ全体の社会福祉に占める比重は大きくなくても，その国の福祉レジームを特徴づけるほど重要な領域であり，民間社会福祉，ひいては宗教社会福祉の長所を有効に活かすことができる領域でもある。国家間の福祉制度の特徴的差違は，この社会福祉サービスの差違に起因するところが大きく，サービス供給主体の特性が反映される領域である。したがって，仏教社会福祉の実践が期待される領域は，主に社会福祉サービスであり，具体的には貧困者，老人，障害者，児童，女性等を対象とする福祉サービス，ボランティア活動等になる。

仏教社会福祉の学問的・実践的領域

仏教社会福祉は大きく，学問的領域と実践的領域とに分けることができる。

学問的領域としての仏教社会福祉は，社会福祉の対象になる社会問題を，仏教的世界観と認識方法に基づいて発見・分析し，その解決策を提示すること，そして社会福祉の原理をブッダの教えに求め，仏教独自の社会福祉原理を発見していく研究活動である。現代社会の社会福祉原理は主に，西欧福祉国家から発展したものである。社会福祉原理の思想的基盤をブッダの教えから抽出すること，それこそ仏教社会福祉の最も重要な課題である。

ところが，社会福祉の原理をブッダの教えから抽出することは果たして可能なことなのか。仏教と社会福祉は，その世界観や人間観において矛盾するところがない。しかも仏教的な世界観，社会問題に対する仏教の見方は，社会福祉の原理を正確に理解する正しい目を，われわれに与えてくれる。仏教と社会福祉の融合のためにはまず，仏教的社会福祉理念の提示が必要であり，ブッダの教えと思想に対する理解が，その前提になる。

実践領域における仏教社会福祉とは，社会福祉の実践をブッダの行いと教えから抽出し，福祉実践に適用していく活動である。むろん実践方法は，あくまでも科学的・組織的方法でなければならない。具体的には，ブッダの教えに基づいた社会福祉実践指針を作ることが，何よりも重要な課題である。

(2) 仏教社会福祉の例示

　最後に，学問的領域と福祉実践領域において，仏教社会福祉のモデルたる一例を提示してみたい。たとえば，高齢者福祉分野において仏教的福祉実践とは何かについては，第8章で，実践マニュアルをいくつか提示しているので，ここにおいては，学問領域における仏教社会福祉とは何を研究するのかの例のみを提示したい。

「自立」の仏教的概念定義
　仏教社会福祉のアイデンティティを確保するためには，社会福祉の主要概念や原理を，仏教的に再解釈することが求められる。ここではその一例として，「自立」という概念の仏教的定義を試みたい。
　資本主義発展の原動力の一つは，自立イデオロギーであった。その自立とは，他人の援助を受けない状態のことを意味した。西欧の福祉発展過程をみると，スマイルズ（S. Smiles）の『自助論』は，社会福祉に大きな影響を及ぼした。「天は自ら助ける人を助ける」という言葉で広く知られているこの本は，社会福祉の受給者を自立しない者，ひいては自立しようとしない者として非難することに利用された。
　自立イデオロギーは1980年代以降，新自由主義の世界的潮流の影響で，再び強調される傾向がある。老年学の分野で1980年代末に提起された成功的老化（successful aging）という概念も，その一例であろう。成功的という意味は，経済的に自立し，自分のしたいことをすることができ，身体的にも健康であるという，三つの条件がそろっている状態のことである。しかし，社会福祉における自立の意味は，他人や福祉制度の援助を受けずに生活することの意味ではない。
　縁起法というブッダのダルマは，すべての現象や存在は相互依存的に存在するということである。その考え方からみると，人間が他人の助けを借りずに生きていくことは不可能であり，自助の考え方に基づいた自立，いわば自助的自立は，そもそも成立しえないのである。

人間の生は，垂直的には多くの過去の生とつながりをもっている。一人の人間が生まれるためには，おびただしい人数の祖先が要る。また，人間は水平的にも他の多くの生命体と相互依存的に生きている。同じ生命，命を分かち合っているという意味での共生である。自分が幸せになるためには，他人の幸せを増やさなければならないという考え方，それこそ仏教社会福祉の基本精神である。

このような認識に基づいて自立の概念を仏教的に解釈すると次のようになる。

　すべての命は独立して存在するのではなく，互いに助けられて存在するという認識は自立の出発点である。こうした自立の認識に，実践が加えられると完全な自立になる。自分と命を分かち合っている他人のために何かを実践すること，それこそ真の自立である。たとえば，寝たきりの状態にある高齢者が，介護者の負担を少しでも減らすつもりで可能な限り水を飲もうとしないとする姿，それは他人からの介助なくしては何もできない状態に置かれても，他人を配慮し自分なりにできることを実践する姿であり，それは立派な自立の姿である。また，健康な人が自分にできるだけ医療サービスを利用しないことが，病弱な人々の医療保障を支えることであると認識し，自分の健康管理を徹底するという生活態度も，素晴らしい自立の姿である。そしてこの二つの行為には優劣はなく，本質的に同じものである。
　助けを受けるということは，生涯続けられる過程であり，それを恐れることも価値なきことと思うことも無用である。社会福祉的援助を求めることを依存的生き方とみなすことは，決して仏教的な見方でもなければ社会福祉的見方でもない。

第III部
ブッダ的社会福祉実践の分野

ブッダ入滅の地,大涅槃堂の周りを,ブッダがそうしたように裸足で歩き回る修行者たち。裸足で歩いている超然とした姿そのものから,一種の清らかな響きが感じられる。ブッダの法は,社会的実現を目指す積極的な法であり,ブッダの教えに即した福祉実践は,ブッダの法の実践に他ならないのである。

第7章　ブッダの輪廻業報観と仏教的障害者観

1．仏教の障害者観に関する誤解

（1）　誤解とその根源

誤った障害者観

　人間の境遇はさまざまである。幸福の中で生きている人も，苦痛の中で生きている人もいる。人々の物質的環境をみても，国家によって大きな格差があり，一国の中でもさまざまな格差がある。ところが，現在のさまざまな生活状況を，前生の業をもって説明する風土が東アジアにある。しかも，それがあたかも仏教の教えであるかのように誤解している人も少なくないようである。しかし，それは反ブッダ的考え方である。ブッダの教えを借りるまでもなく，こうした宿命的態度は，人間差別を深める誤った考え方である。ブッダが何よりも改変しようとしたのは，人々が前生の業という考え方をもって，自分の現在の境遇に甘んじる宿命的生活態度であった。すべての衆生が自分こそ尊い存在であることに気づき，自らの努力をもって新しい人生を切り開くこと，それこそがブッダの教えの本質である。

　本章においては，輪廻転生や業に関するブッダの思想を考察する。この問題に関心を示す理由は，前生や業に関するブッダの教えを誤解したことが歪曲された障害者観を作り出していると判断しているからである。その最大の被害者は，当事者の障害者に他ならない。

　そうした誤解の根源は何か。誤解を広めたのは仏教人なのか，それとも非仏教人なのか。通俗的で恣意的な考え方，苦痛を受けている者をさらに苦しめるようなこの誤解を解明するために，仏教界は今まで，どのような努力を行ってきたのかを自問する必要があると思われる。

誤解の根源

　ブッダはいかなる物事でも偶然に起こるのではなく，ある原因によって起こると説いた。原因がありその結果があるという因果論が誤って解釈され，因が果を決定するといった誤解が生まれたと考えられる。しかも輪廻説に対する誤解も蔓延し，まるで仏教が前生を主張しているような認識，前生の行いの善し悪しによって現生の境遇が決定されるという宿命的な人生観が，あたかも仏教本来の教えのように受け止められる傾向さえある。

　仏教は，因果と業の概念をもって民衆に道徳を教えてきた。倫理道徳は正しく生きる道を民衆に示すものであり，それゆえ因果は，善悪の観点から解釈される傾向があったことは事実である。韓国仏教においても，業思想が善行を薦める通俗的教化方便に使われるか宿命論的に解釈され，人間の苦痛を業と関連づけて考える傾向があり，中国仏教においても同様な傾向があると思われる。[88]こうした傾向は，明治維新以前の日本仏教にもみられる現象である。梅原猛 (1980，上：81) は，仏教の因縁論を前生と関連づけて解釈することの問題を，次のように指摘している。

　　因果の概念には宿命論的ひびきがある。そこにはおのれの運命への諦めがある。そして同時に，このような現生の運不運を，人間の理解できない前生の因縁と結び付けることによって，仏教は，はなはだしく，理性の正しい行使を傷つける。因果の概念は，まさに，日本人を諦観にしばりつけるとともに，日本人の理性を麻痺させた最大の元凶のようであった。

　仏教が東アジア地域で道徳教育を行ってきたことの価値そのものを否定することはできない。ただ，ブッダの教えは通俗的因果応報説とは異なるものであり，そうした誤った解釈は障害者に対する社会的偏見を生み出している。だからこそ，ブッダの教えを明確にすることが求められるのである。

---

(88)　たとえば，中国社会科学院世界宗教研究所の紀華偉博士は，朴光駿とのインタビュー (2009年3月) において，「仏教の教えが中国社会にどのような影響を及ぼしたと思うのか」という質問に対して，第一に，「因果応報という道徳的教えを社会に広めたこと」をあげた。

ブッダの考え方と仏教経典の輪廻説が，必ずしも同一のものではないということにも注意する必要がある。大乗経典の一部では，輪廻転生を真理として説いている場合もあり，障害者に対する差別的内容もある。東アジア仏教に強い影響をもっている経典である『法華経』の「譬喩品」では，『法華経』を誹謗するとさまざまな悪い境遇に生まれるとしているが，その中で，もし人間に生まれても身体の欠陥があるとし，身体障害者に対する明白な差別（末木文美士, 2006：182）を説いている。その内容に限ってみると，それはブッダの教えに反するものであるといわざるを得ない。経典の内容はその全体的コンテキストの中で把握すべきであり，一部の仏教経典の一句一句に執着してみるべきではないというのは正論であろうが，しかし仏教界には，そのような内容が大衆の誤解を深めないようにするための努力が求められる。

（2） インドの輪廻業報説

輪廻説の始まり

輪廻とは，始まりも終わりもなく，生命の生と死を繰り返すことをいう。これは，死後世界の説明と深く関わっている概念である。人間は死によってすべてが終わるのではなく，自分の生前の行為などによって，人間として再び生まれることも動物に生まれ変わることもあり，その過程が繰り返されるとみる。そのような終わりのない転生は苦と考えられていて，それから自由になることが解脱とされた。

インドにおける輪廻説は，古期のウパニシャッドに体系的な思想が形成されたという。その代表的なものが，五火説と呼ばれるものである。五火説とは，人間の死後，次の五つの過程を通じて人間や動物として生まれ変わるという考え方である。

（1） 人間は死後，煙になり月の世界に行く。
（2） 雨とともに地上に降りてくる。
（3） 米や野菜など植物になる。

（4） 男性に食べられ，精液になる。
（5） 交合によって女性の子宮に入り，胎児になる。

　この五火説に後日，二道説が追加された。二道とは，死後の霊魂が祖道と神道に分かれるという考え方である。祖道に行く場合は，上の五道（地獄・阿鬼・畜生・人間・天上）に転生するが，神道におもむいた者はブラフマン（梵）に到達し，それと一体になって，いわゆる梵我一如になるという。
　永遠の実態のブラフマンに到達し，苦痛の現実社会に戻ってこない，というのが当時のインド人の念願であった。バラモン教においては輪廻が中心的教義として位置づけられ，信心と業によって来世の宿命（カースト）が定められるとされていた。宿命的世界観である。ウパニシャッドは次のように説いている。

> 祭火の教えを知る人々，人里離れたところで，信仰とは苦行であるとみなす人々は（火葬に付せられると）炎におもむく。炎から昼に，昼から月へ，月から歳に，歳から太陽に，太陽から月に，月から稲妻におもむく。そこに人類の始祖のマヌではない神人がいる。彼がその人々をブラフマン（宇宙の最高原理）へ連れていく。この道が「神の道」である……。
> また，この世においてその素行の好ましい人々は，好ましい母胎に，すなわち，バラモンの母胎か，王族の母胎か，庶民（ヴァイシャ）の母胎かに入ると期待される。しかし，この世においてその素行の汚らわしい人々は，汚らわしい母胎に，すなわち，犬の母胎か，豚の母胎か，不可触賎民（チャーンダーラ）の母胎に入ると予測されるのである（『チャーンドーギヤ・ウパニシャッド』服部正明訳，1969：第5章「輪廻」第10節）。

業とアートマン

　業とアートマンは，インドの輪廻説における核心的概念である。業を意味するサンスクリット語カルマン（karman, kamma）は，行為そのものを意味するという。漢字の音訳では羯磨，意訳としては業，作，作業，所行等がある。『大毘婆沙論』によると，業の語義は次の三つがある（大隈和雄編，1986：182）。

（1） 作用。単なる行為のことで，善悪の道徳的意識が見られないもの。行，住，坐，臥とか，取，捨，屈，伸，挙，下，開，閉，といった行為で，これは（3）で述べる因果業報の業には入らないものである。
（2） 法式を持する。戒を受けたり，懺悔したりする際の儀式作法をいう。
（3） 果を分別する。業は（1）で見たごとき単なる行為に留まらないで，果報を引き起こすものである。業の報い，業因等といった考えである。

　要するに，業とは，坐るとか立つという日常的行為を除いて，ある意識的行為をもって他人や他の生命体に影響を与える行為のことである。身をもって行う意識的行為，口をもって行う意識的行為，意をもって行う意識的行為が，いわゆる三業である。その業は決して消滅することはなく，必ずその報いを受けるとされ，現在の境遇は過去の業によって決定されるというのが，当時インドの世界観・生命観であった。
　ところが，輪廻転生するとしたら，それを可能にする永遠不滅の霊魂[89]という存在が必要になる。各人に存在する永遠不滅の認識主体が，アートマン（atman）である。インド人は，アートマンと呼ばれる人間の霊魂が心臓にあると信じていた。人間の死が近づくと，アートマンが人間の視覚や聴覚などの機能を心臓に集める。人間が死ぬと，アートマンは人間の身体から抜け出していくが，その際，人間のすべての行為や業が記録されたアートマンは，新しい身体に移り住むと信じられていたのである。
　アートマンは呼吸するという動詞から派生した言葉で，次第に身体を意味するようになり，自我あるいは霊魂を意味する言葉に発展したという。そしてやがて，宗教的で哲学的な意味での自己本質という意味を持つようになった。ウパニシャッドにおいて，自己本質であるアートマンは宇宙そのものの本質でもある。アートマンは万物に内在し，宇宙の原理を支えるものであり，宇宙の普遍的原理であるブラフマンと異なるものでもない。これが梵我一如の意味であ

---

(89) 霊魂とは，「身体の中にあり，そこから遊離すると信じられる不可視の存在」（『岩波仏教辞典』），「人間の身体の中に機能しており，可視的身体の消失の後にも，ある種の精神的機能を保持しつつ存在しうる個生命体」（村石恵照，2005）と定義されている。

る（東国大学教材編集委員会，1997：44）。

　ブッダはこのアートマンを否定した。アートマンを否定したことが，ブッダとバラモン教との最も著しい違いといえる。仏教の核心的教説の一つである無我とは，アートマンがないという意味である。ブッダは，以上のようなバラモン教的輪廻観を否定し，宿命的な輪廻業報説の代わりに，現生における正しい行為や精進の重要性を説いたのである。

2．業に対するブッダの考え方

（1）　ブッダ以前の業論

ブッダの拒否した業論

　支配イデオロギーという観点からみると，バラモン教のこうした巧妙な説明は，被支配階層の人民たちに，自分の低い身分と苦しい生活を運命として受け入れるようにする役割を果たした。バラモン的輪廻業報説は，支配階級には自分の権力の正当性を提供する一方，被支配階級には宿命的態度を持たせることによって，社会秩序を維持するような役割を果たしていたのである。

　ブッダはそうした宿命的世界観を打破しようとした。ブッダの輪廻観を理解するためには，輪廻と関連して，ブッダが拒否したのは何かを考察しなければならない。業思想はブッダ以前にすでにインドにあったものであるが，当時はブッダの考え方と異なる，次のような三つの考え方があった（大隈和雄編，1986：184～185）。

> （1）　宿作因説，ないし宿命論。この人間がどのような楽，あるいは苦，あるいは不苦不楽を感受しようとも，そのすべては前においてなされたものを因としている。
> （2）　尊祐造説，ないし神意説。この人間がどのような楽，あるいは苦，あるいは不苦不楽を感受しようとも，そのすべては自在神の創造を因としている。

（3） 無因無縁説ないし偶然論。この人間がどのような楽，あるいは苦，あるいは不苦不楽を感受しようとも，そのすべては無因無縁によっている。

以上のような業論はブッダがすべて拒否したものであるが，ここにおいては，いわゆる六師外道と呼ばれる思想家の[90]，二つの極端な説明に言及することにしたい。

六師外道の極端な考え方

ブッダの時代は宗教的革新の時代であった。当時の支配的宗教はバラモン教であったが，バラモン教はヴェーダを根本聖典としていた。したがって，革新的宗教家たる者はヴェーダに挑戦する人々であったが，そうした思想家たちは無数存在した[91]。その修行者たちは沙門と呼ばれていたが，沙門はブッダ時代の宗教革新家の総称であった。その主唱者たちに関する詳しいことは伝えられていないが，バラモン的輪廻を否定した六人の思想家は経典にも登場している。その中でも，極端であるといわれる二つの思想をみてみよう。

まず，ゴサラ（Makkhali Gosala）という人物の主張であるが，その主張は一言でいえば宿命論である。

万物は宇宙を支配する原理である宿命によって決定され，人間の意志で決定されるものはないという主張であった。つまり，ある物事は因や縁もなく起こるということである。存在するすべてのもの，命あるすべてのものには意力や能力や活力がなく，ただ運命と偶然性，そして生来の気質によって起こるという。輪廻が続けられるのも無縁無因であり，解脱も無縁無因で起こる。これは業を否定する教説であり，宿命的説明である。ブッダはこれを「もっとも危険で，もっとも下劣な思想」（長尾雅人訳，1969：511の訳註）であると批判した。

---

(90) ブッダの考え方と異なる六人の思想のことである。仏教側が名づけたものであり，自らの内道に対比されるという意味で外道という。差別的用語であるが，すでに通用されているので，ここでは，そのまま使うことにする。

(91) バラモンを含む主張を，仏教では62見，ジャイナ教では363見と分類している。つまり，仏教とジャイナ教では，異端的見解としてそれぞれ62の見解と363の見解をあげているのである（東国大学教材編集委員会，1997：46）。当時の思想界に，いかに多くの見解が提示されていたのかがうかがえる。

もう一つの極端は，カッサパ（Puruna Kassapa）の教説で，業報を完全に否定する見解である。彼は業報も功徳も認めず，因果応報を完全に否定した。人を殺すことも危害を与えることも，財物を奪うことも，その行為によって悪い影響を受けることがないという立場であった。

以上のような考え方は外道と呼ばれているだけに，ブッダの見解と異なるものである。それは，ブッダが無因無縁を認めることもなければ，因果応報を完全に否定する立場でもなかったことを示唆する。ブッダは，前生の業が現世の境遇を決定するという見解を否定したが，同時に過去の業の影響が，現在の境遇にいかなる影響も与えないという考え方も否定したのである。

（2） 業と業報

業とは

ブッダの業論は行為論，精進論，もしくは努力論といわれている。ブッダにとって業とは，自発的意思による行為であり，その行為を行った自分が責任を負わなければならないものであった。その行為の結果は，苦か楽かの形になる。

ブッダの業論において，業とは，「原因たる行為が善か悪かはっきりした性質を有し，その結果が苦か楽かという性質ははっきりしないもの」（森章司，2001：177）である。善か悪かという性質のはっきりしないものを無記というが[92]，それは，ある結果をもたらす原因とならないとされる。それは，悪は苦痛をもたらし，善は安楽をもたらす（善因楽果悪因苦果）という考え方であるが，このように業の影響を限定しないと，一回の悪行は次から次へと悪行を生み出すという論理になり，それは宿命論的な解釈になってしまうからである。この点について，森章司（同上）は次のように説明している。

　　もし悪が原因となって次なる悪を呼ぶとすれば，この悪がさらに原因となって

---

[92]　無記の意味はこの意味以外にもう一つある。宇宙は有限か無限かといった形而上学的質問に対して，ブッダは沈黙したが，その答えないという答え方を無記という。この点については第4章を参照すること。

次なる悪を呼ぶことになり，いったん悪をなしたものは永久に悪を犯しつづけなければならなくなってしまいかねない。ところが，結果が善でも悪でもない無記であれば，この無記は次なる原因とならず，したがって結果を引かないから，たとえ悪なる行為を行ったとしても，その結果は苦として実って終わり，ここで業は終結して，次には新しい自由意思による行為の生ずる余地を生むことになる。

善因楽果悪因苦果の解釈

善因楽果悪因苦果の解釈には注意を要する。というのは，何をその結果の基準時点とみるのかが重要であるからである。

現在ある種の苦痛を持っている場合を想定してみよう。過去を基準時点にしてみると，今の苦痛は過去のある行為がもたらしたものとされる。しかし過去のある原因といっても，それは無数の原因・遠因が関わっていて，因果の関係性を具体的に示すことはできない。交通事故による障害の場合でも，事故の原因は無数の要因が絡み合っている。自分の不注意によるものであると納得するようなこともあろうが，全く解明不能な場合もあろう。

善因楽果悪因苦果の意味は，当事者の観点なのか第三者の観点なのかによって異なる。障害者の当事者の場合，自分の障害に原因を特定することはできなくても，自分の状況を受容することは苦痛の解決に役立つかも知れない。しかし第三者が，障害の原因はその当事者にあるという考え方を持っているのであれば，それは苦痛の解決どころか，障害者に不当な苦痛を与えるものになる。

善因楽果悪因苦果の教えを現在の時点で解釈すると，次のような教えになる：「自分が今悪行を行うと，将来それによる苦が発生するので，そうした苦が発生しないようにするためには，正しい行いをしなければならない」。こうした現在中心の解釈こそ，善因楽果悪因苦果の正しい理解である。業の結果が無記であるという教えは，過去にこだわらないようにする教えであるとみてよいであろう。

現実の生には，過去の業の影響がある。宿命論は，過去の業によって現在の状態が決定されるというので，現在における人間の行為や精進の意味はなくな

る。ブッダを行為論者あるいは精進論者であるというのは、ブッダは過去の行為よりは、現在の行為や精進に最も重要な意味を与えていたからである。

（3） ブッダの業論の特徴

自己責任論としての業

ブッダは、過去の行為である業が、現在に苦や楽の形として現れることを認める。過去の行為が現在の生に影響を与えるということは、業と果報が時差をもって起こるという意味になる。[93]

業を行為論として受け止めるということは、徹底した自己責任論である。それは、現在の苦は他のいかなるものにその責任があるのではなく、自分の責任によるものであると受容することが重要であり、それは、現在の苦からの解放につながることであるという見方である。この点については、ブッダがマガダ国の王アジャータサットに行った説法に示されている。

アジャータサットは父王ビンビサーラを殺し、王位を奪った人物である。アジャータサットに対するブッダの説法は長く続けられ、アジャータサットがブッダに帰依すると誓うようになったが、自分の父王を殺した業が常に彼に苦を与えていることが、『沙門果経』の最後の部分に示されている。

> アジャータサット：師よ、私は世尊に帰命し、法に帰命し、僧団に帰命いたします……師よ、私は無知のなすまま、迷いのなすまま、邪悪のなすままに罪を犯しました。私は王権を得たいために、徳のある父・正義の王者を殺しました。私のこの罪を罪として世尊が許してください。
> ブッダ：大王よ、あなたが罪を罪として認め、法にしたがって罪を償おうとさ

---

[93] ただ、業と果報は同時に起こるものとみる見解もある。たとえば、舟橋一哉 (1975) は、『スッタニパータ』の「生まれによってバラモンになり、生まれによって農民になるのではない。業（行為）によってバラモンになり、業によって農民になる」という言葉を分析し、「業によって農夫なのである」という意味は、「土地を耕して生活をなすことによって農夫である」との意味であり、そうみると、先に業があり、後に果報があるという時間的前後関係として両者をみることは認められないという。耕作が業であり、農夫が果報であるということになるので、業と果報は同時であり、一つの事実の二面であるという。

れたからには，私はそれを受け入れましょう。なぜならば，誰であろうと，罪を罪として認め法のままに償おうとし，自ら戒めをまもるということは，それこそがブッダの戒律の繁栄というものだからです（長尾雅人訳『沙門果経』99～100）。

これが説法の最後の部分である。ところが，その瞬間，アジャータサットは公務を理由に席から離れようとしていた。ブッダに帰依するとはいっていたが，何かすっきりしないような感じがする。そのような彼の姿を見てからのブッダの言葉は意味深い。

比丘たちよ，かの王がもし，徳があり，正義の王であった父を殺さなかったならば，まさにこの席において，塵のない汚れのない法眼（真理をみる目）を獲得したであろうに（『沙門果経』102）。

現在中心の業論

ブッダの業論を正しく理解するために必要なのは，業という行為の影響を二つに区分して論議することであると思われる。その二つとは，（1）過去の業が現在の生に及ぼす影響，（2）現在の業が未来の生に及ぼす影響のことである。

まず，（1）のことであるが，現在の苦がどこからきたものであるのかを具体的に説明することは，ブッダの関心事ではなかった。ブッダの関心は（2）の問題，すなわち，現在の業が未来の生に影響を与えるものであることを認め，未来の苦が発生しないように，正しい行いをするように衆生を導くことにあった。業というのは決して消滅するものではない（『サンユッタ・ニカーヤ』66）という教えは，問題の原因を過去の業に求めず，これからの正しい生活を奨励するためのものであるとみられる。

ブッダは，「霊魂不滅論者に対しては，永遠不滅的存在としての霊魂を否定したが，唯物論者に対しては，道徳的責任論を主張した」（Stcherbatsky／金岡秀友訳，1957：58）と指摘される。それは，ブッダの説法態度にある種の矛盾

があるような印象を与えているが，しかし，果報を過去から現在と，現在から未来とに分けてみると，ブッダの業論は決して矛盾してはいないことが明らかである。

まず，過去の行為の影響として，現在の苦に対するブッダの教えは次のように要約できると思われる。

> 過去（前生ではない）の業の影響で現在の苦があるとはいえるが，過去の業が現在の生を決定するものではない。
> 現在の苦痛がどこからきたのかを，具体的に特定しようとする思いこそ煩悩である。重要なのはその原因の追究ではなく，その苦痛を解決することである。
> 現実の受容は覚りを開くことにつながる。

次に，現在の行為が未来の生に与える影響に関するブッダの教えは，次のように要約できると思われる。

> 正しい行為，正しい修行は，これからのいかなる苦をも予防するものである。
> 何よりも重要なのは，過去の原因に執着せず，日々精進する現在の行為である。

障害の原因の説明

現在中心の業論から障害の原因を説明しようとする実例としては，視覚障害をもった戦前の僧侶で，仏教福祉活動に大きな足跡を残した山本暁得（1934）の説明がある。山本は失明の原因は何か，医学的意味での原因ではなく，そのような不幸がいかにして自分の人生に生じたのかという問いに対する，仏教の答えを引き出している。

山本によると，その問いに対しては目的人生観と因果的人生観という二つの考えからの説明があるという。目的人生観とは，人生というのは善いにしても悪いにしても，すべて何らかの目的をもってできるものであり，偶然的なものでは決してないという考え方である。目的人生観からみると大きな不幸の一つである失明という事実も，何かの目的をもつものとされる。キリスト教はこの

目的観に属する宗教であり，失明というのも神の与えた目的であるとされる。イエスが視覚障害者を見て弟子たちに，それは神の栄光の現れんがためであると述べられているのである[94]。

これに対して，仏教の考え方は因果的人生観であり，それによると，失明は無数の因と縁によって発生した果であるという。ところが，その解釈において，当事者としての山本はまさに，現在中心の業論を展開している。現在の意味について山本は，次のように述べている。

> 重要なのは，私たちの現状を過去の結果としてみることではなくて，さらにそれを未来の原因であると感ずることにあるのであります。結果としてのこの現在は，それはすでに過ぎ去った過去のあとづけであって，どうしようもない固定的なものであり，したがって価値の決まったものにすぎないのであります。だが原因としてのこの現在はそういうものではなくて，それをより新しき未来に転ずべき可能性そのものでありますから，固定したものではなく，また価値のきまったものでもないのでありまして，その順縁とその逆縁との力によって，いかなる未来をも生み出すことができるきわめて貴い価値を有するものであります（山本暁得，1934）。

業報とブッダの現実的苦悩

ところが，ブッダの現在中心の業論は，宿命論的業に慣れていたインド人の立場からみると，それは善を積み上げていくという人間の倫理的行為を軽んずるものではないかと批判される余地を残していたと思われる。というのは，大衆は業報を勧善懲悪の教えとして受け止める傾向があるからである。

ここに，ブッダの現実的苦悩があったのではないかと思う。つまり，業報を否定すると，大衆から非難される可能性がある。実に，インド的業報を否定したことについては，大衆だけでなくジャイナ教などからも非難されていたとい

---

[94] しかし，山本は聖書に記されている，「キリストが視覚障害者の切なる願いによってその眼を癒されたこと」をみると，失明状態を続けることのみが神の目的ではないようにも思われることも述べている。

われている。だからといって世俗的業報論をそのまま認めると，業報決定論になってブッダ本来の教えに背いてしまう。初期経典に表れている業報に対する立場は，インド伝統の業報を認めるようで認めないような，あいまいな立場がうかがえる。たとえば，『ダンマパダ』の次のような内容をみよう。

> 悪の果業が熟していない間には，悪人でも幸運に出会える。悪の果業が熟した際に，悪人は災難に出会う。
> 悪を行うよりは何事もしないことがましである。悪を行えば後悔する。単にあることを行うよりは善を行うことがよい。後に，後悔することがない。

こうしたあいまいな立場はどう説明できるのか。それは，当時，革命的宗教としての仏教が伝統的考え方の大衆から離れてはならず，かといって仏教の教えの革命的性格をなくしてはならないという，ブッダの現実的苦悩を反映するものであると解釈できないだろうか。宗教たるものが，死によってすべての苦から解放できるという教えを説くことは考えられない。

大衆の慣習と古い考え方をそのまま認め尊重する態度を示すことは，ブッダの法の伝播を放棄することを意味する。しかし，ブッダは社会の伝統に対しては可能な限り理解し，そのまま受け入れようとする柔軟な態度を示していた。ブッダ自らは輪廻説を認めなかったとしても，輪廻思想を方便として認める場合もあったと思われる。ブッダが，人間と社会の変化には時間がかかるということを認識していたからであろう。ブッダのこうした態度は，既存の精神文化との葛藤を可能な限り避けながら，法の伝播にエネルギーを集中することを可能にしたと推測される。

3．ブッダの輪廻観

(1) ブッダの輪廻観をめぐる学問的論議

ブッダは輪廻を認めたのか

輪廻に関して伝えられているブッダの考え方は，理論的に完全な形をしているといえないかも知れない。というのは，ブッダが輪廻を認めたのか否か，もし認めたとしたらその輪廻の概念はどのようなものなのか，などをめぐって学問的論議が続いているからである。初期経典に限ってみても，経典のすべてが輪廻に関して一貫した見解を示しているのではない。

本章の関心は，ブッダの教えに基づいた正しい障害者観を明らかにし，宿命論的障害者観を正すことにある。そのために，必要最小限の範囲内で，輪廻をめぐる仏教学の学問的論議を検討したい。

ブッダは，輪廻の主体たるアートマンを否定したので輪廻を認めるはずがない，といった議論もあるが，そうした論理には問題があると指摘されている。櫻部建（2002：129～130）は，輪廻的生存は「我」なくして縁起的に展開するという仏教のユニークな立場からみれば，「アートマンの否定は輪廻の主体を認めないことを意味するので，ブッダは輪廻を認めなかった」という論理展開は，必ずしも正しくないと指摘する。こうした指摘は，「迷える者には輪廻があり，迷いを離れた者に輪廻はない」（櫻部建，2002：127；宮坂宥勝，1980：68）という仏教の立場に基づいたものであり，ブッダの立場を簡潔に表現したものと思われる。

迷いを離れた者に輪廻はないというのは，輪廻の否定である。輪廻的生存はアートマンなくして縁起的に展開するという仏教の立場からみると，迷える者に再有があるという経典の内容は，解脱していない者にとっては輪廻が本質的な問題であることを示すものであり，輪廻転生がないという教えと矛盾することはないと思われる。

心理的問題としての輪廻

輪廻に関する学問的論議において注目したいのは、ブロンクホルストと望月海慧（2001）の論議である。

「ブッダは業と転生を信じていたのか」と題する論文においてブロンクホルストは、ブッダが説いたとされる「四種の人の譬喩[95]」（『サンユッタ・ニカーヤ』3.21）の内容をもって、善業（good deeds）は天界に導き、悪業（bad deeds）は下界に導くという教えとしてとらえようとするのは、きわめて危険な論理である（Bronkhorst, 1998：9）と批判している[96]。彼によると、ブッダ時代の人々は、業を肉体的・精神的行為（phiysical and mental activity）とみていたが、ブッダはむしろ、業の背景にある意志（intention）や欲望（intention）などの精神的態度（mental attitudes）が重要であると考えていて、それこそブッダの思想が、同時代の思想と異なる特徴であるという。つまり、業や輪廻という問題は、心理的問題であるということである。このような論理からみると、同時代の思想では、肉体的・精神的活動によって業の消滅が可能になるとされたが、ブッダの思想では、「心理的活動—渇愛を捨てること—によって、輪廻からの解脱が可能になる」のである。ブッダの示した解脱への道が同時代人のそれと異なっていたのは、業に対する考え方の違いにその原因があるといい、その考え方は、同時代人においては新しいものであったという。結論としてブロンクホルストは、ブッダは業と転生を認めていたといったが、しかし、それはあくまでも心理的な意味においてそうであるという。

望月海慧は、ブロンクホルストの論議については一定の評価を示しながらも、多数の論者たちが輪廻思想を認める立場から輪廻を論議していると指摘し、輪廻を認めないという自分の立場を明らかにしながら、「ブッダの本質的な思想

---

[95] 「世には四種の人がある。それは、闇より闇におもむく者、闇より光におもむく者、光より闇におもむく者、光より光におもむく者である」という教え。たとえば、第一のタイプの者は「死して後は悪しきところにおもむくであろう」（『上応部経典』3.21）とされている。ブロンクホルストは、経典の意味は経典全体の趣旨から探られるべきであり、このような経典の一句を切り取って論議をすることは望ましくないと指摘している。

[96] この論議は仏教学の学問的論議として重要のようであり、望月海慧はその全般的論旨について検討しているが、ここにおいてはあくまでも「正しい障害者観を明らかにする」という観点から、関連内容だけをみることにする。

と両立しない考え方はブッダ思想から排除して考えていい」(望月海慧，2001：58)という。輪廻は凡夫の心の中にあるものであり，凡夫は迷乱により，そのような輪廻的世界がそこに存在すると虚構していたという見地から次のように述べている（同：55）。

> ブッダが意図していたものは，むしろ輪廻することからの解脱ではなく，輪廻という存在形態からの解脱，すなわち輪廻という誤った存在形態に捕われていることからの解放なのではないか。その過程において輪廻の原因としての無明が明に転換されるのではないか。ブッダは輪廻という問題を現実として肉体や霊魂の問題としてとらえていたというよりも，むしろブロンクホルストがいう「心理的なカルマ」のように，迷いの世界にいる凡夫のこころの問題としてとらえていたのではないか（下線部は引用者）。

以上のような立場は，ブッダの障害者観を明確にし，仏教的な正しい障害者観を確立するために非常に有益で明快な論議である。本書はこのような立場を支持する。それは仏教学の理論を，社会科学の立場から我田引水的に解釈したからではない。何よりも，このような解釈が階級否定を一貫して主張したブッダ，決して差別を容認しなかったブッダの思想に最も両立できる見解であるからである。またそれは，如来は死後存在するのかといった類の形而上学的質問に無記で対応し，そのような問いこそ煩悩であるといったブッダの教えにも，最も合致する考え方である。

ブッダの輪廻観を明らかにする研究方法

ブッダは，人間が死後，また人間や動物などに生まれ変わるという意味での輪廻転生を認めなかった。にもかかわらず多くの仏教経典が，輪廻転生を説いている理由は何か。それは仏教が道徳教育の役割を遂行する中で，輪廻思想が次第に誇張されていったことの結果と思われる。このように，輪廻思想がブッダの教えから徐々に遠のいていく過程は，並川孝儀（2005：126〜129）の研究を通じて確認できる。並川は時間の古い時期からみると，①ブッダの考え方，

②最古層の経典，③古層の経典の順であるので，②と③において輪廻がどのように説かれているのかを考察し，その方向性からブッダの輪廻観を逆追跡し，推論する研究方法を用いている。このような研究分析から引き出された結論は，次の通りである。

(1) 最古層の資料には，輪廻を前提としていると思われる「来世」や「再生」などの用例は少なく，いずれも否定的に表現された用例しか見られない。輪廻と業報を結び付ける記述も見られない。

(2) 古層資料には，最古層の資料とは比較にならないほど用例も増え，内容も多様化し，輪廻という語もあらわれる。死後の世界の用例も多く見られ，いずれも肯定・否定双方の文脈の中で説かれている。

(3) ブッダの輪廻観は最古層の経典と近いかそれよりも古いと判断できる。時間的方向性を考えると，ブッダの輪廻観は最古層の資料に似ているか，それよりも輪廻を認めない姿勢であると推論できる。

以上のような論理で，並川は輪廻に対するブッダの考え方はきわめて消極的であって，輪廻という言葉が使われた場合でも，あくまで現世に力点を置くという態度を示していたと推定している。適切な研究方法による推論であると思われる。

(2) 輪廻に対するブッダの考え方

経典における輪廻のコンテキスト

仏教経典において五道説が初めて登場するのは，ブッダ入滅約200年後の時期で，アショーカ王がインドを統一し，マウリア王朝を建設した時期とほぼ一致する。この時期は，パーリ経典の『サンユッタ・ニカーヤ』(『上応部』，漢訳『雑阿含』)の原本が作られる時期であり，この時期に輪廻に関する仏教の考え方が明確に現れる (梶山雄一，1984：22)。以来，初期経典にも輪廻のことが多く言及されている。苦痛に生きる民衆には，自分の境遇に甘んじるように諦め

させる虚偽意識の根源であり、特権階級のバラモンには、驕慢を高ぶる架空の教義であったバラモン的輪廻観を打破し、人間解放を目指す教えを広めようとするならば、輪廻説の言及が不可避であったであろう。

ブッダの輪廻観を正しく理解することには、経典に説かれている内容のコンテキストを理解することが欠かせない。そのコンテキストは次のようなものであった。

> 仏典にみられる輪廻に関する言及は、「輪廻を目指すように」という趣旨ではなく、「輪廻がないように正しい生活をしなさい」というコンテキストでなされている。

バラモン教では、輪廻は死後梵我一如を目指せ、という積極的概念として説かれている。しかし、仏教の初期経典における輪廻は再有を得ることのないように、渇愛を捨てること、という趣旨で説かれている。

再生あるものと再生なきもの

仏教では、すべての生物は五蘊（色受想行識）が一時的に集まったことであり、そうした要素が解体されると生命が終わるとみている。ところが、死が完全な消滅ではないとも説かれている。では、どのようなものが消滅し、どのようなものが消滅しないのか。

図7-1は、人間の死後世界に関するブッダの考え方を示したものである。人間の死後、意識作用は消滅する。それがバラモンの輪廻観と異なる点である。それでは、人間の意識作用の結果物たるものはどうなるのか。それは主体なき再生の形になる。たとえば、人間の作った詩がその死後に人々に伝わるようなことである。次に、人間の身体はどうなるのか。それは解体され、新しい物質に入り、別の生命の一部になることもあり、新しいエネルギーと変わることもある。したがって、身体の死は完全な消滅ではないのである。人間を構成する物質的なものは霊魂なき輪廻再生になり、人間の意識作用は消滅するという考え方、それがブッダの輪廻観ではないかと思われる。

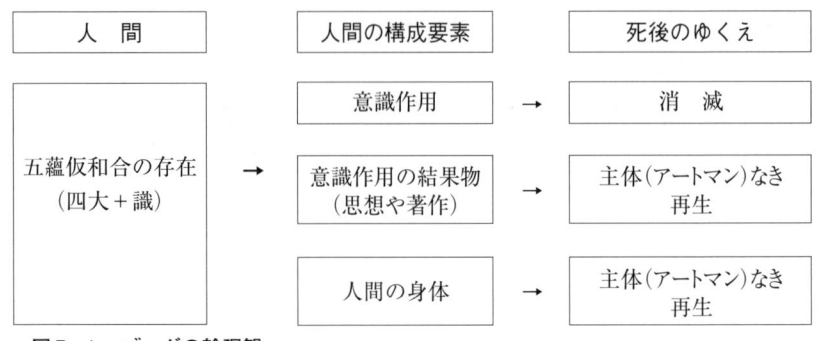

人　間	人間の構成要素	死後のゆくえ
五蘊仮和合の存在 （四大＋識）　→	意識作用　→	消　滅
	意識作用の結果物 （思想や著作）　→	主体（アートマン）なき 再生
	人間の身体　→	主体（アートマン）なき 再生

図7-1　ブッダの輪廻観

主体なき輪廻再生

　輪廻転生は認めないが，生命体は死によって多くの他の生命体の一部になって存在し続ける。いわば，エネルギー不変の法則のような概念である。これは，霊魂の存在が人間の身体から他の生命体に転生するというバラモン的輪廻説とは次元を異にする説明である。霊魂という主体のない生命体の転移・再生に関する思想は，『ミリンダ王の問い』の次のような内容に示されている。

　　ミリンダ王：人が死んだ場合，輪廻の主体が次の世に転移することなくして，
　　　しかもまた生まれるのですか？
　　ナーガセーナ：そうです。
　　ミリンダ王：いかにしてですか？　譬えを述べてください。
　　ナーガセーナ：たとえば，ある人が一つの灯火から火を点ずる場合に，灯火が
　　　他の灯火へ転移するのですか？　それと同じように，一つの身体から他の身
　　　体に輪廻の主体が転移するのではなくて，しかも，また生まれるのです。
　　ミリンダ王：さらに譬えてください。
　　ナーガセーナ：あなたが幼かったときに，詩の師のもとである詩を学んだこと
　　　を，自分で覚えておられますか？
　　ミリンダ王：そうです。
　　ナーガセーナ：その詩は，師からあなたに転移したものなのですか？
　　ミリンダ王：そうではありません。

ナーガセーナ：それと同様に，一つの身体から他の身体に輪廻の主体が転移するのではなくて，しかもまた生まれるのです（『ミリンダ王の問い』1，第1編第5章）。

4．社会福祉的障害者観への示唆

(1) 社会福祉的障害者観とは

業報的障害者観の克服

業報的障害者観とは，現実の障害を当事者の過去の業の結果とみる誤った考え方である。それが仏教的見方であると誤解している人もいるかも知れない。しかし，こうした宿命論的説明は反仏教的である。というのは，ブッダが生涯にかけて打破しようとしたのが，宿命論的世界観であったからである。

人間にとって最も愛しい存在は自分自身であるということは，多くの経典で説かれている。それは他人からみても，最も愛しい存在はその当事者であるということである。人間は誰もが，自分自身と同様に，自分に苦しみを与えるもの，自分を脅かすものを嫌う。だからこそ，人間に苦を与えることをしてはならないとされたのである。前生云々すること，そのような非合理的説明を動員することによって障害者に不当な苦痛を与えることは，反ブッダ的行為であり，反福祉的行為である。

ブッダが発見し，説いた法の意味は，ただ単に誤った障害者観を持たなければよいという消極的なものではない。ブッダの法は，人間平等を社会的に実現するための積極的法である。したがって，仏教人の使命は，本人自らが誤った障害者観を持たないことにとどまることなく，差別的考え方や差別的社会文化の撤廃が実現できるように，ブッダの教えを積極的に広げるために努めることである。

社会福祉的障害者観

福祉的障害者観とは何か。それは障害者問題は本質的に人間差別の問題であ

るという見方である。

　1975年，国連の障害者権利宣言では，障害者は「先天的か否かにかかわらず，身体的ないし精神的な能力における損傷の結果として，通常の個人的生活と社会的生活の両方かもしくは一方の必要を満たすことが，自分自身で完全にまたは部分的にできない者」と定義された。

　1980年の国際障害分類（International Classification of Impairments, Disabilities and Handicaps：ICIDH）は，障害問題の本質が社会の差別問題であることを明らかにした。障害は，機能損傷（impairment），能力障害（disability），社会的不利（handicap）と分類された。目にけがをし，障害を持つようになったことの場合をたとえてみると，目の神経などに損傷を受け（機能損傷），視る能力が低下し（能力障害），その結果，労働市場から排除されるなどの差別（社会的不利）を受けるようになるという説明である。しかし，機能損傷と能力障害が起きたとしても，それを理由にした社会的不利がないとすれば，障害者問題は大きく改善できる。障害者を苦しめるのは能力低下のような客観的条件ではなく，障害者を社会的に不利に処遇する社会の差別である。

　しかし，機能障害→能力低下→社会的不利という順次的図式には限界があるとされ，2001年には国際生活機能分類（International Classification of Functioning, Disability and Health：ICF）がなされた。障害は社会環境に大きく影響される問題であることが，さらに強調された。

　1981年，国際障害者年に，国連は障害者と老人の完全な社会参加を制限する三つの壁があると指摘した。ものの壁，制度の壁，そしてこころの壁がそれらである。障害者でも健常者でも便利に使える物の開発が遅れていることは，ものの壁である。障害者の雇用差別などを容認する法制度が存在すること，障害者のための実現可能な雇用促進制度を制定しないことなどは，制度の壁に当たる。そして，こころの壁とは差別のことであり，これこそ最も高い壁といえよう。

　こころの壁をなくすこと，人間差別を撤廃することは，何よりも宗教の重要な社会的役割でもある。ブッダは人間平等を説き，人間平等を徹底的に実践することによって平等社会実現のために尽力した。ブッダの教えが正しく伝えら

れることによって，福祉的障害者観が定着し，障害者の権益も大きく伸長できることと期待される。

（2） 現在の境遇の受容

受容の大切さ

　再度強調しておきたいのは，ブッダの輪廻観を正しく理解するためには，現在の生を中心に過去の業が現在の生に与える影響と，現在の行為が未来の生に与える影響とに分けて考えることが必要であるということである。

　過去の業の影響に関するブッダの態度は，受容（acceptance）であった。受容は常識的用語であり，かつ社会福祉学の専門用語であるが，ある物事に対しての是非の判断，善悪の判断，望ましいことか否かなど，価値判断を行わずにあるがままを受け入れることを意味する。したがって，受容は価値判断をしたうえそれを受け入れる認定（acknowledgement）とは異なる。つまり受容とは，自分としては心当たりが全くないにしても，自分の気づかない過去のある行為の影響がありうるということを受け入れることであり，現在の状況をあるがまま受け入れることである。

　むろんこれは，自分の知らない業を事実として認めることではない。完全に知ることもできないこと，たとえ完全に知ったとしても現在の生活の改善に何も役立たないことに執着せず，現在の境遇をあるがまま受容することが，真の智慧への道であるというのがブッダの教えである。

　自分の現在の生活に過去の業の影響があるといっても，しかし，業と果報との関係を具体的に明かすことは不可能であり，無謀な試みであるとブッダは説いている。業とその結果は，機械的に決められるような関係ではないからである。今の苦はどの業（悪業）の結果であるのか，今の楽はどの善業の結果であるのかを特定することは不可能である。『アングッタラ・ニカーヤ』（4.77）は次のように説いている。

　　業と果報とを連携づけることは考えられないことであり，それを考えてはなら

ない。もし,その問題を考えるならば,狂気や困惑がもたらされる。

　ブッダは,現在の業が未来の生活に影響を与えるという点については強調した。道徳的責任主義である。むろんこれは,あらゆる宗教でみられる宗教の普遍的性格の一つである。業とは本人の行為のみのことではない。共業もある。それは共通的果報をもたらす業のことであるが,こうした考え方からみると,社会的現象も衆生の行為の結果であるとみることができる。

アングリマーラの教え
　このような教えを伝えているものとしては,『アングリマーラ経』(『中部』第 86 経) がある。
　アングリマーラはコーサラ国の有名な盗賊で,残忍で,人殺しを繰り返す者であった。ブッダは人々の制止を振り切って,アングリマーラの教化に臨んだ。アングリマーラは遠くからブッダが近づいてくるのを見て,その命を奪ってやろうとブッダのすぐ後ろから追いかけた。しかし,どうしてもブッダに追い着くことができなかった。彼は止まって,「止まれ,沙門」と呼びかけたが,ブッダは,「私は止まっている。あなたが止まれ」と答えた。「ブッダは進みつつありながら,私は止まっているといい,自分は止まっているのに止まっていないという」わけを聞くアングリマーラに,ブッダは次のように説いた。

　　アングリマーラよ,いかなるときもわたしはつねに,すべての生物に対して害心を捨てて,止まっている。しかしながらなんじは生物にたいして自らを制することがない。それゆえにわたしは止まっており,なんじは止まっていない。

　アングリマーラは自分の犯した罪を反省し,ブッダに帰依し,比丘になった。彼は精進し,阿羅漢の境地に到達した。ところが,彼がある村を通り過ぎる際に,以前,彼によって苦しめられた人々に石などを投げられ,頭に傷を負わされた。ブッダはその姿で帰ってきたアングリマーラに,次のように言っている。

おん身は忍耐せねばならない。おん身は忍耐せねばならない。おん身が以前なした行為の報いとして，幾年，幾百年，幾千年，破滅の世界に生をうけたであろうはずの，その行為の報いを，おん身はいま現にうけているのだ。

(3) 現在中心の考え方

文化資本のたとえ

ブッダの業論に対する理解の仕方を，文化資本という具体的な例でみてみよう。

われわれは，育ちが良い・悪いとか，家庭教育が重要であるといったような言葉を耳にする。本が多く置かれた家庭で育った子どもは，自然に読書の習慣が身につくといわれる。フランスの社会学者ブルデューは，各家庭のもつ文化的能力や文化的財貨などを文化資本と概念化した。

文化資本には，（1）しゃべり方や考え方，行動方式など身体化したもの，（2）絵や本など物として獲得され，蓄積されたもの，（3）学歴や資格など制度化されたもの，などが含まれている。家庭環境によってこうした文化資本の蓄積が有利な場合も不利な場合もあり，結果的には社会的な不平等を引き起こす要因になる。文化資本の影響力は大きいものがあり，資本主義社会での身分秩序は，学歴や家庭環境によってほぼ決まるという主張さえもなされているほどである。とくに，教育的コミュニケーション等においては，親の職業など文化資本をどの程度所有しているのか，きわめて重要な要因（Bourdieu et al／宮島喬訳，1991）になると指摘されている。

輪廻を現在中心の思考として理解することの重要性を論議する場において，文化資本の例を取り出す理由は，子どもの教育に対する考え方をみると，ブッダの教えとバラモン的な教えの差違が最も鮮明になると考えられるからである。バラモンの教えによると，子どもは自分の前生の業によってその生きざまが決定されるので，肉体以外に親から受けるものがないとされる。しかし，ブッダの教えは親の役割の重要性を説いていて，また子どもの養育環境の重要性を強調している。両者の考え方の違いは明らかである。

文化資本の例からみた現在中心の思考

ところが，子どもは文化資本をより多く蓄積している家庭，あるいはそうではない家庭を選んで生まれるのではない。人間は生まれる前に，すでに多くのことが決まっていることが事実である。ある時点で，文化資本が蓄積できなかった者，つまり家庭環境に恵まれなかった者が，自分の現在の状況について考えられることは次の二通りになろう。

考え方1：私はなぜ文化資本が蓄積できる家庭環境に恵まれていないのか。私は過去何か悪行を行ったのか。

考え方2：将来わが子どもの生活環境は，私がいま何をするのかによって変わるものである。子どもたちにより良い環境を与えるために私にできるものは何か。

前者は現在を基準時点にして，現在の生に影響を与えている過去のことにこだわる考え方であり，後者は現在を基準点にして，未来に影響を与える現在の行為をどうすればよいのかを考えるパターンである。現在の生き方が重要であるというブッダの教えの意味は何か。それは後者の考え方が望ましいものであり，前者の考え方は煩悩と呼ばれるものであるということである。前者を煩悩とみる理由は，たとえその原因がわかったとしても，現在の問題解決に何の役にも立たないからである。苦しい環境に置かれている者であれば，挫折を深めるだけのものであり，恵まれた環境に生まれた者であれば，驕慢を膨らませるだけの考え方である。どのような行為が将来苦をもたらさざるものなのかを考え，現在正しく生活することが大切である。

（4） 障害の原因の問いに対するブッダの答え

ブッダの答え

ブッダは生まれながらの障害を持っている人から，その医学的な意味での原因ではなく，なぜ自分が障害を持つようになったのかと尋ねられたら，どう答

えるのであろうか。なぜ多くの人々の中で自分が障害を持つようになったのかという切迫した問いには，ブッダの教えを正しく理解しようとする者なら，真正面から答えなければならない。

　この問いに対するブッダの答えを推論してみよう。それは以下のような答えになると確信する。

> その問いは，答えのない問いであり，答えたとしても正しい生活に何の役にも立たない問いである。私はそうした問いこそ煩悩であり，煩悩の原因であると説いた。
> 前世があるといっても，ないといっても，現在には障害という苦があり，煩悩がある。私はその苦と煩悩から解脱する道をみつけることが何よりも大切なことであると説いてきた。
> 苦から解脱する道の始まりは，現在障害があるという現実をあるがままに受け入れることにある。そしてこれからはいかなる苦も発生しないように正しい生活を営むこと，それこそ苦の解決の入り口である。

　この答えには，前生のあることが現生の障害の原因になるといった運命論的考え方は完全に排除されており，前生というものに執着していることこそ，覚りへの道をふさぐ無明であることが教えられている。

　障害をもつ当事者が，自分の障害の原因は自分としてのわからない，ある無数の原因が絡まることによって発生したのであろうと考え，現在の障害をあるがままに受け入れることは，障害の克服に導く。しかしそうした受容は，本当に特定できるある原因の存在を認めるものではない。それが苦を克服するための一つの方便であるということである。河を渡った後ならば，船に執着することはない。苦から離れられたとすれば，前生の問題にこだわる理由もなくなる。前生とは，そうした方便的意味を持つものではないか。

　社会福祉学の一分野の社会福祉実践技術論においては，洞察療法という心理治療の方法がある。自分の心理不安の原因を自ら探し出そうとするものであり，それを見つけ出したときが，問題解決の始まりとみる。しかし，自分が特定し

たその原因が，真の原因なのかどうかは問題にならない。問題が解決されると，自分が特定したその原因が真の原因なのか否かに関心を寄せる理由がなくなる。つまり方便である。衆生をしてそのような洞察をするようにし，煩悩から自由になる道を発見させるための一つの方便として，輪廻転生の考え方が利用されることもあったと思われるのである。

5．最もブッダ的な障害者観

代理苦理論と障害に対する見方

　代理苦とは言葉通り，苦痛を代わりに背負うという意味である。本論議と関連してみると，特定疾病を患っている人や障害者が，わが社会の誰かが負わなければならない苦痛の荷を，健康な人や健常者に取って代わって背負っているという考え方である。医学的統計に基づいて代理苦の理論を提示した村岡潔（2001，2005）の論議を中心に，その内容を検討してみたい。

　村岡は，特定の疾病を持っている集団とそうではない集団との関係を独立的に見るのではなく，関連しあっている関係としてみることが必要であるとし，病気を持つ集団が病気を持っていない集団に対して，利他的役割を果たす存在になりうると主張する。つまり病人は，病気を持っているという事実だけでも，社会的意義を持つ存在として位置づけられるということである。

　このような仮説的主張の根拠は，疾病種類別疾病発生率に関するデータである。表7-1に示されているように，各疾病の発生頻度は，一定の集団では一定に保たれる傾向がある。この表によると，ダウン症は1,000人に1人発生していて，その発生率において急激な変化はない。これは1,000人に1人がダウン症になるということは，確率的にみれば不可避であるとの解釈も可能になる。ある1人が本人の意思と関わりなくダウン症にかかったとすれば，残りの999人はダウン症にならずにすんだということである。この関係を村岡は利他性と表現するが，その理由は，ダウン症になった人は病気による苦痛を自分が背負うことによって，999人がダウン症になるリスクを取り除くという関係であるからだと説明している。

表7-1 病気の発生率と母集団

病　気	発生頻度	母集団
血友病	7.4	100,000
家族性大腸腫瘍	0.57	10,000
ドゥシャンヌ型筋ジストロフィー	4-5	10,000
ダウン症	1	1,000
悪性新生物（がん）	28.3	10,000

資料：村岡潔，2001.

　このような見方であれば，障害者は，「多数の人々が障害者になる可能性を排除し，多くの人々の苦痛可能性を代わりに背負っている人」ともみなされる。だからこそ，ダウン症になったという事実そのものが利他的であるといえるというのが，代理苦理論の内容である。

最も仏教的な障害者観

　それでは，ダウン症ではない人々は，ダウン症の障害者に対してどのような見方をもたなければならないのか。もし，人々が代理苦の思想を受け入れるとすれば，自分たちは障害者に対してある種の借りを作っていて，何かお返しをしなければならないことと認識するようになるのであろう。

　社会福祉の受給者を社会の荷物としてみなすことは，現代社会においてもしばしばみられる。社会福祉資源とは福祉ニーズに対応するものであり，福祉ニーズが誰に発生するかは予測できない。長期的にみると福祉サービスというものは，リスクの分散のためのものである。しかし，自分を含めて誰もが福祉受給者になる可能性があるという原理が理解できずに，現在の福祉受給者だけを社会の荷物のような存在としてみなす人も少なくない。これは，貧困などの社会問題に対する社会に責任を認めず，その問題の犠牲者にその責任があるという考え方であり，社会学や社会福祉学では，犠牲者非難と呼ばれてきた。村岡は医療分野における犠牲者非難イデオロギーに対抗する新しい医療思想として，代理苦理論を提唱したのである。

働かざるもの食うべからずという考え方は，確かにプロテスタントの労働倫理であり，その傾向の強いアメリカのような国は，一般に公的福祉が遅れているといわれている。しかし，ここでいう働かざる者の範疇には子ども，障害者，高齢者が含まれない。自由主義的伝統の強い国には，救済に値する（deserving）人と救済に値しない（undeserving）人との区別が明確であるが，その前者に入る代表的存在が，児童と障害者と高齢者である。したがって，一般的に社会福祉が遅れているといわれるアメリカでも，障害者政策に関しては先進的政策が繰り広げられており，障害者福祉に対する国民のコンセンサスにも強いものがある。その背景には，人の苦痛を代わりに背負うことに対する，キリスト教的な価値があるかも知れない。

村岡によると，代理苦理論は仏教思想に基づいた考え方であるという。仏教では，他者を利し，生きとし生けるもの一切の衆生を救う行為を「利他行」，「利行」というが，それは代理苦と同じ意味であるという（村岡潔，2001：175）。金ホスンは村岡の主張の意味を，「かれ病んでいる。それゆえかれ菩薩である」という言葉で表現している。特定疾病の罹患者を，衆生の苦痛を代わりに背負っている菩薩の姿に重ねて見ているのである。これこそ，最も仏教的な障害者観といえるであろう。

代理苦理論の障害者観への適用問題

代理苦思想の理論的根拠になったのは，疾病発生率である。それは障害者問題にも大きな示唆を提供しているが，しかし，障害発生全般にそれを適用することには限界がある。障害発生の大半は事故などによるもので，その発生率は国によっても異なるし，同じ国においても時代によって異なるなど，障害発生には社会的要因が大きく作用しているからである。

交通事故を例にあげてみよう。警察庁によると，2010年の日本の交通事故死者数は4,863人である。死者の最も多かった1970年の16,765人の3分の1以下になっている。交通事故による死者が大幅に減少したことには，自動車の安全性が高まったこと，道路の整備，交通違反の取締りの強化などの要因もあろうが，何よりも自動車に対する人々の考え方の成熟，人間の命や安全に対す

る考え方の成熟があると思われる。

　ここで交通事故の統計を取り出す理由は，交通事故が身体障害の重要な原因になっているからである。だから40年前よりは，現在の生活がより正しくなり，交通事故による苦の発生を減らすことができたと解釈できる。頻発する交通事故は，社会構成員すべての業報，いわば共業である。事故によって発生する多数の障害を，代理苦で説明することには限界がある。基本的には交通事故や労働災害，自殺，公害など，障害発生をもたらす要因を減らすような社会的努力を強化しなければならない。

　にもかかわらず，代理苦理論は，障害者に対する仏教的見方，最も成熟した見方は何かについて大きな示唆を与えている。代理苦については，その根拠たるデータにこだわらず，それを物事の見方として受け入れることが大切である。

　ところが，代理苦の障害者観の対極にある障害者観とは，どのようなものであろうか。歴史的事実からその例をあげると，ナチスの障害者観がある。ナチスは1939年以降数年間，ドイツ内の約30万人の障害者を集団虐殺した。その実行のため，ナチスは障害者を社会の荷物とみる歪曲された障害者観を子どもにいち早く持たせるために教育的アプローチをとっていた。ナチスの数学教科書には，次のような例題が出ている（朴光駿，2004a：14）：「もし，精神病者収容施設の建設費が600万マルクで，公営住宅一戸の建設費が1万5千マルクだとしたら，施設を1つ建設する費用で公営住宅何戸が建設できるのか」。

　こうした極端な障害者観は現代国家にはほぼなくなっているかも知れないが，しかし，障害者に対する差別は依然として根強く残っている。ブッダの法の意味は，それを学び理解するということだけでなく，その積極的実現努力にある。代理苦のような最もブッダ的な障害者観を，社会に広める努力が求められる。

第8章　ブッダの死観と仏教的ターミナルケア

1．文化的観点からみた東アジアの高齢者問題

(1)　問題の提起

文化的観点からの問題提起

　東アジア文化ないし東アジア価値は，社会福祉・社会政策の分野においても注目されている。それが東アジア福祉レジームの形成に，大きな影響を及ぼしていると考えられるからである。この際の文化とは主に，儒教文化を意味する。儒教的家族主義の特質については西欧の多数の社会政策学者たちも言及しているが，一般には，公的福祉の発展を遅らせる要因とみなされている。

　ところが，東アジアで共通にみられる伝統的宗教には仏教がある。仏教は長い間，東アジア諸国においてマジョリティの宗教として，文化のさまざまな領域に影響を及ぼしてきた。したがって，現在の社会福祉や高齢者の生活にも，何らかの形で仏教の影響たるものがあるはずである。ただ，その影響は儒教的な社会秩序による影響と絡み合っているであろうから，それを特定することは難しいかも知れない。

　この章では，まず，東アジア地域において高齢者の生活に大きな影響を与えている問題の中で，仏教からの解明が求められる一つの問題提起をしたい。それは，世界的にも最も高い水準にある高齢者の自殺問題である。その問題提起をもって，仏教の高齢者観・死観を考察したい。

　注意しなければならないのは，高齢者の自殺の背景にある文化的要因を具体的に特定することが難しいことはもちろんのこと，その中で仏教の影響があるといっても，仏教そのものの内容も一概には言えないという複雑な事情があるということである。それは，東アジア仏教はいわゆる大乗仏教であり，それは

ブッダが説いた教えとはかなりかけ離れているからである。

東アジアの高い高齢者自殺率

　自殺率の増加は世界的現象であり，とくに開発途上国において顕著である。毎年，世界では約100万人の自殺者が出ている。世界の自殺率（自殺率とは人口10万人当たりの自殺者の数のことをいう）は16であり，それは40秒に1人の自殺者ということである。世界保健機関（以下，WHO）は，全世界の自殺率が過去45年間に60％増加し，これからも増加し続け，2020年には153万人の自殺者が発生すると予測している。ところが，WHOの作成した世界自殺マップを見ると，日本，韓国，中国など東アジア地域は，世界でも自殺率の最も高い地域になっていることが一目でわかる。

　日本，韓国，中国の自殺率は世界最高水準であり，高齢者の自殺はさらに深刻である。日本と韓国は，OECD会員国の中では自殺率の最も高い二つの国である。日本の場合，2008年の自殺者数は32,249人，自殺率は25.3であった。自殺者に占める60歳以上の割合は36.6％である。60代の自殺率は35.0，70代31.3，80歳以上の場合は34.9で，平均自殺率の25.3を上回っている（警察庁生活安全局生活安全企画課，2009）。

　韓国の自殺率は急速に増加しており，高齢者の自殺問題はその深刻さを増している。80歳以上の高齢者自殺率は112.9（2008年）で，OECD会員国の中で最高水準である。

　中国においても自殺率はきわめて高く，高齢者の自殺はさらに高い。60～84歳の高齢者自殺率（68.0）は平均自殺率の約3倍であり，農村高齢者の自殺率は82.8である。WHOは1998年，中国の自殺者数が41.3万人（10万人当たり32.9人）と推計した。これは中国政府の公式統計より40％も高い数値である。さらに全世界の自殺者数の44％，女性の場合は56％に当たる（Phillips et al, 2002）と指摘されている。

　現実的に見ると，自殺の多くは社会経済的要因や家族的要因，健康的要因によって発生する。しかし，東アジア地域全体が著しく高い自殺率を示していることは，死に関わる東アジアの社会文化問題としてとらえる必要性を提起する。

子女に対する過度の出費，自立しない成人子女との同居問題などは家族主義と密接に関わる問題であり，高齢者の自殺リスクを高める要因である。自殺防止を管掌する国際組織 WHO も認めているように，自殺率の高い地域は，自殺を禁止する宗教のない地域であると解釈することができる。儒教文化，仏教文化の影響が強いとされる東アジア地域に自殺率が高いという事実は，儒教文化と仏教文化そのものに，自殺リスクを高める要素があるのかという観点からの分析を必要とする。

高齢者自殺の原因論

自殺の原因はさまざまである。当事者の健康問題，経済状況，人間関係，公式的・非公式的支持網（support network）などの状況が，自殺と深く関わっていると考えられる。[97] 高齢者自殺は大家族の中でも多く見られており，それは，人間によって何よりも耐えがたい孤独とは，多数の人々の中にいてしかも覚える孤独であることを示すものかも知れない。

それぞれの国には固有の要因があるので，東アジアの高齢者自殺の増加といっても，一概に説明することは不可能である。ここでの関心は，世界的にみてもきわめて高い東アジアの自殺問題（高齢者自殺を含む）は，文化的要因をもって説明できるのではないか，仏教は東アジア文化に大きな影響を及ぼしてきているので，もしかして仏教の自殺観が，その遠因をなしているのではないか，というものである。しかし，文化的要因といっても，この地域には儒教の影響が大きいので，仏教だけで説明しようとすることには限界があることを認めなければならない。

文化的要因とは社会・経済・政治状況の根底をなすものであり，それゆえ文化的要因に着目した福祉現象の説明は，具体的説明力に欠ける傾向がある。しかし，社会福祉と関わる社会現象や状況が，民族国家を超えて「文化圏」と呼

---

(97)　日本の場合，60歳以上の自殺の理由は，健康問題が61％，経済・生活問題が17.6％，家庭問題（家族不和，介護疲れなど）13.5％の順（2009年の状況）になっている。韓国の場合，統計庁の『2008年社会調査』によると，65歳以上の高齢者の中で「過去1年間自殺を考えたことのある方」の割合は7.6％であり，その理由については疾病や障害40.8％，経済的困難29.3％，孤独14.2％，家族間の不仲10.4％の順になっている。

ばれる多くの国家に共通的にみられることも、決して無視することができない。

　文化的観点からみたときに、スペイン、ギリシャ、イタリアなどの南ヨーロッパの福祉レジームは、東アジア福祉レジームと類似点が多いといわれている。保守的カトリック文化の家族主義と儒教文化の家族主義には共通点が多く、両地域にみられるきわめて低い出生率は、その影響であるといえる（朴光駿, 2010）。ところが、両地域における明確な違いの一つは自殺率の状況である。南ヨーロッパ地域は、世界の中でも自殺率の低い地域である。カトリックは自殺を厳しく禁止する教理を持っていて、しかもその信者に対するカトリック教会の統合力が強いということが、その背景にあるとされている。この状況を考慮すると、東アジア地域は、自殺を固く禁止する宗教のない地域であるということがいえるかも知れない。

2．高齢者扶養に関する仏教の教え

(1) 普遍的文化としての親孝行

家族重視は普遍的文化
　家族を大切にすることは人類の普遍的規範である。親を大切にすることが東洋の伝統であるとか、特定の宗教的教えであるというのは偏狭な発想である。
　儒教からは、仏教には親孝行の教えがないと批判された時期もあった。出家は親への責任の放棄であるとされ非難された。しかし仏教にも、親の恩を忘れてはならないという教えが強調され、出家した僧侶にとっても親の面倒をみることが美徳と奨励され、実践されていた。ブッダ自らもその重要性を説き、そして実践した。
　西欧社会においても、自分の親を大切にする文化があることはいうまでもない。臨終の親の介護に専念するために、仕事をやめるケースは決して珍しいことではない。公的な高齢者福祉サービスが、世界でも最も高い水準で実現されているとされるスウェーデンのような国においても、依然として家族構成員による介護が、公的介護より多くの比重を占めている。

今まで，いわゆる敬老思想の影響が強く残っているとされてきた東アジアでは，高齢者の介護問題と関連して，深刻な問題が増加している。高齢者の自殺率も，世界で最も高い水準である。もはやこの地域に，高齢者を大切にする文化があるとは言えなくなったのではなかろうか。

「仏教にも親孝行の教えがある」という論議

親孝行が，親を大切にすること，できる限りの世話をすることを意味するとすれば，仏教に親孝行があるということは，きわめて自然なことである。それは人間の基本的倫理であり，いかなる地域や宗教においても発見できる，普遍的規範であるからである。

ところが，「仏教にも親孝行がある」という学問的問題提起がなされているが，それはどういうわけなのか。仏教に親孝行などないという見方があったからこそ，そうした論議が出てきたのだと思われる。張チュンソク（2000）の研究をみてみよう。

20世紀の初め，中国敦煌で仏教の孝経典が発見された。それに対しては，「もともとインド仏教には親孝行の教えはほとんどなかったが，中国で仏教の孝を知らせるためにそのような経典を作った」と解釈されていた。ところが，ある研究者が2世紀から6世紀にかけて作られたインドとスリランカ各地の仏塔の碑文内容を調べた結果，生きている親と亡き親のために石窟や塔，彫刻などを供養するという内容の記録が確認された。重要なことは，その40％以上が比丘による供養であったということである。それは出家した僧侶においても，親に対する供養，強い追悼の心があったことの証拠になった。

こうした経緯を検討した上，張チュンソクはその証拠だけでは仏教にも孝が強調されていたことを論証することが難しいという問題意識から，インド経典と中国経典を検討し，仏教の孝とは中国で作られたものである，という儒教の主張が歪曲されたものであることを論証している。そして，「親孝行とは中国仏教においてと同じようにインド仏教においてもきわめて重要な倫理であった」（張チュンソク，2000：345）と結論づけている。

親孝行とは普遍的な人間倫理であるので，以上のような結論はきわめて当然

の結論である。ただ，仏教の孝は儒教の孝とはその性格を異にする側面もあるので，そうした研究方法をもってインド仏教にも孝があったということが論証されたとしても，中国儒教でいう親孝行が，インド仏教にもあったことの証明にはならないといえるかも知れない。というのは，仏教においても親孝行は強調されてきたが，ブッダの法（ダルマ）に比べると，親孝行とは副次的意味の教えに過ぎないものであったからである。中国では親孝行そのものが，最高の倫理的価値をもつものであった。しかし，とにかく人間倫理としての親孝行がインド仏教の時代から強調されてきたということは，学問的に立証されたのである。

（2） 仏教における親孝行の教え

父母恩の重視

　仏教の孝の特徴は，大きく分けて二つに要約できる。一つは親の恩を知り，報恩を行わなければならないという意味の倫理であり，もう一つは，親孝行がただ単に親の意向に逆らわずに従順することを意味するのではなく，親を安楽な生活に導くことが最上の孝であると教えているということである。以下，この二点を詳述する。

　仏教の孝の特徴の一つは，仏教の基本倫理である，知恩と報恩の倫理をもって孝を説いているという点である。恩を知る，恩を報いることは尊敬に値するという教えは，多くの経典に説かれている。知恩の人が善知識であるとされる。この恩という考え方は，万物が相互依存的に存在するという縁起説と深く関わっている。

　子どもにとって，親はなぜ尊敬に値する存在であるのかについて，『アングッタラ・ニカーヤ』は，「親は子どもを産み，育て，この世をみるようにしたからである」という。恩を知り，恩を返すことが人間としての基本的倫理であるという教えである。

　親の恩を重んずることは，ブッダ自らも実践したものである。父王が他界した際には臨終を見守り，葬式にも参列した。ブッダは自ら棺を運ぼうとしたが，

当時の慣行を理由に止められ，香炉を持って葬式を見守っていたことはよく知られている逸話である。

　仏教の孝を論議する際に多く引用される経典として，『父母恩重経』がある。これは偽経であるが，こうした偽経が作られたことは，仏教には孝がないという儒教の批判に対する仏教の対応であったという。インドから中国へ仏教が伝わる時代に，中国では，仏教に対する批判的見解が提起された。その一例は次のような内容のものである（金ホスン，2001：68から再引用）。

　　『孝経』には，身体髪膚は親から頂いたものであるゆえ，それを傷つけることはあってはならないと説かれている。また，曾子は臨終の際に「私の体中に大きな傷跡があるのかどうかを調べてほしい」といっていた。ところが，今沙門というものは剃髪をしている。これは一体どういうことなのか。沙門のそうした行為は聖人の教えに反するもので，孝子の道理にも符合しないものである。

父母を智慧の世界に導くこと
　『父母恩重経』や『父母恩難報経』などには，親の恩に報いる方法として，生計の維持，親に心配をかけないこと，看病することなど一般的規範として考えられることが述べられている。
　ところが，仏教の孝においては，親に逆らわずに従順することだけを強調しているわけではない。親を正しい生活，平和で安楽な生活へと導く積極的な行為としての孝が説かれているのである。『仏説孝子経』に表れている仏教的孝の特徴をみてみよう（曹ヨンギル，2003：285～296から要約・再引用）。

　　ブッダ：子どもとして親を奉養する際に，おいしい食べ物を持って親の口を楽しくし，素晴らしい音楽を聞かせ親の心を楽しくし，よい生地の衣服をまとわせ，介助して四海を旅行し，臨終するまでその恩に報いるとしたら，孝子といえるのだろうか。
　　沙門たち：その通りです。大した親孝行だと思います。
　　ブッダ：それは真の親孝行とはいえないものである。もし，親が正しい生活を

営まないとしたら，子どもは親に進言し，正しい生活ができるようにしなければならない。

類似する内容は他の経にも発見できるが，親をして慈悲の行いに導くことこそ真の親孝行であるということが強調されている点は，共通している。貪欲の生活から布施の生活へ，信心なき生活から信心ある生活へと誘導し，法を楽しむようにすること，それこそ真の親孝行であるということである。

（3） 儒教の孝との比較

孝の社会的役割

儒教では孝を，社会秩序の基本倫理としている。家族倫理としての親孝行が普遍的な規範であるとしたら，中国儒教の孝とは，それ以外に次の三つの要素が含まれている（金ホスン，2001：72～73）という。第一に，孝が忠と密接に関わっているということ，第二に，中国においては儒教が天下の統一の際に，その支配イデオロギーとしての役割を果たしたこと，第三に，孝が家族中心主義とつながっているということ。

国家と家族が，どのような役割分担の形で高齢者扶養問題に取り組まなければならないのかという課題に注目する際に，儒教の孝には次のような特徴があることを考慮しなければならない。それは，家族関係あるいは父子関係という狭い社会関係の中からではなく，男女の関係を君と臣の関係と同じように位置づけ，女性は男性に服従しなければならないという，垂直的関係としてとらえているという点である。つまり，儒教の孝とは，家父長的上下関係の社会秩序であったということである。

孝とは，統治イデオロギーの役割を果たすものであった。三綱五倫といった上部構造文化の社会的役割については，第2章で言及した通りである。親に逆らう子は，王に逆らう臣のような者，社会秩序に挑戦する者とみなされた。忠臣や孝子，義婦，節婦が奨励され，そのような人物が出た村には，旌門(せいもん)を立て表彰するなど，いわゆる旌表(せいひょう)政策が国家政策であった。儒教の男女観は男女

「有別」という考え方であり，決して男女「差別」のようなものではないという主張もある。しかし，理念としてはそうだったかも知れないが，現実にみると，儒教文化が女性差別的であるということを否定することはできない。

こうした背景もあり，家族の力で親を介護するということは女性による介護の意味が強く，女性に過度な負担を押しつけてきたのが事実である。こうした女性差別的な社会文化は，現在東アジアにおける高齢者扶養の問題を深刻化する要因の一つになっているだけでなく，きわめて低い出生率の重要な原因にもなっている。

孝行の範囲

孝行の範囲について，仏教の孝は，儒教のそれに比べて父母を超越した，より広い社会的実践を強調している。その対象を自分の親に限定せず，より広い実践を重視しているのである。また，親子関係を垂直的に考えるのではなく，父母の意志にまず従うことよりは，親を安楽な法の世界へ導くという，より積極的な行為が強調されている。その意味では仏教の孝は，水平的親子関係に基づいているといえる。

こうした考え方は，仏教の孝がその根本教理である縁起説をベースにして成立していることを示唆している。すべての存在が相互依存的に存在しているという認識は，すべての人間が自分と関わりを持っているものであること，やがてすべての人間が，自分の親にもなるという考え方を生み出したのである（金貞鎔，2008）。このようにみると，孝の実践はすべての生命に対する，慈悲の実践に他ならないものである。自分は過去のおびただしい先祖の存在があったからこそ存在するので，すべての人間がつながっているという教えは，決して空しい主張ではないのである。

ブッダは一切の衆生が，かつてわが親であると説き，すべての人間の相互依存性を強調した。このような逸話が伝えられている。ブッダは旅行中に一たまりの人骨を見て，深くお礼を表した。そのわけを聞く弟子たちに，ブッダは次のように答えている：「この人骨は大昔，私の先祖であるか，数代にわたるわが親であるゆえ，礼を表するのである」。

3．ブッダの死観と死を迎えた態度

(1) ブッダの老人観

身体的老化と精神

　加齢に伴う精神的・身体的変化には，きわめて大きい個人差があるが，一般に人間は，老化とともに身体的機能が低下する。その点については，ブッダといえども決してその例外ではなかった。しかし，精神世界の場合は，必ずしも加齢とともにその力が低下するとは限らない。ブッダは加齢に伴って身体の衰退が進み，身体を動かすことが容易でなくなった際にも，しかしその精神は決して衰えることはなかった。それも，決してブッダに限ることではない。多くの一般高齢者にもみられるものである。

　ブッダ自らも，そうした認識を持っていた。『体毛喜堅経』（中村元，1972：204～205からの再引用・要約）には次のように説かれている。

> 　ある修行者たち・バラモンはこのような説をなしている。「この世で人は，青年・若者は幸せな青春に満ちていて，人生の初期には最上の知能をそなえている。しかし，老い，老衰し，人生の終わりに達し，80歳，90歳，100歳になれば，その知能から退き落ちる」と。
> 　しかし，そのようにみなしてはならない。私も，老い，老衰し，人生の終わりに達し，80歳になった。しかし，人格完成者の説法は尽きることはない。その教えの字句は尽きることがない。私が寝台にのせて運ばれるような状況になっても，卓越した知能には変わりがないのである。私の弟子の場合も同じである。

　このような説法の真意はどこにあるのか。この教えの本質は，ブッダ自身の特別な能力を誇示するためのものではない。その本意は，老人に対する世間の偏見を正すことであったかも知れない。

高齢者差別（agism）は，年齢を理由に人間を差別することである。高齢者に対する偏見は，現代社会においても年齢規範（age norm）などによって広く行われている。年齢規範とは，社会が年齢に相応しい生活様式を決めつけ，その規範で高齢者の行動を制約するものである。もともと年齢規範とは，飲酒年齢，父母の同意なしで結婚できる年齢などを規定するもので，対象者に対する差別ではなく，むしろその対象者を保護するためのものである。しかし，高齢者に対する年齢規範というものは，高齢者に対する偏見・差別に他ならない。ブッダが，自分もまた自分の弟子の場合も，老齢になっても精神能力が保てる存在であることを説いたこと，それを現代的に解釈すれば，高齢者差別を警戒する教えであるといえよう。

より成熟した人間

　ブッダはどのような行為を行うのかによって，その人間の価値が決まるといい，年齢が人格を決定するとはみていなかった。ただ，サンガの運営原理をみると，先にサンガに入団した人が優遇されるという内部秩序を持っていた。いわゆる，法臘による秩序である。修行の時間の長い人間を，より成熟した人間とみなすことと理解される。

　実に大半の宗教界においては，年長者をより成熟した人間としてみなす。牧師（priest）という言葉は，老人を意味するギリシャ語「presbyteros」に由来したという（Harris & Cole／崔シンドク訳，1985）。宗教学者たちは，新しい宗教創設の動きは，ほとんど30代の人間によって始まるが，そうした動きの指導者は，高齢者である場合が多いと指摘している。

　科学的にみても，加齢によって身体機能が低下することは事実であるが，精神的能力の場合は必ずしもそうではないとされている。計算能力，新しいことを覚える能力は低下する傾向が見られるが，蓄積された経験や知識に基づいて物事を判断する能力は，ほぼ変化が見られないという。

(2) ブッダの晩年

最晩年のブッダ

最晩年のブッダの姿は，初期経典『涅槃経』(『大パリニッバーナ経』)などによって，比較的詳しく伝えられている。

> 80歳になって，ブッダは最後の旅に出る。あるとき，厳しい苦痛を伴う疾病を患った。しかしブッダは，多くの弟子たちに，最後に自分に会う機会を与えずに入滅してしまうことは望ましいことではないと判断し，精進力をもって病気を克服した。
> その後，ヴェーサーリーに滞在していた際に，自分は3か月後入滅すると予告した。以降，入滅するまでブッダは，自分の教えの要訣を弟子たちに残す。そして自分には，もはや弟子たちに覆い隠すような法の内容はないということも確認した。ブッダはチュンダの供養した食物を食し，回復できない病気になる。弟子たちには自分自身を依り処にし，怠ることなく精進すること，という言葉を残し，やがて入滅する。

死は誰にでも訪れてくることを，あるがままに受け入れ，平常心をもって死を迎えること，それは知っていても実践することは容易ではない。しかし臨終時のブッダの態度は，言行一致の姿であった。

ブッダは3か月後には入滅すると予告したその時期にも，托鉢をしていた。ブッダはヴェーサーリーという都市が好きだったようで，その町を離れるブッダの姿を描いている仏典をみると，命尽きるまで修行を続ける壮絶な姿とともに，人生を達観した者の，平和という二つの姿が伝わってきて，読む人に感動を覚えさせるものがある。

> 尊師は朝早く，内衣を着け，衣と鉢とをたずさえてヴェーサーリー市に托鉢のために入っていた。托鉢をして，托鉢から帰って来て，食事を終えて，像が眺めるようにヴェーサーリー市を眺めてアーナンダに言った。「アーナンダよ，

これは私がヴェーサーリーを見る最後の眺めとなるであろう。さあ、アーナンダよ。バンダ村へ行こう」と（『大パリニッバーナ経』第4章1）。

死を超越した者の平和

ブッダは、死をあるがままに受け入れていたが、すべての人がそうなれることではない。ブッダの教えにしたがって修行する弟子たちにとっても、死の問題は超越することのできない場合があった。そうした態度に対してブッダは、「法の鏡」[98]の法を説いた。それは、法に対して清らかな信心を持っていれば、その信心の鏡によって、自分の運命を確実にみることができるということ、つまり死を迎える以前に、覚りの世界に到達することができるという確信が得られるという教えであった。その覚りの世界とは、貪・瞋・癡の炎が消え去り、煩悩が解消された状態のことであろう。

生きているうちに覚りの世界に到達すること、それが沙門の目標になっていたことは、『スッタニパータ』（520）の次の一句からも確認できる。

　　安らぎに帰して、善悪を捨てさり、塵を離れ、この世とかの世とを知って、生と死を超越したひと、──このようなひとがまさにその故に＜道の人＞（沙門）と呼ばれる。

こうした態度は、安楽の世界に到達するのは、死を通じて得られるものではないということ、つまり、死を超越することによってのみ、涅槃の世界に到達できるということを示しているのである。これは、ブッダの死観を理解することにおいては、核心的な部分の一つである。

死を超越した者の平和は、七不退法のモデルになった場所であるヴェーサーリーを離れる際の、ブッダの姿と言葉から読み取ることができる。ブッダは、見渡す限りのすべてのものが楽しいものであり、世界は美しいものであると述べている。この世に生きた者としての自分が、生きている間にしなければならないことをすべて成し遂げた人間としての、平和が感じられる言葉である。す

---

(98)　「法の鏡」の内容については、『涅槃経』第2章6を参照のこと。

べてのことに深く感謝する気持ち,そうした平和な心が,その周囲にいた人々だけでなく,その経典を読む後代の人々にも生々しく伝わるような,崇高な姿に崇高な言葉である。

(3) 自殺に対するブッダの態度

寿命放棄の論議について

ブッダ入滅直前の数か月の間には,死に対するブッダの考え方をうかがえる二つの出来事があった。一つは,安居中に病気になった際のことであるが,ブッダは,弟子たちに自分と会う最後の機会を与えようと思い,死を避けようとし,精進力をもって病気を克服したことである。もう一つの態度は,安居を終えて旅に出た際に,自分が3か月後に入滅すると予告をしたことである。この後者の態度については,ブッダが自分の意志をもって,自分の寿命を放棄したことを意味するとみなす見解がある。ブッダが3か月後の入滅を予告したことを,命の自発的放棄とみなしているのである。つまり,ブッダはより長く生きることができたにもかかわらず,命を延ばすことを自分の意志で放棄したという解釈である。[99]そして,こうした解釈を前提にし,ブッダがなぜ,自ら命を放棄したのかについて論議を展開している。

しかし,3か月後の入滅予告を,自発的に命を捨てたことと解釈することには疑問がある。自分の命がそう長くないという,ブッダの自己運命予告としてみることがより自然な解釈ではないかと思う。その予告の後,ブッダに起きた出来事をみても,チュンダの供養した食物を食し,回復できない病気になり入滅するようになることなどは,予測可能であったとは思えない。それを自発的な命の放棄とみなす見解の背後には,ブッダは超人間的存在であるという考え方がある。[100]それはすべての命あるものに死があり,ブッダさえもその例外ではないという,初期仏教の立場とは矛盾する。

---

(99) 三枝充悳(1989)は,この際のブッダの態度を,「消極的な自殺」とみなす仏教学者が日本に一部あるということを指摘している。本書においては,そうした立場の文献が入手できず,韓国での論議を論議の素材にしている。

ところが，はたして超人間的ではないブッダが，自分の運命を予告することはできるだろうか。人間ブッダを想定している初期仏教においても，ブッダには特別な能力があることが認められている。それは決して，非合理的な解釈ではあるまい。常に修行を重ねてきたブッダには並々ならぬ洞察力があり，それによって自分の入滅が近づいたことに気づくことは，決して不自然なことではないと思われる。

自殺に対するブッダの態度

　入滅の予告をどのように解釈するのかは，仏教的社会福祉を論議していくことにおいてきわめて重要な問題である。というのは，それは東アジアの共通の社会問題になっている，自殺問題と深く関わっているからである。もしそれを自発的寿命放棄としてみなすのであれば，仏教が自殺を容認するという見解になりかねない。だからといって，経典の内容を恣意的に解釈するのは，学問的態度でなくなる。ただここで確認しておきたいのは，その一句を自発的寿命放棄と解釈するのは，論理的にも問題があるということである。

　とくにこうした解釈には，世界的にも自殺が最も深刻な東アジアにおいて，仏教に対する大衆の誤解を招く余地を残す。自殺の多い地域や国家は，自殺を固く禁止する宗教のない傾向の地域であるという通説を，裏づけるものになるかも知れない。宗教としての仏教の教祖が自殺を容認したとなれば，仏教は自殺を禁止していないといった飛躍的見解につながる可能性がある。したがって，この問題に対する解釈にはきわめて慎重な態度が求められ，死に関する初期経典の内容を総合的に検討し，全体的なコンテキストを考慮した経典解釈が求められる。

　初期経典においても，ブッダが弟子の自殺を否定しなかったと解釈する余地を残している事例がないわけではない。三枝充悳（1989，下巻：663〜664）は，

---

(100) この論理展開において安ヤンギュ（2000）は，主に部派仏教の経典を引用している。自発的寿命放棄であれば，「ブッダは何歳までに生きることができたのか，100歳か，120歳か」といった論議が含まれているが，もしブッダがそうした論議を聞いていたとしたら，そうした問いを私は煩悩と説いたというのではなかろうか。それらは答えのない問いであり，たとえその答えが得られたとしても，正しい覚りには何の役にも立たない，空しい論議であると思われるからである。

自分が調べた範囲で，ブッダが自殺を容認したと解釈できる事例は一つしかないという。ゴーディカ（Godhika）の場合である。

> ゴーディカは修行に奨励し，覚りが得られたが，それは一時的であり，再び元に戻ってしまう。それを6回も繰り返した。その7回目に覚りに到達した時に，今回もまた従来と同じようになってしまうことを恐れて，剣をとって自殺しようとする。それを知った悪魔が釈尊のところに来て，そのことを告げたその時にゴーディカは自殺をとげた。そこで釈尊はその悪魔に向かい，「ゴーディカは英雄のように渇愛を根絶してニルヴァーナに入った」という詩をとなえた（『相応部経典』「有偈編」23）。[101]

ヴァッカリの死

社会福祉，とくにターミナルケアと関連した仏教の死観を考える際のより重要な事例として，長老ヴァッカリの次のような死に方がある。

> 長老ヴァッカリは重病になった。見舞いに来たブッダに，強い痛みがあり，しかも増していて，しんぼうができないほどであると訴えた。ブッダはすべてが無常であるということをヴァッカリが覚っていることを確認して，帰った。その夜，鬼神がブッダのところに来て「ヴァッカリ比丘が解脱すると考えている」と告げる。ブッダは比丘たちをヴァッカリのところに送り，次のような言葉を伝えた。「ヴァッカリよ，おそれるな。おまえの死は罪に汚れてはいない。罪なくして臨終を迎えるであろう」。それを聞き伝えたヴァッカリは，比丘たちが帰るや刀を取りだした（『相応部経典』「犍度編」1.23）。

しかし，ブッダは自殺を容認しなかったという主張の根拠もある。ブッダ自身は人生を全うした。自然死を迎えたのである。また，ブッダの第一の戒律が

---

(101) 三枝の指摘のように，漢訳経典『雑阿含経』（1091）にも同じ内容があるが，それを「自殺」と表現している。「我今当以刀自殺」などの表現であり，自殺という言葉が数か所出ている。その他，「殺身」という言葉も使われている。

不殺生戒である。生きているものを殺することを厳しく禁じているのである。ただ，自殺という行為が，直ちに不殺生戒を犯したこととなるとは限らないという見方もあるようである。

ところが，サンガの戒律を定めた律蔵には，ブッダが比丘の自殺そのものを禁止するだけでなく，自殺を幇助する行為，自殺を讃える行為までも厳禁されている。パーリ語経典の律蔵（Vinaya Ⅲ；安ヤンギュ，2003：124 から再引用）には，重病によって苦しんでいる在宅信者に，苦痛の中で生きていることより死んだほうがましだといい，結果として自殺の結果をもたらした僧侶に，ブッダはサンガからの追放を決定している。

求められる解明

三枝充悳（1989，下巻：666）は，自殺に対するブッダの態度に関連して次のように述べている：「自殺そのものが，どんな場合にも，絶対に不可というのではない。ほんの少数の例ながら，自殺ということを，ある特定の場面に限ってであるが，仏教は認める場合もありうる，といってよい」。

再び強調しておきたいのは，この問題は，より総合的な分析を前提にした解釈が必要であるということである。研究の課題は二つである。一つは，自殺に対するブッダの態度を，経典の総合的な分析を通じて明確にすることである。第二の課題は，明らかになったブッダの教えが，現代社会においてどのような意味を持つのかという観点から解釈し直すことである。つまり，現代社会における自殺問題に対して，ブッダの考え方がどのような意味を持つのかを，現代の言葉で解明することである。

以上の二つの課題を解明する際には，次のような二点を考慮すべきであると思われる。一つは，自殺に対する初期仏教と大乗仏教との立場の違いである。大乗仏教の経典には，自分の命を捨てて他の生命体を助けることが，菩薩の行為として描かれる場合もある。こうした事情から判断すると，大乗仏教のほうが，自殺に対してより寛大な態度を持っているといえるかも知れない。

もう一つ考慮しなければならないのは，修行僧による特別な事情による自殺と，いわば自暴自棄になって行う一般人の自殺とは，区別する必要があるので

はないかということである。自殺を厳しく禁止しているとされるキリスト教においても、絶対的に自殺を認めていないとは言い難い。殉教というのも、自ら命を捨てる行為といえるからである。ブッダの自殺観の解釈においても、たとえば、ヴァッカリのようにすでに阿羅漢の境地に到達した人が、回復が期待できない病気によって耐えがたい痛みに苦しんでいた特別な場合と、自分の死によって家族などに現実的問題を引き起こすような現代社会の自殺とは、区分して考える必要があるのではないかという点である。

（４） ブッダの臨終と臨終前の態度

感謝を伝える

　ブッダの入滅直前の姿のなかで、注目すべき点が二つある。一つは、自分を世話してくれた人に対して心からの感謝を表すことである。もう一つは、自分の死の原因を提供したとの理由で周りから非難される可能性のある人に対して、特別な配慮をしていたことである。

　まず、ブッダは自分の入滅を悲しむアーナンダに、感謝の言葉を丁重に伝えている。よく知られているように、アーナンダはブッダの後半生を共にし、世話をした人であり、それゆえブッダの説法を、誰よりも多く聞くことに恵まれた弟子であった。多聞第一の弟子アーナンダに、ブッダは感謝の言葉を直に伝えている。その後、修行僧たちに向けて、アーナンダへの感謝の気持ちを次のように表している（『大パリニッバーナ経』第5章19）。

　　修行僧たちよ。過去の世に真人・正しくさとりを開いた人々がいた。それらの尊師たちにも侍り仕えることに専念している侍者たちがいて、譬えば、わたしにとってのアーナンダのごとくであった。修行僧らよ。また未来の世にも、真人・正しくさとりを開いた人々があらわれるであろう。それらの尊師たちにも最上の侍者たちがいて、譬えば、わたしにとってのアーナンダのごとくであろう。

周りの人への思いやり

ブッダは，チュンダへの配慮も忘れることはなかった。ブッダは，チュンダの提供した料理を食し病気になり，それが原因になって入滅すると，周りの人々がチュンダを非難することを念じ，チュンダのための特別な配慮を，アーナンダに次のような言葉で頼んでいる。

> 誰かが，鍛冶工の子チュンダに後悔の念を起こさせるかもしれない，──＜友，チュンダよ。修行完成者はお前の差し上げた最後のお供養の食物を食べてお亡くなりになったのだから，お前には利益がなく，お前には功徳がない＞といって。
> アーナンダよ。鍛冶工の子チュンダの後悔の念はこのように言ってとり除かれねばならぬ。＜友よ。修行完成者は最後のお供養の食物を食べてお亡くなりになったのだから，お前には利益があり，大いに功徳がある。友，チュンダよ。このことを，わたしは尊師からまのあたり聞き，うけたまわった，二つの供養の食物は，ひとしいみのり，まさにひとしい果報があり，他の供養の食物よりもはるかにすぐれた大いなる果報があり，はるかにすぐれた大いなる功徳がある。その二つは何であるか？　修行完成者が供養の食物を食べて無上の完全なさとりを達成したのと，及びこのたびの供養の食物を食べて，煩悩の残りのないニルヴァーナの境地に入られたのである。だから，お前には利益があり，大いに功徳がある＞と。
> アーナンダよ。鍛冶工の子チュンダの後悔の念は，このように言って取り除かれねばならぬ（『大パリニッバーナ経』第4章42）。

平和な臨終

死はすべての生物に訪れてくるものであり，それを恐れることなく，寿命が尽きるまで静かに待つというのが出家修行者の望ましい姿である。こうした態度は，『テーラガーター』[102]に繰り返し登場する，長老たちの詩句から確認できる。

---
(102) ここにおいては，中村元訳（1982a）を参考にした。

われは死を喜ばず。われは生を喜ばず。雇われた人が賃金をもらうのを待つように，わたしは死の時が来るのを待つ。
　われは死を喜ばず。われは生を喜ばず。よく気をつけて，心がけながら，死の時が来るのを待つ（『テーラガーター』606〜607，654〜655，685〜686）。

　やがてブッダは，「もろもろの事象は過ぎ去るものである。怠ることなく修行を完成なさい」という最後の言葉を残し，完全なニルヴァーナに入った。アヌルッダ尊者は次のような詩を詠じた（『大パリニッバーナ経』第6章24）。

　心の安住せるかくのごとき人にはすでに呼吸がなかった。
　欲を離れた聖者はやすらいに達して亡くなられたのである。

　サバー世界の主である梵天は，次の詩を詠じた。

　この世における一切の生あるものどもは，ついには身体を捨てるであろう。
　あたかも世間において比すべき人なき，かくのごとき師，知慧の力を具えた修行実践者，正しい覚りを開かれた人が亡くなられたように。

4．仏教的ターミナルケアとは何か

（1）　ケアとスピリチュアリティ

スピリチュアリティについて

　宗教的教えに基づいた社会福祉実践においてのみならず，一般の福祉現場においても，スピリチュアリティ（spirituality：霊性），あるいはスピリチュアル・ケア（spiritual care）という言葉が，たびたび聞かれるようになっている。そこで，ケア活動におけるスピリチュアリティの意味について触れておきたい。
　スピリチュアリティという言葉は，自分が，自分以外のある大いなる存在と目に見えないつながりを持っているという認識に基づいた考え方や行動のこと

である。世の中には科学によっては説明・証明のできない現象があるが，それは決して偶然ではなく，ある神秘的な力によるものであるという考え方，そしてそうした考え方による行為を，スピリチュアリティと表現しているのである。

スピリチュアリティの概念定義は分岐しているが，注意すべきは，キリスト教の観点からみるスピリチュアリティと，一般的意味でのスピリチュアリティは，その内容が異なるという点である。

日常生活においてスピリチュアリティに関わる現象として代表的なのは，占いやお守りなどである。それはある神秘的なものと自分とが，目に見えない力関係で結ばれているという認識からなされる行為である。この意味でのスピリチュアリティとは，宗教に属さない信仰生活に近いものである。それは自立を重視する信仰生活といわれるが，その際の自立とは，宗教からの自立を意味するのであり，いわば制度化された宗教ではない宗教的生活のようなものである。法会やミサといった宗教的な儀式にはよらないが，しかし，明らかに宗教的な生活といえるものである。

ところが，キリスト教におけるスピリチュアリティとは，霊魂が神と出会うことを意味し，神との交感の中で日常生活を営むことという意味が強い。バウル（Paul）は人間を，霊的人間と肉体的人間とに区分したという。この場合，霊的・肉体的という言葉の意味は，一般にいわれる霊魂と肉体，精神と物質といった対立の意味として使われるものではない。「霊的な生活とは聖霊に従う生活を意味し，肉体的な生活とは，聖霊に逆らい，人間自身の欲や意志に従う生活」（全クヮンヒョン他，2005：28）を意味する。つまり，人間の意志による行動は，聖霊に逆らう行動とみなされているのである。

ケアにおけるスピリチュアリティ

宗教的福祉活動において，一部の実践者や研究者がスピリチュアリティに関心を示す理由は，スピリチュアリティを持った実践者はそうではない実践者と比べて，サービス利用者とその問題をより深く理解し，共感すると考えられるからである。というのは，スピリチュアリティを持っている人は，ときどき，行き過ぎた物質主義に陥っていない人，人間の内面世界をより深く理解しよう

と努める人，精神的な側面を尊重する人とみなされる傾向があるからである。いわば利用者にとって，より思いやり深い人であるということである。

しかし，スピリチュアリティを社会福祉実践に活用しようとする試みについては，宗教内外から批判がなされている。何よりもスピリチュアリティは，科学的概念ではなく，科学的研究の対象でもないと指摘されている。したがって，科学的援助実践を目指しながら，スピリチュアリティをその道具として活用しようとすることには疑問がある。

ところが，社会福祉やケアの利用者の立場からみると，スピリチュアル・ケアへのニーズが，さまざまなレベルで存在する。ケアサービスの利用者は実にさまざまな文化的背景を持っており，その中には，スピリチュアリティに対する強い信念を持っている人が少なくない。そのような信念は尊重されなければならないものであり，実践者の考え方を利用者に押しつけてはならない。このような観点からみれば，スピリチュアリティを活用したケア，スピリチュアル・ケアとは，可能な限りケア利用者の人間的・文化的背景を尊重するケアの実践に他ならないのである。

近代性とスピリチュアリティ

非常に抽象的な概念であるスピリチュアリティの本質を理解するためには，国際社会開発という事業と関連づけてみることが必要であると思われる。

スピリチュアリティという言葉が知られるようになったのは1970年代とされるが，それに対する一般の関心を高めた要因の一つは，WHOにおける健康の概念定義に対する修正提案であるといわれている。1948年以降，WHOはその憲章の前文で，健康の概念を次のように定義してきた：「健康とは，身体的に，精神的に，そして社会的に完全な良好な状態（well-being）であり，単に病気でない状態とか，虚弱でない状態ではない」。

この定義は一度の改正もなかったが，1999年のWHO総会において一部修正の提案がなされた。その主な内容は，身体的・精神的・社会的に完全な良好な状態に，「霊的に良好な状態」（spiritual well-being）を追加するという提案であった。しかし，結論には至っていない。

霊的に良好な状態を挿入するという提案が受け入れられていないことには，どのような背景があるのか．それにはスピリチュアリティというものが一時期，近代性あるいは近代的な考え方と相容れないものとされた歴史的背景があるのではないかと思われる．近代性をめぐる先進国と開発途上国との認識の隔たり，キリスト文化圏とイスラーム文化圏の認識の隔たりがあるということである．

　1960年代以降，先進国際社会は，国連を中心として国際社会開発事業を行ってきた．教育や保健医療の支援がその内容であったが，その背景には，望ましくない宗教的慣習などが社会発展の妨げになっているという認識があった．開発途上国の宗教的慣習などを尊重するという立場より，それをスピリチュアリティと表現し，近代性を妨げる要因とみなす傾向があったのである．こうした傾向は改善されつつあるが，欧米社会の価値観を開発途上国や異文化圏に一方的に注入しようとする傾向は，現在においても依然として残っているように思われる．

（2）ターミナルケアと仏教

ターミナルケアの二つの要素

　ケアという観点からみると，ターミナルケアには二つの要素がある．一つはその宗教的要素であり，もう一つは医療的要素である．

　ターミナルケアを意味するホスピス（hospice）という言葉は，もともと，キリスト教の聖地巡礼者のための宿泊施設を意味するものであった．巡礼者が病気になったときにはその施設で世話をしていたので，そうした施設がホスピスと呼ばれるようになった．その施設で奉仕する聖職者の献身的な姿は，ホスピタリティ（hospitality：歓待）と呼ばれ，そこから病院を意味するホスピタル（hospital）という言葉が生まれたのはよく知られている．長い歴史を持っている活動であるが，20世紀以降，主に末期患者の苦痛緩和を行うケアが，イギリスやフィンランドなどのクリスチャンを中心に実践され，それがホスピスと呼ばれるようになった．

　このように，ホスピスはキリスト教文化の産物である．また現代的ホスピス

も、その先駆的活動はクリスチャンによって行われた。日本においても、クリスチャンの医師による、キリスト教のミッションに基づいた実践から始められたのである。韓国においても、ホスピスは1965年、カトリックシスターたちによって始められ、以降、主にカトリック系の病院を中心に展開されている。

ターミナルケアの理解において考慮しなければならない二番目の要素は、医療現場である。つまり、ホスピスは一つのケアの方法でありながら、そのようなケアの方法が実践される場を意味するのである。その場とは医療施設であり、ターミナルケアと医療現場とは切り離しては考えられない。

医療現場においては、ホスピスという言葉が緩和ケア、あるいは緩和医療という言葉でも使われている。緩和という言葉が入っているだけに、末期患者の痛みを緩和することが、そのケアの重要なポイントである。

ビハーラ運動

もし福祉実践現場で活用できる仏教的なターミナルケアを模索するというのであれば、以上の二つの要素から仏教的代案を示すことが求められる。それは（1）キリスト教的なホスピスから脱却した、仏教独自の思想に基づいたターミナルケアを提示すること、（2）医療に過度に頼るようなホスピスから脱却した、医療と仏教が適切に融合されたターミナルケアを提示すること、になるのであろう。

このような問題意識から出発し、仏教的なターミナルケアを模索する試みの一つが、ビハーラ運動である。ビハーラとは、サンスクリット語で休養の場所、寺院、精舎を意味する。いわば、一つの場である。したがってビハーラ運動は、一人の人間が人生の最後の瞬間に最も居たい場所を提供することが基本的な条件になる。

ビハーラ運動の提唱者、田宮仁（2007）は、ビハーラ運動がキリスト教のホスピスに当たる仏教用語を探し出し、単にその名称を変えたのではなく、仏教の教えに基づいた場所として、ビハーラを提供する運動であることを強調している。彼によると、ビハーラは、「限りある生命の、その限りの短さを知らされた人が、静かに自身を見つめ、また見守られる場であり、願われた生命の尊

さに気づかされた人が集う，仏教を基礎とした小さな共同体である」(田宮仁，2007：6)。看取りと医療が行われる場であるので，医療機関に直結する必要があるという。

現代社会においては，入院出生に入院死亡が一般的になっている。病院での死亡となると多くの医療機器に囲まれて死を迎えるようになるが，そうした死に場の環境に対する反省が，この運動の原動力になっていると思われる。

この運動は，以下のような四つの柱から成る：（1）臨床の場としてのビハーラの開設，（2）そのビハーラにおけるビハーラ・ケアの方法論の開拓，（3）ビハーラのスタッフ養成，およびそのシステム作り，（4）ソーシャル・アクションとしてのビハーラ運動の展開。

(3) 仏教的ターミナルケアとは何か

「仏教的」ターミナルケアの模索

仏教的なターミナルケアの前提は，それは次の二つの核心的特徴を持つことである。一つは仏教的人間理解，および人間の苦痛の理解に基づいた活動であるということである。もう一つは，臨終者に対するケアの実践は，ブッダの教えおよびブッダの臨終態度から抽出された実践原理によらなければならないということである。

まず，臨終者の苦痛の理解である。それは二つの意味で，可能な限り広く理解する必要がある。第一は，さまざまな苦痛への理解である。末期患者の苦痛とは，身体的苦痛だけではない。仏教的なターミナルケアの本質は，死に直面している人間を社会的人間として理解し，当事者の苦痛を総体的に理解することである。心理的，精神的，宗教的次元からみると，死に対する恐怖と不安，霊的な不安，後悔，別れの辛さなどの苦痛がある。さらに，社会的な目からみると，残された家族の生計，医療費などの心配もある。

第二は，臨終者だけでなく，その家族も苦痛から自由でないことを認識することである。長期間の入院や看病は介護の負担，経済的負担などによって，家族の葛藤を引き起こすこともある。臨終者やその家族の苦痛を理解し，その苦

痛の軽減を図ることが求められる。

臨終者に対する心理的支持においては，死に臨むブッダの態度，ブッダをケアした弟子たちの態度，そして臨終時のブッダと弟子介護者との感情的交互作用を考察し，その姿をモデルにした仏教ターミナルケア実践指針を作成し，提示することが必要になる。

日本において，仏教社会福祉とは何かをめぐる議論が始まって久しいが，いまだにそのアイデンティティが明瞭になっているとはいえない状況にあるのは福祉現場で適用できる仏教的実践指針が不足していることにその原因があるかも知れない。

ここにおいては，筆者が作成した仏教ターミナルケアの三つの実践指針を提示したい。それは，「実践指針」と「指針の教理的根拠」の二つから成っている。そして，その指針の学習は，ブッダの教えの理解にもつながるものである。

仏教ターミナルケアの実践指針１：介護者の態度

＜仏教ターミナルケアの実践指針Ⅰ＞
・ターミナルケアの実践者は，臨終者や病者の要求を，自分の恣意的・主観的判断で拒否したり無視してはならず，自分としては合理性に欠く要求に対しても，可能な限り行動をもってそのニーズに対応しなければならない。
・臨終者は，ケア実践者が想像できないほど多くの知識と直感を持っていることがあり，介護者としては理解できない言葉で，自分のニーズを表出することがあることを留念しなければならない。

＜実践指針の根拠＞

ブッダがチュンダの供養した食物を食したあと病気になり，重病の身になってクシナガラへ向かっていたときのことである。ブッダはアーナンダに言った。「アーナンダよ。わたしに水を持って来てくれ。わたしは，のどが渇いている。わたしは飲みたいのだ」。

アーナンダは尊師に次のように答えた。「今，五百の車が通り過ぎました。こ

の河の水は車輪に割り込まれて，量が少なく，かき乱され，濁って流れています。かのカクター河は遠からぬ所にあり，水が澄んでいて，冷ややかで，清らかで，近づきやすく，見るも楽しいところです。尊師はそこで水を飲んで，お体を冷やしてください」。

しかしブッダは再度水を頼み，アーナンダも同じ答えを繰り返したが，ブッダは三度水を要請した。三度の要請を受けて，アーナンダは鉢を持って河におもむいた。ところが河は澄んで，濁らずに流れていた。水を汲んできたアーナンダは次のように言っている。「尊い方よ。不思議なことです。この小川は車輪に割り込まれて濁って流れていました。わたしが近づくと，その小川の水は澄んで濁らずに流れていました。尊師はこのお水をお飲みください」(『大パリニッバーナ経』第4章16)。

仏教ターミナルケアの実践指針Ⅱ：介護者と臨終者の協力関係

<仏教ターミナルケアの実践指針Ⅱ>
・仏教的ターミナルケアにおいて，「臨終過程とは，臨終者が周りのものからひたすらケアを受けるような一方的過程ではなく，臨終者と介護者の感情的交互作用の過程」とみなされる。
・介護者は強要しない範囲において，臨終者がこの点を認識するように誘導し，臨終者と介護者との感情的交流を促進し，臨終者が世話になった周りの者に感謝や慰労の意を表示するようにすることによって，ブッダの臨終態度に近づけるように努めなければならない。

<実践指針の根拠>
　ブッダは最後の旅において苦痛を伴う病気になったが，しかし，「わたしが侍者たちに告げないで，修行僧たちに別れを告げないで，ニルヴァーナに入ることは，わたしにはふさわしくない」と思い，元気を出して病苦をこらえた。健康を回復したアーナンダは，ブッダに次のように言っている。「尊師が病気になり，戸惑いました。しかし，尊師が修行僧たちに教えを述べられずにニルヴァーナに入るはずがないという安心感が起こりました」。

これは介護者と臨終者の感情的交互作用のよい例である。
　その後，臨終直前になって，ブッダは，泣いていたアーナンダを呼んで，次のように言っている。

　アーナンダよ，悲しむな。泣くな。わたしはあらかじめ，このように説いたではないか——すべての愛するもの，好むものから別れ，離れ，異なるに至るということを。そして，アーナンダに次のように感謝の意を表している。アーナンダよ。長い間，お前は，慈愛ある無量の行為によってわたしに仕えてくれた。アーナンダよ。お前は善いことをしてくれた。努め励んで修行せよ。速やかに汚れのないものとなるだろう（『大パリニッバーナ経』第 5 章 19）。

仏教ターミナルケアの実践指針Ⅲ：臨終者の視野の確保に努めること

＜仏教ターミナルケアの実践指針Ⅲ＞
・ターミナルケアの実践者は，臨終者のみる人，物，風景などは，臨終者にとって最期に目にするものであるということを認識し，できる限り広い視界を確保できるように努めなければならない。
・多数の人が臨終者に近づき臨終者の視野を狭めたり圧迫感を与えないように注意しなければならない。

＜実践指針の根拠＞
　ブッダの臨終の直前のことである。若き修行僧ウパヴァーナは，尊師の前に立って，尊師を煽いでいた。すると，尊師は若きウパヴァーナを退けられた。「去りなさい。修行僧よ。わたしの前に立ってはいけない」と。
　若きウパヴァーナを退けた理由を訊いたアーナンダに，ブッダは次のように説明している。「アーナンダよ。十方の世界における神霊たちが修行完成者に会うために，大勢集まっている……アーナンダよ。神霊たちは呟いた，＜ああ，われわれは修行完成者にお目にかかるために，はるばる遠くからやって来た……しかるに今日，最期の時刻に，修行完成者はお亡くなりになるでしょう。

ところが，大威力ある修行僧が尊師の前に立ってさえぎっているから，われわれは最期の時に，修行完成者にお目にかかれることができないのだ＞と言って，神霊たちは呟いているのだ。アーナンダよ」（『大パリニッバーナ経』第5章18）。

これはブッダからみれば，今まで出会ったすべての人や動植物や景色を目に納め，その出会いに感謝したいという気持ちの表しであったと考えられる。このような臨終者のニーズに，介護者は応えなければならない。

以上の提示した三つの実践指針は，仏教ターミナルケアの実践現場で実際に適用することができるものであり，またそれはブッダの教えにその根拠をおいた仏教独自の指針である。仏教ターミナルケアの現場が以上のような実践指針を作成・蓄積しながら，その指針にもり込まれている社会福祉実践技術とブッダの教え，その両者をより深く理解した上で，さまざまな福祉ニーズをもった福祉利用者に対応していくことを期待する。

付録 写真と解説

1. インド的風土の生み親、ガンジス河
2. ブッダと河
3. 仏教の四大聖地
4. 仏塔 (ストゥーパ)
5. 石柱と碑文
6. 精舎 (ビハーラ)
7. 鷲の峰と七葉窟など
8. 巡礼者たち

[上] バナーラスのガンジス河で沐浴する人々。仏教経典には, 罪が水によって清められるとしたら, ガンジス河の魚がもっとも清らかな存在であるはず, と皮肉っているが, バナーラスのある若いヒンドゥー教徒は筆者に, その沐浴は罪を清めるためのものではなく, これからの清らかな生活へ自己約束のようなものである, といい, 合理的解釈をしていた。

[中] 世界でも有名なバナーラスの火葬場。ここに積まれているマキはマンゴーの木である。インド人にとってマンゴーの木は涅槃を与える木と神聖視され, 茶毘に使われる。

[下] ネパールに近いインド北部のある河原で筆者が偶然に目にしたインド式火葬。遺骨はすぐ河に流されるが, それは流れ流れて, 死者の願い通りに, やがてガンジス河にたどり着いて, ガンジス河と一体になるのであろう。

1. インド的風土の生み親、ガンジス河

ヒンドゥー教徒にとってガンジス河は聖水である。一目見るだけでも罪が清められるともいわれ, 巡礼者が絶えない。しかし, ガンジス河は宗教を越えて, インド文明, インド的風土を生み出した源である。

2. ブッダと河

「渡り終えた人」。ブッダの別称の一つである。ブッダは出家してから入滅までの重要な出来事をいつも「河を渡って」成し遂げた。人間ブッダが渡った五つの河。

[上] ブッダが渡った河の流域のほとんどは見渡す限りの肥沃な平野地が広がっている。写真はルンビニー付近の農村風景であるが、それはその他の地域においてもほとんど変わらない。主に米等を作っている。

[中] ガンダク (Gandak) 河。ネパールからインド北部を南北に流れる大きな川。ゴータマ・シッダールタは王宮を出て、この河を渡り、ケーサリヤで剃髪したといわれている。

[下] ネーランジャラー河。ゴータマはこの河で身を清め、河を渡り、菩提樹の下で覚りを開き、ブッダになった。この河をはさんで、ブッダガヤーとスジャーター村がある。乾期のことでもあり、河水はなくなっている状態である。

［上］ガンジス河。覚りを開いたブッダは，法の伝播を決心し，再びガンジス河を渡って西へ進み，サールナートで初めて法を説き，法を広めた。

［中］カクター河。ブッダ最後の旅の途中，病気の身になったブッダは，必死でこの河まで来て，疲れ切った体で最後の水飲みをし，沐浴をした。

［下］ヒラニヤヴァティー河。カクター河を渡った人間ブッダは，「アーナンダよ，ヒラニヤヴァティー河の彼方にあるクシナガラへ行こう」と言った。やがてこの河を渡り，沙羅双樹の間で入滅した。

3. 仏教の四大聖地

ブッダは自ら「生まれた場所，覚りを開いた場所，初転法輪の場所，涅槃に入った場所」を，こころを清める聖なる場所であると語った。また，宗教的聖地を大切にする文化があることを理想社会の条件とみていた。

[上]ブッダ誕生地のルンビニー園。マーヤー夫人は出産のため国に帰る途中，ここでゴータマを出産した。その場所に建つマーヤー聖堂と産湯につかったといわれるプスカリニ池。

[下]ブッダが覚りを開いたブッダガヤーに建っているマハーボディー寺院。ブッダは，覚りへと導かなかった苦行をやめ，スジャーターの乳米粥を食した後，覚りを開いた。

[写真中]マハーボディー寺院の西側にある菩提樹(ブッダ在世から3・4代目とされる)。その下には，ブッダが坐っていたいわれる金剛座がある。

初転法輪の地サールナートのブッダ遺跡。ブッダはここで五人の比丘を対象にして四諦と八正道を説いたという。ブッダの舎利塔の跡、その後ろがブッダの過ごしたとされるガンダクティ(香堂)。

[上] ブッダの入滅地、クシナガラの大涅槃堂とアショーカ・ストゥーパ。アショーカ王はブッダの舎利塔から舎利を掘り出して、多数のストゥーパに分け納めたという。

[下] 大涅槃堂の中にあるブッダ涅槃像。グプタ王朝(AD 3〜6世紀)で作られたものである。大涅槃堂近くを流れるヒラニヤヴァティー河の河底で発掘され、修復されたという。

4. 仏塔（ストゥーパ）

ブッダが荼毘に付された後の舎利の墓として建てられたのがストゥーパの起源である。その後、さまざまな形のストゥーパがブッダゆかりの地に建てられるようになった。

[上] ダメーク・ストゥーパ。真理を転がすという意味であるという。初転法輪を記念し、アショーカ王が建てたものである。外側には美しい文様が施されている。

[中] ブッダが荼毘に付された場所に建つラマバール・ストゥーパ。その前には舎利八分の象徴のように八つの小さいストゥーパがあるが、そのうち大きい二つは当時の強大国のマガダ国とコーサラ国を意味し、他の六つは部族国家を意味するという。

[下] 5世紀から12世紀まで栄えたナーランダの仏教大学の跡に残っている巨大ストゥーパ。サーリプッタのストゥーパともブッダの髪などを入れたストゥーパともいわれている。

ケーサリヤのストゥーパ。ブッダとの別れを惜しむリッチャヴィ族にブッダが渡した托鉢の鉢を入れたものであり、ストゥーパの最上部分が鉢の形であるという。インド最大規模のストゥーパであり、20世紀初頭の発掘資料によると、その周囲は427メートル、高さは45.7メートルとなっている。

[上] ブッダの愛した町、ヴェーサーリーにあるアーナンダ・ストゥーパ。ヴェーサーリーは共和国であったリッチャヴィ族の国、ヴァッジ国の首都であり、ブッダによって比丘尼の出家がはじめて認められた地、そして第二次結集の場所でもある。『涅槃経』には遊女アンバパーリーと彼女のマンゴー林の話が出ているが、このストゥーパの近くには今もマンゴー園がある。

[下] スジャーター・ストゥーパ。ブッダに乳米粥を供養したスジャーターの徳を讃えて、ネーランジャラー河の辺にあるスジャーター村の中に建てられている。ブッダはスジャーターの乳米粥とともにチュンダの供養した最後の食物の二つが大いなる功徳そのものであると語ったが、チュンダの供養の地にもストゥーパが建っている。

5. 石柱と碑文

アショーカ王が紀元前3世紀に，ブッダゆかりの地に建てた石柱の碑文は，歴史的人物としてのブッダを証明する重要な根拠の一つになっている。

ルンビニー園のアショーカ石柱。1896年に発見されたこの石柱によって，ルンビニーがブッダ誕生の地であることが証明されたという。

マハーボディー寺院の石柱。アショーカ王が二回訪れたという。下の一部だけが残っているが，石柱頭には象の像があったと記録されているという。

ヴェーサーリーの石柱。アショーカ石柱の中ではもっとも完全な形を維持している。高さは18.3メートル。1960年代の発掘時にはこの石柱の中間部分まで土の中に埋まっていたという。石柱頭の獅子はブッダの故郷がある北側を向いているとされている。

サールナートのアショーカ石柱。その頭部には四頭の獅子の彫刻があり，インドの国章にもなっている傑作である。ダルマが四方に広がることを意味するという。頭部はこの近くの博物館に展示されている。

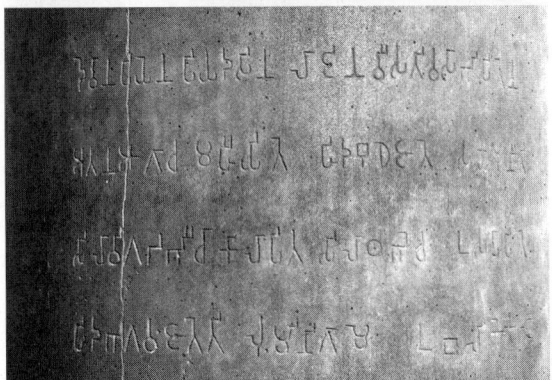

ルンビニー石柱の碑文。19世紀末に発見されたが，その碑文にはその場所がブッダ誕生地であること，それゆえ税金の減免を行うといった内容が古代文字で刻まれている。ルンビニーに関することがこの碑文によっても確かめられたことは，初期経典に出てくることがらの事実性を高める契機になったことと思われる。

サールナート石柱の碑文。アショーカ王がブッダの初転法輪の地を訪問し，ストゥーパを建てたこと，サンガの分裂は認められない，などの内容が刻まれているという。

6. 精舎 (ビハーラ)

精舎が作られる以前までは，ブッダや修行者たちの住処は森や洞窟などであった。精舎は雨期の安居に滞在・修行する場所で，寺院の原点である。

祇園精舎の遺跡。スダッタ長者の寄贈によるもので，ブッダがもっとも多くの安居をここで過ごした場所である。香堂や井戸などの遺跡が多く残っている。

[左] 竹林精舎の跡。仏教最初の精舎であり，マガダ国のビンビサーラ王によって寄贈された。ブッダはここで多くの説法を行っている。

[右] 竹林精舎の入り口にあるイスラームの墓。12世紀インドを侵攻したイスラームの影響による微妙な宗教葛藤が仏教遺跡の発掘を妨げていることのシンボルのように思われる。

王舎城近郊の「鷲の峰」にある香堂。
ブッダ最後の旅を記録した『涅槃経』はこの場所でのブッダの説法から始まる。
周りに鷲のようにみえる岩がある。

7. 鷲の峰と七葉窟など

ラジギール(ラージャガハ，王舎城)はマガダ国の首都であり，多くの仏教遺跡が残っている。ブッダが歩いた地域の中では，ほぼ唯一山に囲まれている。

[上]第一結集が行われた七葉窟。七つ洞窟が並んでいるが，大半は立ち入りが禁止されている。現地の人の話によると，過去その奥まで入った人もいたが，中にはグラウンドのような広い場所があったという。

[下]七葉窟からみたラジギールの町。七葉窟は丘のような低い山の上にあるが，そこからは竹林精舎をはじめ，ラジギールのほぼ全域が一目で眺められる。

8. 巡礼者たち

仏教聖地には多くの巡礼者たちが訪れている。インドにおける仏教遺跡の発掘・保護・修復におおいに寄与してきたスリランカやミャンマーからの巡礼者が目立つ。

[上] ルンビニー園の菩提樹。各国の巡礼者や修行者たちが訪れている聖地である。菩提樹には経典が書かれた無数の旗がかかっている。

[中] 祇園精舎の香堂は花で飾られていて、その周辺には多くの巡礼者が訪れている。ある高齢女性の祈りはむしろ切なく感じられる。

[下] 涅槃堂を廻る巡礼者たち。スリランカなどの仏教信者は、用意してきた新しい袈裟を広げて大涅槃堂をまわった後、それをブッダ涅槃像に被せるようにかけていた。

参考文献

仏教経典においては、一つの経典に対して多数の翻訳がある場合や訳者によって経典名が変わっている場合などを考慮し、引用経典をここには挙げず、本文中にそれぞれの経典名や訳者などを明記した。

＊邦文

赤坂　一	1982	「盲人教育・福祉における仏教の役割」『仏教社会福祉学会年報』第13号。
赤沼智善	1937，1981	復刻版『原始仏教の研究』法藏館。
	1981	『仏教経典史論』法藏館。
鰺坂　真	1986	「社会科学の基礎としての哲学」，真田是（編）『福祉労働者のための社会科学入門』法律文化社。
池田英俊他（編）	1999	『日本仏教福祉概論：近代仏教を中心に』雄山閣出版。
伊藤隆寿	2006	「漢訳仏典における霊魂不滅説」『日本仏教学会年報』第71号。
上田千秋	1983	「仏教福祉学の体系化のために」『仏教と社会事業と教育と：長谷川良信の世界』長谷川仏教文化研究所。
内海　正	1979	「仏教における障害者観の一考察」『仏教社会福祉学会年報』第10号。
梅原　猛	1980・1983	『仏教の思想』上・下，角川書店。
榎本文雄	1989	「初期仏教における業の消滅」『日本仏教学会年報』第54号。
大隅和雄（編）	1986	『因果と輪廻』大系仏教徒と日本人４，春秋社。
大橋隆憲	1982	「国際障害者年と仏教教団」『仏教社会福祉学会年報』第13号。
長上深雪	2008	『現代に生きる仏教社会福祉』法藏館。
香川孝雄	2005	「布施について」『marga』佛教大学宗教部。
梶山雄一	1984	『菩薩ということ』人文書院。
	1989	『輪廻の思想』人文書院。
梶山雄一（編）	1985	『ブッダのことば』Ⅰ～Ⅵ（『原始仏典』Ⅲ～Ⅵ），講談社。
片山一良	2008	『パーリ仏典入門：ブッダのことば』大法輪閣。
金岡秀友	1989	『仏教の国家観』佼成出版社。
河波　昌	2000	「仏教における平等概念について」『日本仏教学会年報』第66号。
菊池正治	2006	「渡辺海旭」，室田保夫（編）『人物でよむ近代日本社会福祉のあ

　　　　　　　　　　　ゆみ』ミネルヴァ書房。
金　貞鏞　　　2008「韓国現代仏教高齢者福祉研究」佛教大学博士論文。
木村文輝　　　2007『生死の仏教学：「人間の尊厳」とその応用』法藏館。
桐山靖雄　　　1997『社会科学としての阿含仏教』平河出版社。
桑原洋子　　　1999『仏教司法福祉実践試論：現代家族の危機に応える』信山社出版。
警察庁生活安全局生活安全企画課
　　　　　　　2009『平成20年中における自殺の概要資料』。
孝橋正一　　　1968『社会科学と現代仏教：仏教の社会化をめざして』創元社。
三枝充悳　　　1978『初期仏教の思想』東洋哲学研究所。
　　　　　　　1989『阿含経を読む』上・下，青土社。
　　　　　　　1999『ブッダとサンガ：〈初期仏教〉の原像』法藏館。
　　　　　　　2000『縁起の思想』三枝充悳著作集第四巻，法藏館。
　　　　　　　2004『仏教概説』三枝充悳著作集第一巻，法藏館。
櫻部　建　　　2002『阿含の仏教』文栄堂書店。
志田　利　　　2005『仏教と社会福祉』平楽寺書店。
清水海隆　　　2003『考察仏教福祉』大東出版社。
清水教惠　　　1977「仏教社会事業における仏教と社会事業の関係」，秦隆真先生追悼論文集刊行会（編）『仏教と社会福祉』。
末木文美士　　2006『思想としての仏教入門』トランスビュー。
硯川真旬　　　1998「所謂「仏教福祉」論の明確化とその課題」，水谷幸正先生古希記念会編『仏教福祉研究』思文閣出版。
関　稔　　　　1988「生死観についての一考察：仏教説話の場合」『印度哲学仏教学』第3号，北海道印度哲学仏教学会。
石上善応他　　1992『総解説　仏教経典の世界』自由国民社。
高石史人　　　2005『仏教福祉への視座』永田文昌堂。
高崎直道　　　1985「総説　大乗仏教の〈周辺〉」「補論　大乗非仏説論の諸資料」，平川彰・梶山雄一・高橋直道（編）『講座・大乗仏教』10（『大乗仏教とその周辺』）春秋社。
高島善哉　　　1954『社会科学入門』岩波書店。
高橋審也　　　1990「原始仏教における生命観」，日本仏教学会（編）『仏教の生命観』平楽寺書店。
田上太秀　　　1997『ブッダ臨終の説法：完訳大般涅槃経』1〜4，大蔵出版。
田宮　仁　　　1983「仏教と社会福祉の接点（1）：仏教側からみた前提条件についての試論」『日本仏教社会福祉学会年報』第14号。

                                2007『ビハーラの提唱と展開』学文社。
田宮　仁・長谷川匡俊・宮城洋一郎（編）
                                1994『仏教と福祉』渓水社。
辻　直四郎（訳）1967『リグ・ヴェーダの讃歌』，辻直四郎（編）『ヴェーダ，アヴェスター』世界古典文学全集3，筑摩書房。
長尾雅人（編）　　1969『バラモン教典・原始仏典』世界の名著1，中央公論社。
中垣昌美　　　　　1998『仏教社会福祉論考』法藏館。
長崎陽子　　　　　2002「仏教社会福祉の解釈とその変遷」，龍谷大学短期大学部（編）『社会福祉と仏教』白華苑。
中西直樹　　　　　2004『仏教と医療・福祉の近代史』法藏館。
中村　元　　　　　1949『慈悲』雄山閣。
                                1958『ゴータマ・ブッダ：釈尊伝』法藏館。
                                1968「仏教における人間観の特徴」，日本仏教学会（編）『仏教の人間観』平楽寺書店。
                                1972『原始仏教の生活倫理』未来社。
                                1982a『仏弟子の告白：テーラガーター』岩波書店。
                                1982b『尼僧の告白：テーリーガーター』岩波書店。
                                1988「形而上学的問題についての沈黙」『印度哲学仏教学』第3号。
                                2004『仏典のことば：現代に呼びかける知恵』岩波書店。
中村　元・増谷文雄
                                1988『ジャータカ物語』一～五（『仏教説話大系』4～8），すずき出版。
中村　元（訳）　　2001『ブッダ最後の旅：大パリニッバーナ経』岩波書店。
中村　元・早島鏡正（訳）
                                1963『ミリンダ王の問い』1～3，平凡社。
浪花宣明　　　　　2004「毒矢のたとえ：箭喩経」，中村元（監修）『中部経典Ⅱ』原始仏教第5巻，春秋社。
並川孝儀　　　　　2005『ゴータマ・ブッダ考』大蔵出版。
                                2008『スッタニパータ：仏教最古の世界』岩波書店。
日本仏教学会（編）
                                1968『仏教の人間観』平楽寺書店。
朴　光駿　　　　　2004a『社会福祉の思想と歴史』ミネルヴァ書房。
                                2004b「儒教文化と高齢者の人権」『ひとのみち』第10号。
                                2004c「東アジア文化からみた中国の高齢化とその特徴」，(中国)

西安交通大学特別講演原稿。
2005「老人扶養意識の日韓比較」『社会福祉学部論集』創刊号，佛教大学。
2007a『国際福祉論』佛教大学。
2007b「イギリスにおける福祉専門主義の発展と1980年代以降の動向」，中村永司教授三周忌論文集『社会福祉の新しい潮流』。
2009『高齢者福祉の地域間格差に関する国際比較研究：日本・中国・韓国を中心に』科学研究費補助金基盤研究報告書。

長谷川匡俊 2000「仏教と福祉の結合からみえてくるもの」『季刊 仏教』第51号，法藏館
2002『宗教福祉論』医菌薬出版。

長谷川匡俊（編）2003『戦後仏教社会福祉事業の歴史と現状に関する総合研究』科学研究費研究結果報告書。

服部正明（訳）1969「ウパニシャッド」，長尾雅人（編）『バラモン教典・原始仏典』世界の名著1，中央公論社。

花田順信 1986『仏教と福祉』佛教大学。

平川 彰 1964『原始仏教の研究：教団組織の原型』春秋社。

ひろさちや 2006『ブッダは何を教えたのか：人生智慧，自分らしく生きるヒント』日本文芸社。

広瀬卓爾 2005「グローバリゼーションとスピリチュアリティ」第19回国際仏教文化学術会議報告文，円光大学校。

フォーラム・サンガ（編）
2001『荷車を曳くブッダ：仏教成立の歴史的前提』杉並けやき出版。

藤田宏達 1987「原始仏教・初期仏教・根本仏教」『印度哲学仏教学』第2号。
1988「原始仏教における生死観」『印度哲学仏教学』第3号。

藤腹明子 2007『仏教看護論』三輪書店。

舟橋一哉 1975「仏教における業論展開の一側面：原始仏教からアビダルマ仏教へ」，大谷大学仏教学会（編）『業思想の研究』文栄堂書店。

星野元豊・森　竜吉
1957『仏教』青木書店。

堀　要氏 1982「障害者への理解のために」『仏教社会福祉学会年報』第13号。

前田惠学 2003a『釈尊をいかに観るか』前田惠学集第一巻，山喜房佛書林。
2003b『仏教とは何か，仏教学いかにあるべきか』前田惠学集第二巻，山喜房佛書林。

増谷文雄	1971	『根本仏教と大乗仏教』佼成出版社。
増谷文雄・梅原	猛	
	1996	『知恵と慈悲〈ブッダ〉』仏教の思想1,角川書店。
水谷幸正	1981	「仏教社会事業論の学問的性格」『仏教福祉』第8号。
	1999	『仏教・共生・福祉』思文閣出版。
三宅敬誠	1999	『宗教と社会福祉の思想』東方出版。
	2005	『寺院の社会福祉:家族を守る仏教』せせらぎ出版。
宮坂宥勝	1980	「仏教と輪廻思想」『日本仏教学会年報』第45号。
向井 亮	1987	「〈四依〉の教説とその背景」『印度哲学仏教学』第2号。
	1988	「〈依法不依人〉の成句の起源と展開」『印度哲学仏教学』第3号。
村石恵照	2005	「仏教の霊魂観」『日本仏教学会年報』第71号。
村岡 潔	2001	「病いの利他性に関する一考察:犠牲者非難イデオロギー対代理苦イデオロギー」『医学哲学医学倫理』第19号,日本医学哲学・倫理学会。
	2005	「病いと代理苦をめぐって」第19回国際仏教文化学術会議報告文,円光大学校。
村上真完	1998	『仏教の考え方』国書刊行会。
村田忠兵衛	1975	「五種不翻是非」『印度学仏教学研究』第47号。
望月海慧	2001	「ブッダは輪廻を認めたのか」『日本仏教学会年報』第66号。
森 章司	2001	『仏教的ものの見方:仏教の原点を探る』国書刊行会。
森永松信	1975	『社会福祉と仏教』誠信書房。
守屋 茂	1966	「仏教社会事業の基本問題」『印度学仏教学研究』第15巻(1)。
山口浩一郎・小島晴洋		
	2002	『高齢者法』有斐閣。
山崎元一	1994	『古代インドの王権と宗教:王とバラモン』刀水書房。
山本暁得	1934	「仏教的盲人観」(1994『仏眼』田宮仁・長谷川匡俊・宮城洋一郎〈編〉に収録)。
吉田久一	2003	『社会福祉と日本の宗教思想:仏教・儒教・キリスト教の福祉思想』勁草書房。
吉元信行	2005	『ブッダのターミナルケア』法藏館。
渡辺照宏	1956	『仏教』岩波書店。

＊邦訳文

Ambedkar, Bhimrao Ramji
  1957 The Buddha and His Dhamma, Bombay, People's Education Society. アンベードカル 2004『ブッダとそのダンマ』山際素男訳, 光文社.

Bouglé, Célestin Charles Alfred
  1908 Essais sur le régime des castes. Paris : F, Alcan, セレスタン・ブーグレ 1943『印度のカスト制度』藪中静雄訳, 大鵬社.

Bourdieu, Pierre & Passeron, Jean-Claude
  1970 La reproduction: éléments pour une théorie du système d'enseignement, Paris. Éditions de Minuit. ピエール・ブルデュー, ジャン=クロード・パスロン 1991『再生産：教育・社会・文化』宮島喬訳, 藤原書店.

Carr, Edward Hallett
  1961 What is history? London, Macmillan. E.H. カー 1962『歴史とは何か』清水幾太郎, 岩波書店.

Crombé, Véronique
  2000 Le Bouddha. Paris, Desclée de Brouwer. ヴェロニック・クロンベ, 2003『ブッダ：生涯と教え』今枝由郎訳, 大東出版社.

Davids, T, W, Rhys
  1877 Buddhism: being a sketch of the life and teachings of Gautama. the Buddha, London, Society for Promoting Christian Knowledge. リス・デイヴィーズ 1911『釋尊之生涯及其教理』赤沼智善訳, 無我山房.

Hofstede, Geert 1991 Cultures and organizations: software of the mind, New York, McGraw-Hill. ヘールト・ホフステード 1995『多文化世界：違いを学び共存への道を探る』岩井紀子, 岩井八郎訳, 有斐閣.

Radhakrishnan, S
  1923-1927 Indian philosophy, New York, Macmillan. S. ラダクリシュナン 1985『印度仏教思想史』三枝充悳, 羽矢辰夫訳, 大蔵出版.
  1966 The concept of man in Indian thought, The concept of man: a study in comparative. philosophy. S・ラダクリシュナン, P・T・ラジュ 編著 1978「インド思想における人間観」『世界の

人間論Ⅰ：八大思想による人間の探求』勝部真長，広瀬京一郎編訳，学陽書房。

Kīra, Dhanañjaya
　　　　　　1962 Dr. Ambedkar: life and mission. Bombay, Popular Prakashan, 2nd ed. ダナンジャイ・キール 2005『アンベードカルの生涯』山際素男訳，光文社。

Oldenberg, Hermann
　　　　　　1881 *Buddha: Sein Leben. seine Lehre. seine Gemeinde,* Berlin, Verlag von Wilhelm Hertz. ヘルマン・オルデンベルク 1928『佛陀』木村泰賢，景山哲雄訳，大雄閣。

Putnam, Robert David (Leonardi. Robert and Nanetti. Raffaella)
　　　　　　1993 Making Democracy Work: Civic Traditions in Modern Italy, Princeton University Press. ロバート・D．パットナム 2001『哲学する民主主義：伝統と改革の市民的構造』河田潤一訳，NTT出版。

Stcherbatsky　金岡秀友訳，1957『大乗佛教概論：佛教の涅槃の概念』理想社。
W．A．ロブソン　辻清明他訳，1980『福祉国家と福祉社会』東京大学出版会。

＊韓国語文

権オミン　2009「仏説と非仏説」『文学史学哲学』第17号，韓国仏教史研究所。
金ホスン　2001「ヒンドゥー教の伝統からみた仏教の孝問題」『インド哲学』第11集第1号，インド哲学会。
　　　　　2009『仏教解釈学研究』民族社。
東国大学教材編集委員会
　　　　　1997『仏教思想の理解』仏教時代社。
朴光駿　1994「家族イデオロギーと家族政策」『女性問題研究』第4集，女性問題研究所。
　　　　2005b「日本仏教社会福祉の発展と韓国社会への示唆：障害者福祉と障害者観を中心に」『仏教評論』第25号，仏教評論社。
　　　　2007c「社会福祉実現のための仏教的接近と課題」『仏教評論』第30号，仏教評論社。
　　　　2007d「東アジアの家族主義と韓国の低出産高齢社会対策」『日本学』第26輯。
　　　　2009b「老人福祉に対する仏教的接近」仏教社会福祉シンポジウム報

告文，曹渓宗中央信徒会。
2009c「ブッダの輪廻業報観と福祉的障害者観への示唆」『日本仏教史研究』創刊号。
2010 『ブッダの生涯と社会福祉』ハンギル社。
2011 「文化的観点からみた東アジアの高齢者自殺」，「日中韓三国における人口問題と社会発展」シンポジウム報告文，中国社会科学院。

法輪　　　　　1990『人間ブッダその偉大な生と思想』浄土出版。
安ヤンギュ　　2000「ブッダの寿命放棄の原因について」『韓国仏教学』第26集，韓国仏教学会。
　　　　　　　2001「ブッダの寿命延長と寿命放棄」『韓国仏教学』第29集。
李ゼスク（訳）1996『ウパニシャット』Ⅰ・Ⅱ，ハンギル社。
李ジュンピョ　1986「無記の意味に関する考察」『韓国仏教学』第11集。
張チュンソク　2000「インド仏教の孝様相」『仏教学研究』創刊号，仏教学研究会。
全クヮンヒョン他
　　　　　　　2005『基督教社会福祉の理解』良書院。
曹ヨンギル　　2003「業思想の現代的考察」『韓国仏教学』第33集，韓国仏教学会。
韓国ギャラップ研究所編集部
　　　　　　　2009『韓国障害者意識』。
統計庁　　　　2009『韓国の社会動向』。
Harris & Cole/ 崔シンドク（訳）
　　　　　　　1985『宗教社会学』キョンムン社。
Giddens/ 金ミスク他（訳）
　　　　　　　1992『社会学』ウルユ文化社。

＊中文

中村　元　　　1982「儒教思想対仏典漢訳帯来的影響」『世界宗教研究』総第7号，中国社会科学院世界宗教研究所。

＊欧文

Blakemore, Ken　1998 *Social Policy,* Open University Press.
Briggs, Asa　1965 The Welfare State in Historical Perspective, *Social Welfare Institutions,* Mayer Zald ed., John Wiley & Sons Inc.
Bronkhorst, J　1998 Did Buddha Believe in Karma and Rebirth? *Journal of the*

International Association of Buddhist Studies, Vol.21 No.1.

Esping-Andersen, Gosta
    1990 *The Three World of Welfare Capitalism*, Polity Press.

Foster, Peggy   1983 *Access to Welfare*, Macmillan.

Feldman, Elliot   1978 Comparative Social Policy: Field or Method? *Comparative Politics*, Vol. 10. No. 2.

Hawton, Keith & Heeringen, Kees
    2009 Suicide, *The Lancet*, Vol. 373, Iss. 9672.

Higgins, Joan   1981 *States of Welfare: Comparative Analysis in Social Policy*, Basil Blackwell.

Jones, C   1993 The Pacific Challenge, *New Perspectives on the Welfare State in Europe*, Jones, C, ed., Routledge.

Kim, Dae Jung.   1994 A Response to Lee Kuan Yew: Is Culture Destiney? The Myth of Asia's Anti-Democratic Values, *Foreign Affairs*, Vol. 73. No. 2.

Kopp, Sheldon   1981 *An End to Innocence*, Bantam Books.

OECD   2009 *Pensions at a Glance 2009: Retirement-Income Systems in OECD Countries*.

Park Kwang Joon, Cho HS, Hwang SD, Lee HS
    2001 *The Social Impact of Economic Crisis in Korea*, Submitted to the World Bank.

Phillips, Michael *et al.*
    2002 Suicide rates in China 1995~99, *The Lancet*, Vol. 359. Iss. 9309.

Tawney, R.H   1966 *Religion and the Rise of Capitalism*, New American Library.

Titmuss, Richard
    1970 *The Gift Relationship*, George Allen and Unwin.

White, Gordon & Goodman, Roger
    1993 Welfare Orientalism and the Search an East Asian Welfare Model, *The East Asian Welfare Model*, White *et al* ed., Routledge.

Wilensky, H & Lebeaux. C
    1965 *Industrial Society and Social Welfare*, Free Press.

Zakaria, Fareed   1994 Culture is Destiny: A Conversation with Lee Kuan Yew, *Foreign Affairs*. Vol. 73, No. 2.

あとがきと謝辞

　私はかつてイギリスを中心とした福祉国家思想を研究し，最近の十数年間は東アジア高齢者社会政策の比較研究に取り組んできている。したがって，私の周辺の人々からみると，この本の出版は意外なことと思われるに違いないであろう。それには特別な事情があった。

　私はずいぶん前から仏教思想に関心を持っていたが，仏教と社会福祉との接点の発見という明確な動機を持って，本格的に仏教経典を読み始めたのは今から7年前のことである。本文にも引用されている盲僧，山本暁得の優れた論文「仏教的盲人観」を読み，大いに感心したのである。山本は1932年，47歳で亡くなっているが，私も47歳の時であり，私は今まで何をしてきたのかという慚愧の念から，しばらく落ち込んでいたことも記憶に新しい。

　ちょうどその頃，韓国の東国大学から東アジア高齢者問題に関する特別講演に招かれたが，講演の後，社会人のための大学院で社会福祉を勉強しているという初対面の方から意外な要請を受けた。それは，「仏教的な社会福祉とは何か」に関する研究を，私にぜひしていただきたいということであった。その李泰和(イテファ)氏はその後も2，3回同様の提案をしてきたが，それを真剣に考えることはなかった。心が動いたのは，彼が私の知人の金浩星(キムホスン)教授に同行し，京都まで私を訪ねて来られたからである。一時期出家の経験があったという彼は，ブッダの教えに基づいた社会福祉実践をしたいと決心したが，関連書籍がきわめて乏しいと嘆き，研究に必要な経費などの支援はできる限り自分がしたいので，ぜひ自分の提案を受け入れてほしいという要請をさらに強くしてきた。それは一種の訴えであった。個人から研究費の支援を受けるということは，聞いたこともないことであり，それだけ心理的負担もかかることであったが，私よりも年輩の方が，京都まで訪ねてこられては私心のないお願いをする姿に心を打たれ，研究能力をはるかに超えるこの研究の約束をしてしまったのである。

この本は，こうした事情から始まった数年間の研究結果である。

筆者自らの問題意識によって始まった研究ではないが，しかし，この研究成果もさることながら，魅力あふれるブッダの生涯や教えにより多く接したことで，多少とも人間的に成熟したような気がして，今はこの研究そのものに感謝したい気持ちである。李泰和氏には改めて感謝の意を伝えたい。経典を読みながら，すでに聞いていたブッダの言葉の真の意味を改めて気づかされることも多くあった。真の知識とは，新しい知識に初めて接するときに得られるのではなく，すでに入っている知識の意味が，何らかの契機によって再発見されたときに初めて得られるものである，という言葉の意味を切に体感したつもりである。

考えてみれば，私の研究環境はきわめて恵まれたものであった。私が在職している佛教大学には仏教経典，仏教関連資料が完璧に所蔵されていて，仏教専門の研究者も豊富である。また，2008年度の1年間は中国社会科学院での教員海外研修と貴重な機会をいただいた。海外研修の研究テーマは東アジア高齢者社会政策であったが，その1年間はこの研究の構想にも大いに役立った。中国社会科学院には世界宗教研究所があり，その資料や関連の研究者に触れることも貴重な経験であったが，それよりも，書き下ろしの具体的な構想ができたのは，普段の講義の負担から自由になる長期間の時間のおかげであった。

この本のベースになる韓国語の本，『ブッダの生涯と社会福祉』（ハンギル社，2010年刊）は，韓国政府からは「優秀学術図書」として指定され，2011年，「第1回青枯（チョンホ）仏教福祉賞（研究業績部門）」を受賞している。本書は，その本の分量を大幅に減らしながら，部分的には新たに原稿を補完したものである。

原稿の初校が出たところで初めて，科学研究費の補助を受け，インド・ネパールのブッダ遺跡を調査する機会を得た。現地で自ら撮った多くの写真は本書の付録に活かされている。現地の人の話を聞く機会もあり，人間ブッダに対する確信とともにインド的風土についての理解が多少深まった気もするが，しかし，同時にこの研究の物足りなさをも深く感じさせられた。そもそも本書のテーマは私の研究能力を超えるものであり，その恥ずかしさに背中が焼かれる思いである。多くの関係者の忌憚のない批判を心から待っている次第である。

振り返ってみれば，私と佛教大学との縁は長く，今まで特別なご恩を受けてきた。1986年，私は釜山大学助手に就いていたが，日本政府招聘留学生として選抜され，博士課程3年間を修学する日本の大学院の選択に迫られていたが，そのとき恩師の慎㷋重（シンソプジュング）先生から佛教大学大学院を推薦された。どの大学より優れた教員がそろっているから，というのが推薦理由であった。そして私は，孝橋正一，岸勇，柴田善守，上田千秋の4人の素晴らしい先生からの指導に恵まれた。しかし，学問的にはいうまでもなく，学者としての良心と人格の面においても甚大な教えをくださった4人の恩師が，ともに早くも他界されていることは残念でならないことである。入学初年度には，日本語もちゃんとできてなく，そのため孝橋正一先生の講義は先生の了承の下，録音をして繰り返し聞くということもあったが，今でもテープで孝橋先生の25年前の肉声を聞くことがあり，とても懐かしい。岸勇先生とは琵琶湖畔のご自宅で，病気で声が出なくなった先生と筆談を交わしたことが，また，博士論文の主査としていつも私を督励してくださった柴田善守先生とは，大阪のある病院の病室でお目にかかったことがその最後の別れとなった。そして私にとって親のような存在であった上田千秋先生は，長岡京市のご自宅で，闘病中でありながら「今日は朴さんが来たのでちょっとだけ飲もうか」とおっしゃっていたが，その姿が昨日のことのようによみがえる。

　2002年，教員として再び佛教大学と縁を結んでからしばらくは，中村永司先生がいわば良きスーパーバイザーになってくださり，さまざまな面においてたいへんお世話になった。しかし，その中村先生もご病気で他界され，すでに7年になる。私の京都生活のうるおいといったものの大半がなくなってしまったような気がする。もし，中村先生が生きておられたらこの本の出版に関しても貴重なアドバイスをいただけたはずであるが，それを考えると，とてもさびしい。

　今まで私の学問的・人格的成長を導いてくださった5人の先生には改めて感謝の気持ちを表すとともに，ご冥福をお祈りしたい。拙い本書を，とくに上田千秋先生と中村永司先生の霊前に捧げたい。

　今年は佛教大学開学100周年の年であり，社会福祉学科創設50周年にあた

るめでたい年である。この時期に本書を出版することになり素直にうれしい。さまざまな形で私の研究を支えていただいている本学の方々に感謝し，この本が少しでもその恩返しになればと願っている。本書の出版においても佛教大学からの出版助成を受けている。

　この本を出版することには迷いがなかったわけでもないが，日本での出版を勧めていただいた方もいて，それに勇気づけられて出版の決心をした。永和良之助先生はその一人であるが，永和先生には普段，老人福祉という専門領域についてはむろんのこと，さまざまなアドバイスと人格的感化をいただいていることに感謝したい。また，いまだに日本の大学文化に慣れ切っていない私にとって，良き相談役になっていただいている植田章先生にも特別な感謝を伝えたい。

　大学の行事，個人的研究などに追われる大学生活の中で，自らの専門領域を超えて，時には平和を語り合い，時には大学人の社会的使命について話し合う機会に恵まれることはとてもありがたいことであるが，たまには酒交じりで，そうした貴重な席を設けていただいている村岡潔先生，鈴木勉先生，若尾典子先生にも感謝したい。とくに村岡先生の医学哲学的識見は，本書の執筆にあたり大いに参考にさせていただいた。

　釜山の海雲台(ヘウンデ)で平和な余生を送っている両親，兄弟たち，私の研究をさまざまな面でサポートしていただいている韓国や東アジアの知人たち，言葉も通じない異国にまでついてきて，健やかに育ってくれた寅済(インジェ)と南盈(ナムヨン)，いつも家族に献身的である妻の李善池(イソンジ)にも感謝したい。

　出版にあたっては法藏館の関係各位，とりわけ担当の満田みすずさんにたいへんお世話になった。心から御礼申し上げたい。

　　　　　　　　　　　　　　　　　　　　　2012年4月　　朴　光駿

索　引

あ行

アートマン　47,212～214,223
アーナンダ　20,23,25,36,50,51,81,181,
　　258,266,268,269
赤沼智善　22,28,62,69～71,185
悪業　224
『阿含経』　12,18,93
鰺坂真　121,122
アショーカ王　77,226
『アッサラーヤナ経』　57
アビダルマ　81
アヒンサー　196,197
阿羅漢　89,232,258
『アングッタラ・ニカーヤ』（増支部）　84,
　　85,231,246
『アングリマーラ経』　232
アンベードカル　13,92,97,185
安ヤンギュ　255
イギリス救貧法　160
石上善応　87
イスラーム　124,263
一切唯心造　126,127
一生族　54,64
因果応報　210
因果的人生観　220,221
因果論　37
インド経典　245
ヴァイシャ　53,56,66,72,132
ヴァッカリ　256,258
ヴァッジ国　13,14,50,51
ヴァルナ　53
ヴェーサーリー　252,253
ヴェーダ　9,55,64,96,215
ヴェーダーンタ　65
上田千秋　189,190
上田千年　189
ウパーリ　75,81

ウパニシャッド　17,18,64,65,211,212
梅原猛　195,210
運命的世界観　31,33
エイジミックス　151
縁起　24,26,33～35,39,129,179,204,246,
　　249
応供　89
王舎城　81
応病与薬　20,184
大隈和雄　212,214
長上深雪　189
オルデンベルク　21,67,69～72,75

か行

カー　98
カースト　53,60,63,67,178,212
介護保険　158
介護保障システム　114
科学　110,111
科学的世界観　124,126
香川孝雄　199
学際的アプローチ　114,115
学生期　55
梶山雄一　59,198,226
家住期　55
家族主義　157,175,243,244
片山一良　40,79,80,84,85
価値中立　119
価値判断　118,120,231
渇愛　27,40,227
カッサパ　101,216
勝部真長　63
カトリック　157,175,244
金岡秀友　62,63,72,74,133,219
家父長的社会秩序　87,88
河波昌　64
元暁　127
韓国仏教　210

慣習的差別　177
勧善懲悪　221
観念論　121,122,126
漢訳経典　86
『完訳大般涅槃経』　95,101
緩和医療　264
喜　195
偽経　247
菊池正治　188
『起源経』　58,59
機根　183
犠牲者非難　182,237
犠牲のヤギ　128
機能損傷　230
基本的ニーズ　154
金貞鏞　249
金ホスン　92,94,183,238,247
救済に値しない人　238
救済に値する人　238
共生　180,198
経蔵　81
経典選別　89,91,95
教判論　92
キリスト教　122,124,125,139,165,171,220,238,258,261,263,264
桐山靖雄　93
キンスカの木　130
近代性　262,263
欽定　87
共業　232,239
権オミン　136
久遠実成　82
苦行　16,17
クシナガラ　23,266
クシャトリア　53,56,66,72,132
くしゃみの迷信　134,135
苦（聖）諦　39,40,41
『クッダカ・ニカーヤ』（小部）　6,84,85
グプタ王朝　86
鳩摩羅什　87
クラプッタ　70
グローバリゼーション　142
形而上学　42,121,122,129,131,216,225
ケースワーカー　184,185

ケースワーク　184,186
『華厳経』　80,82,93,127
『金剛経』　80
『解深密経』　95
結集　75,80,81,84,91
現在中心の業論　220
業　30,209,212,216
行為論　216
『孝経』　247
攻撃的ソーシャルワーク　184
孔子　8,120,138
公的社会福祉　144,159,167,176
公的扶助制度　143
孝橋正一　124,188,189
業報　221
業報決定論　222
業報的障害者観　229
高齢者差別　251
高齢者自殺　242,243
五蘊　7,47,129,227
コーサラ国　10,14～16,43,51,52,232
ゴータマ　5,11～14,16,65
ゴーディカ　256
五戒　196
五火説　211
国際社会福祉　32
国際障害者年　230
国際障害分類　230
国民最低基準　169
国民最適基準　169
国連開発プログラム　150
ゴサラ　215
五時論　93
国家責任主義　157
国家福祉　112,149
五道説　226
個別化　186
根機　20
『金剛頂経』　80
根本語　86

さ行

サーリプッタ　120,185

索引　301

三枝充悳　35, 85, 126, 136, 254, 255, 257
西光義敞　189
再社会化　45
犀乗　198
再生族　54
最低生活保障　148
櫻部建　7, 15, 223
サンガ　21, 52, 62, 63, 65, 66, 73, 133, 251
サーンキヤ哲学　8
三綱五倫　49, 139, 248
サンスクリット語　5, 86, 88, 89, 94, 186, 194, 196, 198, 199, 264
三蔵　79, 81
三大教説　129
三毒　35
『サンユッタ・ニカーヤ』（相応部）　17, 59, 84, 85, 103, 181, 219, 224, 226, 256
残余的福祉　155, 157
三輪清浄　199
慈　195
紀華偉　210
四苦　40
自業自得論　38
自殺問題　175
『自助論』　204
四姓階級　9, 56
慈善組織協会　161
四（聖）諦　7, 129, 132, 133
四大　7, 227
志田利　189
七不退法　52, 253
七葉窟　81
集（聖）諦　40, 41, 39
支配イデオロギー　138, 214
慈悲　194, 195, 197, 249
『四分律』　73
清水海隆　189
清水教恵　189
四無畏　42
四無量心　194
四門出遊　11, 12, 14
捨　195
『ジャータカ』　85, 130, 134
ジャーティ　53

ジャイナ教　8, 11, 197, 215, 221
社会科学　5, 34, 41, 79, 97, 99, 102, 109, 111〜120, 122, 125, 129, 139, 141, 152, 187, 190, 202, 225
社会学　114, 119
社会忌避主義　69
社会資本　116, 117
社会政策　118
社会的企業　156
社会的ニーズ　154
社会福祉　27, 32, 36, 41, 102, 111, 112, 114, 115, 117, 119, 123, 125, 138, 141, 142, 144〜147, 149, 150, 152, 162, 167, 171, 173, 174, 177, 187
社会福祉学　5, 115, 160, 187, 188, 202, 231, 235
社会福祉過程　41
社会福祉供給　153
社会福祉サービス　143, 148, 153, 154, 163, 203
社会福祉士　75
社会福祉思想　141
社会福祉実践　112, 113, 184, 201, 202
社会福祉実践技術論　235
社会福祉専門職　113
社会福祉的障害者観　229, 230
社会福祉哲学　111
社会保険制度　143
社会保障制度　148
釈迦族　5, 10, 13, 14, 16, 51
釈尊（世尊）　22, 23
沙門　11, 16, 59, 62, 215, 247
『沙門果経』　218, 219
舎利八分　24
宗教社会福祉　144, 149, 164〜167, 169, 170, 203
宗教的慈善　123, 144, 165〜167
十大弟子　90
シュードラ　53, 56, 57, 64, 66, 72, 132
儒教　157, 248
修行完成者　259, 268, 269
儒教的社会秩序　31
儒教的世界観　138, 139
儒教文化　241, 249

宿作因説　214
宿命の世界観　49,212,214
宿命論的障害者観　223
手段的ニーズ　154
出家　11,15,17
シュバイツァー博士　168
『シュベタシュバタラ・ウパニシャッド』17,65
受容　231
『上応部経典』　24,25,41,48,224,226
障害者差別　39
上機根　183
上求菩提下化衆生　104,172
上座部　81,86
精舎　21
小乗仏教　136
精進論　216
招提　76
浄土宗　188
小部　→『クッダカ・ニカーヤ』
上部構造文化　139,248
『正法念処経』　87
声聞　198
初期仏教　82,89,124,126,135,137,198,254,255,257
初期仏教経典　15,79,80,92,97,100,222,223,255
諸行無常　27,121,129
女性差別的社会文化　37,249
初転法輪　20,39,42
諸法無我　27
自立イデオロギー　204
人格完成者　8
新自由主義　138,158,204
人文学　187
信頼　117,158
心理の問題としての輪廻　224
神話的世界観　125,126
垂直的連帯　152
随犯随制　21
水平的親子関係　249
水平の連帯　152
スーパーバイザー　181
末木文美士　211

スクールソーシャルワーク　113
スジャータ　17
硯川真旬　189,190
『スッタニパータ』　26,28,30,34,58,96,120,194,218,253
スティグマ　113,177
スピリチュアリティ　260〜263
スピリチュアルケア　262
成功の老化　204
制度的福祉　155
旌表政策　248
世界自殺マップ　242
世尊　→釈尊
説一切有部　126
セツルメント運動　161
善因楽果悪因苦果　37,216,217
善業　224
宣教福祉　164
全クヮンヒョン　261
潜在的ブッダ　32
善智識　181
善男子　70
『箭喩経』　43,132
『雑阿含経』　226,256
『増一阿含経』　16
相依性　34,35
相依相関相資　179
相応部(『相応部経典』)　→『サンユッタ・ニカーヤ』
曹渓宗　9
相互依存　34,179,180,249
相互主観性　119
曾子　247
増支部　→『アングッタラ・ニカーヤ』
ソーシャルワーカー　113,167,168,184,186
即問即答　42
組織的慈善事業　125
ソフト権威主義　104
尊祐造説　214

た行

ターミナルケア　143,256,263,264
対機説法　20,41〜45,182〜184

『大獅子吼経』 42
大衆部系統 81
大乗非仏説論 136,137
大乗仏教 82,92,124,126,135,137,198,
　　199,241,257
大乗仏教経典 79,80,82,92,95,100,211
『大象跡喩経』 40
『大蔵経』 79,87
『大日経』 80
『大パリニッバーナ経』 23,24,36,50,52,
　　65,79,252,253,258〜260,267〜269
『大毘婆沙論』 212
『大般涅槃経』 199
『大無量寿経』 88
『体毛喜堅経』 250
代理苦 236〜239
高石史人 189
高崎直道 136
高島善哉 117
高橋憲昭 189
田上太秀 95,100
脱商品化 158
田宮仁 189,191,264
ダルマ 18,19,24,204
『ダンマパダ』 28,39,85,129,222
知恩 246
智顗 93
竹林園 21
知識社会論 109
『チャーンドーギヤ・ウパニシャッド』 212
チャトッディッサ 76
張チュンソク 88,245
中国経典 245
中国儒教 248
中国仏教 83,210
忠臣蔵 138
中道 16,17,197
中部（『中部経典』） →『マッジマ・ニカー
　　ヤ』
チュンダ 252,254,259,266
長部（『長阿含経』） →『ディーガ・ニカー
　　ヤ』
辻直四郎 56
『ディーガ・ニカーヤ』（長部） 12,79,83,
　　85,100
デイヴィーズ 22,69,70,185
ティトマス 118,199
諦念 133〜135,137
デーヴァダッタ（提婆達多） 197
『テーラガーター』 20,76,85,259,260
『テーリガーター』 85
哲学 110〜112,118,121
天上天下唯我独尊 6,101
伝統の援助事業 174
ドイツ仏教協会 196
道教 134
洞察療法 235
道（聖）諦 39〜41
道徳的責任 219,232
独覚 198
努力論 216

な行

ナーガセーナ 29,30,128,228
内発的発展 32,33
長尾雅人 215,219
中垣昌美 189
長崎陽子 189
中村元 20,25,40,52,62,76,77,85,87,88,
　　92,96,120,130,132,135,178,187,188,
　　250,259
ナチスの障害者観 239
並川孝儀 9,90,225,226
南伝経典 89
『南伝大蔵経』 66,73,85
『南伝律蔵大品』 22
南方仏教 9
難無記 131
二道説 212
日本仏教社会福祉学会 189
如是我聞 81
如来十号 5
ニルヴァーナ 15,27〜29,256,267
人間開発指数 150
人間差別 63,142,230
人間平等 14,47,53,62,63,192,194,197,
　　231

人間ブッダ　5, 6, 7, 96, 102
涅槃　27〜29, 42, 48, 132
『涅槃経』　50, 65, 93, 100, 252, 253
涅槃寂静　27
ネーランジャラー河　17
年齢規範　251

は行

パーリ語経典　6, 20, 35, 71, 79, 84, 86, 226, 257
朴光駿　32, 139, 141, 159, 168, 210, 239, 244
長谷川匡俊　189, 192, 193
八難処　48
バッカリ　25
抜苦与楽　194
八正道　28, 40
『跋陀和利経』　22
発達保障　31, 32, 178
服部正明　212
バラモン　9, 18, 26, 30, 53, 54, 62, 66, 68, 72, 132, 186
バラモン教　11, 31, 33, 55, 64, 125, 197, 212, 214, 215, 227
バラモン的社会秩序　134
バラモン的世界観　138, 139
バラモン的輪廻　227, 228
ハリジャン　54
ハリティ　89
『般若経』　80, 93, 126, 199
悲　195
『火ヴァッチャ経』　36
東アジア　37, 138, 157, 175, 176, 210, 211, 241, 255
東アジア価値　241
東アジア福祉レジーム　244
東アジア仏教　241
東アジア文化　104, 243
比丘　17, 21
比丘尼サンガ　21
非公式部門　149, 157
肥大政府　148
ビハーラ　21, 82, 264, 265
ヒューマニズム　124

比喩の王　42
平等主義　66, 68, 104
平川彰　62, 63, 72, 74
ひろさちや　43, 126
広瀬京一郎　63
ピンギヤ　28
貧困戦争　36, 147
ヒンドゥー教　9, 55, 56
ビンビサーラ　218
和諍　151
ブーグレ　21, 53, 60, 67〜72
不可触賤民　54, 57, 64
福祉国家　147, 148, 192
福祉思想　99, 104, 105
福祉社会　148, 152, 200
福祉専門職　167
福祉多元主義　158
福祉ミックス　143, 158
福祉レジーム　148, 149, 203, 241, 244
不死　28
藤田宏達　28
布施　196, 199, 200
不殺生　196, 197, 257
仏教　27, 31, 48, 122, 123, 126, 137, 138, 142, 165, 171, 176, 187, 215, 244
仏教学　115, 187, 188, 202, 223, 224
仏教教団　21
仏教経典　9, 79, 83, 211, 225
仏教経典選別論　89
仏教社会事業　188
仏教（的）社会福祉　98〜102, 123, 144, 164, 171, 172, 175, 179, 187〜192, 194, 201〜205, 255
仏教（的）ターミナルケア　241, 264〜266, 269
仏教ターミナルケアの実践指針　266〜268
仏教的障害者観　209, 237, 238
仏教的（の）世界観　109, 123, 125
仏教的（の）人間観　47, 189
仏教的見方　122, 139
仏教の孝　249
仏教の業報観　47
仏教の高齢者観　241
仏教（的）福祉　125, 148, 190, 192

索 引

仏性　30
仏説・非仏説の論議　136
『仏説孝子経』　247
ブッダ（仏陀）　5,8,10,11,17,19,20,22,
　　23,25,30,31,35,43,47,49,51,57,58,
　　60,63,66,73,98,99,112,120,121,
　　123〜135,139,141〜143,178,179,181,
　　183,184,197,204,214〜216,218,224,
　　225,232,246,249,250,252,258,259,
　　266〜269
ブッダ最後の旅　51
ブッダサンガ　22,63,64,66,72,134
ブッダの教え　125,133,134,137,141,171,
　　173,220,223,225,231,233,234
ブッダの業論　216,218,233
ブッダの死観　241,250
ブッダの自殺観　258
ブッダの出家動機　11
ブッダの障害者観　225
ブッダの人間観　176,177
ブッダの福祉思想　5,141,144
ブッダの理想社会観　50
ブッダの臨終　258
ブッダの輪廻観　223,226〜228,231
ブッダの老人観　250
仏弟子の告白　20
仏塔　24
舟橋一哉　218
部派仏教　82,126,135,137,255
『父母恩重経』　247
部落問題　57
『プラシュナ・ウパニシャッド』　66
ブラフマー　60
ブラフマン　212,213
不了義経　94,95
プルシャ　56
プルシャの歌　56
プロテスタントの労働倫理　238
ブロンクホルスト　224
文化資本　233,234
平和　147
ベヴァリッジ　147
ヘラクレイトス　129
偏見　113,114

弁証法　121,122,124,129
法　19,24,246
法の鏡　253
和諧　151
北伝経典　89
『法華経』　80,82,93,211
菩薩　198,199,201,257
星野元豊　124
ホスピス　263
施し　145
ホモ・ネガンス　200,201
ボランティア部門　149
梵我一如　212,213
梵天　260
梵天勧請　62
煩悩　29,42,234,235,253

ま行

マーガンディヤー　43
マーラ　16,67
マールンキャープッタ　99,131,132
マウリア王朝　226
摩訶衍　89
摩訶薩　199
マガダ国　10,21,50,51,81,85
増谷文雄　130,135,195
『マッジマ・ニカーヤ』（中部）　22,36,40,
　　43,57,83,85,132,232
マハーヴィーラ　11
マハーカッサパ　81
マハーヤーナ　89
水谷幸正　179,180,189,190
未曾有法　63,66,73
密教経典　80
ミーマーンサー哲学　8
三宅敬誠　189
宮坂宥勝　223
『ミリンダ王の問い』　29,85,128,228,229
ミレトス学派　126
民間営利部門　158
民間社会福祉　123,145,149,159,160,162,
　　166,167,197,203
民間性のスペクトル　161

民間非営利部門　156
民間福祉　144,156
無因無縁説　215
無縁無因論的説明　35
無我　47
向井亮　94,95
無記　131,216,217,225
無常　47
無分別智　48
村石恵照　180,213
村岡潔　236,238
村田忠兵衛　89
『ムンダカ・ウパニシャッド』　66
滅（聖）諦　39〜41
目的人生観　220
望月海慧　224,225
モッガラーナ　120,185
森章司　35,48,80,126,129,136,216
森永松信　189,191
守屋茂　189,192
森竜吉　124
門外不出　19

や行

ヤショーダラー　11,185
藪中静雄　60
山際素男　13
山崎元一　53,54
山本暁得　220,221
唯心論　126,127
唯物論　121,122,124〜127,219
『維摩経』　93

『瑜伽師地論・菩薩地』　94
遊行期　55
四方の集い　76
四方の人　76,77

ら行

ラーフラ　11,90
『リグ・ヴェーダ』　56
李ゼスク　65
利他行　238
利他主義　199〜201
律蔵　81,257
李光耀　104
了義経　93〜95
林棲期　55
輪廻　47,209,211,212,222,225,226
輪廻業報説　211
輪廻転生　27,209,211,213,223,225,236
倫理綱領　75
歴史科学　115,116,129
老年学　114
六師外道　215
六波羅蜜　199
『六方礼経』　88
論　84
『論語』　120

わ行

和　151
渡辺海旭　188
我　47

朴　光駿（パク　クワンジュン）

1958年韓国統営(トンヨン)市生まれ。
釜山大学大学院修士課程修了。釜山大学助手，1987〜1990年日本政府招聘国費外国人留学生として佛教大学大学院博士課程修了（社会学博士）。1990〜2001年新羅大学教員，2002年佛教大学助教授。2003年から現在まで，佛教大学社会福祉学部教授。
社会福祉思想、東アジア高齢者社会政策比較研究が専門。
2008年度中国社会科学院訪問学者。

主な著書は，『社会福祉の思想と歴史』（ミネルヴァ書房，2004），『老いる東アジアへの取り組み』（九州大学出版会，2010，共著），『東アジアにおける少子高齢化と持続可能な発展』（新評論，2010，共著），The Social Impact of the Economic Crisis in Korea（World Bank，2001，共著）など。
主な論文は，「東アジアにおける公的年金制度改革の比較」（2007），「社会政策における比較研究の発展」（2007），「公共年金制度建立的国家間学習：以東亜為例」（2008，中文），「ブッダの輪廻業報観と福祉の障害者観への示唆」（2009，韓文），「社会文化的観点からみた東アジアの少子高齢化：南ヨーロッパとの比較」（2010）など。

ブッダの福祉思想
――「仏教的」社会福祉の源流を求めて――

2012年6月1日　初版第1刷発行

著　者　　朴　　光　駿
発行者　　西　村　明　高
発行所　　株式会社　法　藏　館

〒600-8153
京都市下京区正面通烏丸東入
電　話　075（343）0030（編集）
　　　　075（343）5656（営業）

装　幀　原　拓郎
印刷・製本　亜細亜印刷株式会社

© 2012　Kwangjoon Park

ISBM978-4-8318-2457-8 C1015　　*printed in Japan*

仏教社会福祉事典	日本仏教社会福祉学会編	3,500円
日本仏教福祉思想史	吉田久一・長谷川匡俊著	2,900円
戦後仏教社会福祉事業の歴史	長谷川匡俊編	9,000円
戦後仏教社会福祉事業史年表	長谷川匡俊編	10,000円
念仏者の福祉思想と実践　近世から現代にいたる浄土宗僧の系譜	長谷川匡俊著	2,800円
仏教と医療・福祉の近代史	中西直樹著	2,600円
仏教社会福祉の可能性　人間・科学・宗教ORC研究叢書10	長上深雪編	3,600円
ブッダのターミナルケア	吉元信行著	1,300円
ゴータマ・ブッダ　釈尊伝　〈新装版〉	中村 元著	3,600円
生死の仏教学　「人間の尊厳」とその応用	木村文輝著	2,400円

法藏館

価格は税別